普通高等教育广告学“十二五”规划教材编审委员会

普通高等教育广告学『十二五』规划教材

影视广告制作

YINGSHI GUANGGAO ZHIZUO

汪淼 主编

孙非 岳丽 副主编

张永清 宋卫东 参编

化学工业出版社

·北京·

本书以电影电视制作为基础，广告学与电影学理论为导向，结合最新的国内外影视广告实例，深入浅出地阐述了影视广告从创意发生至影片完成的过程。具体内容包括影视广告概述，影视广告创意，影视广告拍摄设备发展与概述，摄影（像）机基本功能与操作，影视广告镜头语言，影视镜头画面造型语言，影视镜头画面构成语言，影视广告的拍摄技巧，影视灯光设备，影视广告用光技法，影视后期剪辑概述，影视广告后期视觉设计与听觉设计。

本书内容全面、针对性强，可作为高等院校广告学及相关专业的教材，也可供广告从业人员参考。

图书在版编目（CIP）数据

影视广告制作/汪淼主编.—北京：化学工业出版社，2011.11（2017.9重印）

普通高等教育广告学"十二五"规划教材

ISBN 978-7-122-12110-3

Ⅰ.影… Ⅱ.汪… Ⅲ.①电影-广告-制作-高等学校-教材②电视节目-广告-制作-高等学校-教材 Ⅳ.①F713.8②J524.3

中国版本图书馆CIP数据核字（2011）第169000号

责任编辑：郝英华　　文字编辑：谢蓉蓉

责任校对：宋　夏　　装帧设计：尹琳琳

出版发行：化学工业出版社（北京市东城区青年湖南街13号　邮政编码100011）

印　　装：北京新华印刷有限公司

710mm×1000mm　1/32　印张13¾　字数257千字　2017年9月北京第1版第2次印刷

购书咨询：010-64518888（传真：010-64519686）　售后服务：010-64518899

网　　址：http://www.cip.com.cn

凡购买本书，如有缺损质量问题，本社销售中心负责调换。

定　　价：48.00元

编写说明

我国广告教育已经走过了二十八年的路程！在这二十八年里，广告教育从无到有、从有到大的发展，取得了令人振奋也引人注目的成绩。广告教育的发展不仅表现为办学数量的增长和规模的扩张，还表现为办学模式的科学化以及办学质量的显著提升。广告教育发展正在从“高速”走向“高质”，这是广告学科发展的内在需要和必然趋势。广告学作为新兴学科。在新闻传播学科的领域得到快速发展，已大大超过学科历史更为悠久的新闻学专业，呈现出蓬勃发展的势头。

在这二十八年的历程中，广告学专业的教材也是从无到有，不断丰富，不断完善。文章千古事，得失寸心知。要想建构一套能经得起岁月推敲的广告学教材，谈何易事！然仍有不少学者孜孜以求。我们不揣浅陋，也加入到了这个行列。

这套教材在编写过程中贯彻实用、够用的原则，基本概念的讲述力求简明、扼要，各章节之间承继连贯，论述科学，并辅以大量的优秀实例作论据，同时汲取了国内外近年来广告运作的新观念和新手法，以拓宽学生视野。本套教材有以下特点。

（1）力求为广告学专业各相关课程建立一个比较现代、科学、完善的基本体系，以便于读者能比较系统地从宏观层面与微观层面把握现代广告运作的重要理论。

（2）力求信息传播理论与广告运作的密切融合，理论与实际的密切融合。在科学体系建构过程中，注意解决好“两张皮”的现象。同时，扬弃空泛玄奥的理论，使论题尽量能切中实践的要害，对实际运作具有积极的理论启示价值。

（3）力求站在现代信息传播理论发展的高度，对广告运作的重要基本概念、基本理论脉络重新进行梳理，并做出富有独到见解的阐释。

（4）主编、副主编以及所有的参编人员，都来自于广告教育的第一线，他们经过十几二十年在广告教育与广告运作领域的摸爬滚打，积累了丰富的广告教学和广告运作经验。因此本套教材既能适应学生的学，也更能适合教师的教。

我们要感谢这套教材的每一位作者，这套教材的每一个铅字都凝结着他们的心血与汗水。

我们诚心地期待着您的不吝指教。

普通高等教育广告学“十二五”规划教材编审委员会

2011年7月

前言

随着科学技术的迅猛发展，人们的物质需求和生活态度正在发生着巨大的变化，广告正借助各种媒体的辐射力影响着人们的生活，改变着人们的价值取向，推动着人们的消费观。广告已成为信息社会的必须，广告业也成为推动经济发展的导向产业。

影视广告以其独特的视觉传播手段渗透和影响着人们的生活，推动着广告业的发展。影视广告的灵魂是创意，制作技术是基础，其目标是树立企业形象，提升产品价值。

本书将理论与实践相结合，汲取国内外同行业的新理念，全面系统地介绍了广告专业的主要课程与操作的各个环节，既有专业理论的研究又有对实践经验的总结。并将重点放在对“制作”的阐释和对技法创新的探索上，以达到启迪式教育的目的，对培养国际化的复合型广告人才起到拾薪补遗作用。

本书第一章以影视广告的起源、发展为起点概述了广告的分类、性质与功能及影视广告的制作流程。第二章以细腻的笔触阐述了创意准备、创意思维、创意策略及创意原则。第三、四章介绍了拍摄设备发展、基本功能与操作，内容丰富且有新意，使人耳目一新。第五～十章对影视制作的创作技巧、方法做了详尽的分析，理论与实践相结合，利用国际影视广告案例示范如何正确运用影视制作的技术手段；并从影视造型元素——景别、角度、光线、构图、风格等方面分析、论述，内容引人入胜，唤起对不同视觉形式和效果的追求。在第十一、十二章中重点介绍了影视后期剪辑，用生动的案例、个性的语言对影视广告语法蒙太奇的运用做了鲜活的论述。

本书配套电子课件可免费提供给采用本书作为教材的院校使用，如有需要请联系cipedu@163.com。

本书由汪淼担任主编，孙非、岳丽担任副主编，张永清、宋卫东参编。其中，第一章由张永清编写，第二章由岳丽编写，第三～十章及附录由汪淼编写，第十一、十二章由孙非编写，宋卫东老师对本书的编写提出了许多宝贵的建议。

由于编者水平所限，疏漏之处在所难免，敬请广大读者指正。

编者

2011年11月

目 录

第一章 影视广告概述 1

第二章 影视广告创意 9

CONTENTS

CONTENTS

CONTENTS

CONTENTS

CONTENTS

CONTENTS

第一章 影视广告概述

“我不认为广告是一种娱乐或者艺术，我认为它是资讯的传播媒介。当我写一则广告时，我不希望你觉得它很有‘创意’，我倒希望你觉得它很有意义而去购买那产品。”这是被称为“现代广告教皇”的大卫·奥格威（见图1-1）说过的

图1-1 大卫·奥格威

一段话。他于1949年在纽约创办奥美广告公司，银行账户最初只有6000美元，10年过后，奥美公司成为全球最大的5家广告代理商之一，在29个国家设有分公司，拥有1000个客户，营业额8亿美元。

“广告”一词的魅力，由此可见一斑。在英文中，人们常用“Advertising”或“Advertisement”来指称广告，代表着唤起大众对某种事物的注意，并引导其向一定方向发展的一种手段。广告，作为一种具有独立功能的人类传播现象，随着商品经济的日渐繁盛以及社会经济生活的日益多彩，自身也开始发生各种变化，从最初的口头广告，到后来的书面广告，再到现代的影视广告，可以说，广告越来越焕发出蓬勃的生命力。

第一节 影视广告的发展与前景

一、广告的起源与发展

广告作为一种传播信息的活动，自古就已经在中西方出现。美国著名的广告学家辛普逊在《广告的历史》一书中说：“商品的招牌和摊位牌可能是广告的首次努力，其历史可以追溯到人类活动的最早期。公认的现存最早的文字广告出现

在公元前3000年”，广告内容实际上是一则寻人启事：“一个叫解姆的奴隶，从织布匠哈夫家中逃走了，首都底比斯的善良人民，谁可以把他领回，我将有赏。解姆身高5英尺2英寸，红脸，茶色眼珠，谁能提供他的下落，就赏给半个金币，谁能把他送到织布匠家里来，就赏一个金币。”

我国早在殷周时代，就形成了“日中为市”的交易形式，将要交换的东西陈列起来引人注目，还要通过叫卖来唤起人们的注意以促成交易，因此说，陈列和叫卖是比较原始的口头广告形式。

在我国北宋著名风俗画《清明上河图》（见图1-2）中，可以清楚地看到汴河岸边靠近桥头的位置，楼上悬挂着书写有“新酒”二字的彩条旗，是酒店的广告，旁边店门上悬挂着“脚店”字样的灯笼，是旅馆的广告。诸如此类的广告招牌在画中还有较多展示，非常形象地证明我国北宋时期商业广告的繁荣与形式多样。

1045年前后，中国的毕昇发明活字印刷术，这种技术为广告的进一步发展提供了重要的技术支撑。

在我国，现藏于中国历史博物馆的北宋济南“刘家功夫针铺”的雕刻铜版（图1-3），是世界上发现的最早的印刷广告。“刘家功夫针铺”的“白兔儿”铜版，是中国最早的商标，也是迄今为止发现的世界最早的印刷广告实物。

图1-2 《清明上河图》中的广告招牌

图1-3 “刘家功夫针铺”的雕刻铜板

1927年，中国自己的第一家广播电台由新新公司开办，“随着广播听众的增加，广播中的广告也越来越多，私营电台大部分依靠广告收入维持生计。”从此时开始，广告业开始在我国逐渐发展起来。

电视诞生于20世纪40年代，1958年5月，北京电视台即中央电视台前身的试播成为中国内地电视诞生的标志。1979年中国电视台开始播出广告，成为影视广告的里程碑年，1月，上海电视台播出第一条商业电视广告——参桂补酒广告；3月，上海电视台播出第一条外商电视广告——瑞士雷达表广告；同月，中央电视台第一次在全国范围内播出外商电视广告——西铁城手表广告。电视广告发展到现如今，已经具有一定的规模，中国中央电视台（CCTV）宣布，其2011年的广告业务，已经以127亿元人民币（约19亿美元）的价格被预订。相比2010年同期，增长了16%还多。自2001年以来，整体电视广告业已经成长了七倍，2011年的中国，63%的广告花销，将会完全投入在电视上。

与此同时，在传媒发达的美国，广告开始在更新的媒体，即网络上蓬勃发展起来。2011年5月10日上午，英国市场研究公司Enders Analysis发布报告称，Facebook庞大的用户基础将使之超越谷歌和雅虎，成为当年全球收入最高的显示广告公司。

二、影视广告的定义与特点

从最早的口头广告，到后来的印刷广告，直至现在的影视广告，广告形式可以说经过了很大的历史跨越，现代的影视广告，从一定意义上更能够传达广告主体的意志，更能够实现广告的最初本愿。

随着电视的普及，影视广告已经开始在现代广告业中占据了不可替代的位置。影视广告的主要特点如下。

第一，影视广告是一种声画合一的艺术形式，形象生动，感染力强。影视广告是一种视听兼备的广告形式，连续活动的画面使广告主体的性质特点能够更生动直观地呈现在观众面前。

第二，真实立体，易于理解。电视媒体，最突出的特点就是能够直观地真实地传递信息，具有强烈的心理感染力。

第三，覆盖面广，受众广泛。看电视，已经成为现代生活中人们必不可少的一种娱乐形式，不论教育程度高低、年龄大小，观看电视节目已然成为文化生活的组成部分。

第四,播出时间短，一般以秒计算，在短短的几秒钟的时间里必须抓住观众，所以必须具有新颖的创意、精湛的拍摄、制作技术。一条优秀的影视广告应尽量让信息单纯化，以使观众能在较短的时间内记住信息内容。

三、中国影视广告发展历程

1979年，北京广告公司正式成立，继而广东省广告公司、天津市广告公司等相继成立，1981年，中国广告联合总公司成立，这也是我国第一家集团性广告公司。

20世纪90年代中期至今，是影视广告发展的成熟奋进时期。在这段时间里，影视广告初期的那种迅猛的发展势头已经逐渐被稳步前进所取代，中国广告市场在全球市场中已经发展至第五位。

广告进入21世纪，开始有了更新的形式，也就是网络广告形式。目前网络广告的市场正在以惊人的速度增长，网络广告发挥的效用越来越显得重要。广告界甚至认为互联网络将超越路牌，成为传统四大媒体（电视、广播、报纸、路牌）

之后的第五大媒体。

在未来的发展中，中国的影视广告首先应当树立国际影视广告创意观念。影视广告应围绕商品的商业内涵进行深入挖掘；应当尊重各个国家受众群体的独特文化取向，满足消费者的心理，并且尊重消费者的自主选择权。

第二节 影视广告的分类

一、影视广告的构成

视听可以说是影视的基本欣赏依托，因此，无论从所有的影视艺术，还是单纯从影视广告来说，画面和声音都是其基本的构成要素。

1. 画面

画面是影视广告的视觉构成语言：它包括画面造型语言和镜头语言。

2. 声音

在影视广告信息的传播过程中，声音元素是表达和交流思想内容的重要手段之一，它与画面元素一样，具有叙事、描写和抒情的功能。

影视广告中音乐的主要功能是表象功能，人们能够运用音乐构造“形象图画”，按照运用的形式来划分影视广告中的声音，有平行声和对照声两种。

二、影视广告的类别

影视广告千差万别，清晰的分类模式，可以为更好地了解掌握广告播出效果提供有价值的参照和选择。

我们可以将影视广告做出如下分类。

按照播出类型，可以将影视广告分为节目广告、插播广告和冠名广告三种。在此，主要解释插播广告与冠名广告。

在电视、电影、广播等节目的播出过程中，中断节目的播出，转向播放商业或者公益类型的广告等内容，称之为插播广告。

冠名广告则是广告的另一种独特形式，常见的有片头标版，还有一种是由主持人口播，比如：“欢迎准时来到×××——法治中国”。这种冠名广告的形式，则是通过语音对观众反复进行提示，以语音形式来强化并提示消费者。

另外，按照功能类型，影视广告可以分为影视商品广告、影视表演广告、影视公益广告和影视形象广告。

影视商品广告，是以介绍商品的名称、特征并进行销售说服等为主要内容的广告，区别于企业广告，大部分广告属于商品广告的范畴。商品广告也包括企业广告，它是生产者或商品经营者向消费者介绍商品和推销商品的传播广告。其目的是为了提高商品的知名度，实现商品销售。换言之，影视商品广告是以促进产品的销售为目的，通过向目标受众介绍有关商品消息，突出商品的特性，以引起目标受众和潜在消费者关注的广告。

影视表演广告，是以影视表演为基础的广告形式，在这种广告中，往往习惯以一段影视故事为广告的诉求基础，通过故事情节的交代与设计，突出产品的主要特色。影视表演广告的最大优势是其形象性与生动性，通过人物形象以及情节的设计，往往能够出其不意，吸引受众的注意力，以达到广告的诉求目的。

影视公益广告是以为公众谋利益和提高福利待遇为目的而设计的广告，是指不以盈利为目的而为社会公众切身利益和社会风尚服务的广告，具有社会的效益性、主题的现实性和表现的号召性三大特点。

影视形象广告是企业向公众展示企业实力、社会责任感和使命感的广告，通过同消费者和广告受众进行深层的交流，增强企业的知名度和美誉度，产生对企业及其产品的信赖感。专为树立企业形象而进行的广告，目的在于增进社会各界对企业的了解和支持。

三、影视广告的特性与功能

影视广告与其他媒体的广告形式相比，所提供的信息量更大，报纸只能提供文字，广播只能提供声音，平面媒体只能提供图像，而影视广告在具备了其他所有媒体形式运用要素的同时又综合了电影、音乐、美术、戏剧等多种艺术形式，具有其特殊的审美性。影视广告从视觉形象和听觉形象上都能够有所塑造，极其富有感染力，能够创造意境，引发消费者的美好联想，更加吸引观众的眼球。

此外，影视广告的传播性强，传播范围广，传播密度大，这种不断加深印象的播放方式以及连续活动的画面，能够逼真突出地从各个方面展示商品的特性，从而给消费者留下深刻明晰的印象，使观众如同身临其境，刺激其潜在的购买欲望。

第三节　影视广告创作流程

影视广告的制作，大体可分为拍摄前准备、正式拍摄、后期制作三个阶段。在此仅对拍摄前准备做简要介绍。

对影视广告的创作，人们经过长期的研究与实践，已总结出一些可操作原则，这就有了衡量成功广告作品的尺度，也为影视广告的创意表现和技法的运用提供了依据。

一、拍摄前准备工作

在前期筹备会议上制作公司将广告方案上报与客户；提报制作脚本、导演阐述、灯光影调、音乐样本、布景方案、演员试镜、演员造型、道具、服装等有关广告片拍摄的所有细节供客户和广告公司选择，最终一一确认，作为拍片的基础依据。

在进入正式拍摄之前，制作公司的制片人员对最终制作准备会上确认的各个细节，进行最后的确认和检视，确保广告片的拍摄按照计划顺利执行，其中尤其需要注意的是场地、置景、演员、特殊镜头等。

二、组建拍摄团队

当影视广告方案得到确认后，接下来的工作就是组建拍摄团队，拍摄团队具体包括了制片人、导演、摄影师、灯光师、化妆师、服装师、场记、特效人员、录音人员等。

制片人是整个广告拍摄的核心，制片人的工作贯穿着整个拍摄进程的全部。其主要工作是拍摄前的准备工作，包括着筹备拍摄、进行财务预算、实地考察拍摄场地、在拍摄过程中联络团队成员、安排团队的饮食起居等事务。

导演可以说是影视广告的制作过程中的灵魂人物。因为导演是整个拍摄工作的指导者，也是拍摄质量的主要责任者。导演的风格通常会贯穿影视广告作品始终，导演运用视听语言将自己对广告商品的风格理解阐释到广告当中。

影视广告的全部拍摄工作都是由摄影师来承担的，摄影师首先要知道何种拍摄方式能够获得怎样的拍摄效果，还应要了解所有的灯光技巧，懂得利用摄影棚内及外景的灯光技术。一个合格的摄影师，会使整个影视广告的拍摄效果得到完美的展现。

灯光师需要在拍摄过程当中配合摄影师，听从摄影师对灯光调整的指令，拍摄现场的所有灯光设备，都要听从灯光师的调配，这时，灯光师的娴熟技巧就显得尤为重要。

道具师，则是在影视广告的拍摄过程当中，负责按照美术指导人员的要求，设计、制作和操作各种广告片中所需要的特殊道具的人员。

当然，除了上述人员之外，化妆师、服装师、场记、场务、特效人员、录音人员等，都是组成影视广告创作团队的重要成员，只有各个部门分工合作，共同努力，才会有好的影视广告作品出现。

第四节　影视广告制作人的职业素质

人，是决定一个行业优秀的根本因素，决定一个行业是否具有发展前景，人才是重中之重。

现代社会，广告行业已经成为了非常富有挑战性的行业，商品经济的繁荣和社会需求的增强都给影视广告业的竞争带来了很大的推动。行业的竞争无疑就是从业人员的竞争，放在影视广告业内说，就是影视广告制作人的竞争。因此对广告制作人的素质要求越来越高。

对影视广告人的素质要求是全面的，也是永无止境的，作为一个影视广告制作者，应当以高标准要求自身；现代广告从业人员必须具备较高的社会责任感及道德修养，力求达到既是专门人才，又是综合人才。

一、影视广告人的基本修养

影视广告人应具备三种基本修养：一是知识修养，二是思维能力修养，三是道德修养。

随着时代的进步，广告已经成为艺术、娱乐、休闲的艺术形式。作为影视广告人；仅仅有商业知识和专业技术，已经远远不能够满足现代影视广告发展的需要，影视广告人必须具备广告专业知识及其他相关学科的综合知识。因此见多识广、勤学博采，是影视广告人的基本素质。

广告业是智慧的行业，影视广告是讲究创意的产业与艺术，创造能力是人的智慧与能力的集中反映。影视广告创作的精髓就是创意。如果没有标新立异的创造性思维能力，就不能做一个合格的影视广告人。创新是影视广告人必须具备的修养。所以，创造力几乎成了衡量一个广告人及其作品是否优秀的最重要标准。

影视广告人还需要有良好的职业道德修养。遵纪守法、勇于承担、谦虚谨慎、正直、诚实、公正是广告人应当具有的基本道德修养。热情、坚持、敬业同样是影视广告人必不可缺的素质。

现代的影视广告行业是由多种专业人士、多种技术，多个部门合作完成的工作，因此必须建立目标统一、意念一致的队伍，以体现出相互依存、相互协助的专业团队精神。

二、影视广告人的专业素质

影视广告制作人首先应该具有很强的社会活动能力，影视广告人从事的工作主要是为社会传递信息，因此与人打交道、与人沟通是必不可少的基本能力之一，不善于这种活动，可以说就不能成为一个合格的影视广告人。

面对繁复的商品信息和受众诉求，影视广告人要具有敏锐地发现信息和及时处理信息的能力，在这个过程当中，广告人对社会政治、经济、文化的敏锐洞察，对市场需求、竞争状况的前瞻性把握，对消费者消费心理、行为的深入分析，对产品（品牌）的全方位认知才能保证影视广告决策的针对性，影视广告创造的有效性。所以经常主动自觉地获取外界信息，培养对外界信息敏感能力是广告人的一种基本功。

影视广告人员必须具备表达能力；包括文字表达和口头表达，在与客户、同行、消费者沟通时，有良好的口头表达能力，才能吸引人、打动人。此外，广告人还需要有较强的文字表达能力，来完成文案、调查报告等案头工作。

影视广告不同于其他广告；影视广告本身具有生动丰富的表现形式，它借助了影视的各种表达手段，因此，影视广告制作人应当具有较高的审美标准和审美能力，具有极强的感受美的能力。

影视广告人还必须要具备的基本素是对现代先进设备的使用能力，随着现代广告业对高科技设备越来越多的使用或是依赖，作为一个从业者，必须能娴熟的掌握、灵活的应用各种影视设备，在短时间创作出高水准的作品。

随着我国加入世界贸易组织，我国的广告市场必将越来越多地面向全球，也将会有越来越多的机会摆在国内广告人的面前，在这样的前提下，我国的影视广告人，应当将自己的广告创作理念变得国际化，能够迎合国际的审美标准，制作出适合全球消费者的影视广告作品。

思考题

(1) 影视广告的特点是什么？结合日常中的影视广告分析这些主要特点。
(2) 影视广告有哪几种类别？试举几个广告实例加以阐述。
(3) 影视广告制作团队都包括哪些人？他们的具体分工是什么？
(4) 结合当前的广告创作环境，思考影视广告人必备的素质有哪些？

第二章

影视广告创意

法国著名广告评论家罗贝尔·格兰说："我们呼吸着的空气，是由氮气、氧气和广告组成的。"在浩如烟海的广告世界中，要想使你的广告不被无声无息地淹没掉，必须在第一时间吸引住受众的注意力，而唯有发挥广告人的非凡创意，做到与众不同，才能吸引注意力。大卫·奥格威有一句箴言对此作了最好的注解："要吸引消费者的注意力，同时让他们来买你的产品，除非你的广告有很好的点子，不然它就像被黑夜吞噬的船只。"特别是影视广告，作为一种动态的信息传达，具有转瞬即逝的特点，这就更要注重创意的作用，正像伯恩贝克公司的创始人杜利·丹·伯恩贝克所说："我们没有时间和金钱，不断重复广告的内容，我们呼唤我们的战友——创意。"

对于广告和创意的关系，也可以这样说：如果广告是一把小提琴，创意就是琴弦，如果广告是一道大餐，创意就是那调味盐，创意是广告的灵魂和生命，广告没有创意，就好像人没有思想一样，毫无生机。创意最基本的含义是指具有新颖性和创造性的想法，一个好点子。在影视广告中，创意是指将原有的经验材料通过图像和声音巧妙地组合出新的意义。在具体实践中，影视广告创意包括创意准备和创意发生两个重要阶段。

第一节 创意准备

创意是人脑创新性思维活动的结果，这种创新性思维常表现为突发的、短暂的，是一刹那的灵光闪现，往往正是这一刹那的灵光闪现为广告商品制造了卖点，搭建了与消费者沟通的桥梁，创造了销售奇迹，成就了一则优秀的广告……但是正所谓"积沙成塔，堆土成山"，我们也应该很清楚这种灵光闪现并不是一蹴而就的，而是要有很多先决条件作保障，因此，相比于创意的发生，创意的准备阶段同样必不可少。

一、知识积淀

古航海时代，水手们之间曾传说，在神秘广阔的大海中，有一种"魔岛"存在于海面上。明明在地图上没有的岛，一觉醒来却突然发现它就出现在周边。其实创意的产生何尝不像这魔岛一样，突然浮现在脑海之中，神秘不可预测。但是魔岛真的是一夜形成的吗？当然不是，它是经过了无数次珊瑚虫在海底的累积成长，在最后一刻浮出海面。这与创意点子的形成过程极其相似。这是詹姆斯·韦伯·扬提出的著名的魔岛理论。表面上，灵感像魔岛一样神奇，发之于突然之间，其实是知识和经验日积月累而成，它根源于对生活的感悟。生活是创意人员取之不竭的思维源泉，创意人员应该利用一切空闲远离城市里的格子间，走进生活的大海中淘洗自己的头脑，走进普通民众中感受他们的生活氛围、思想情感。只有走近他们、理解他们才能表达他们，只有表达他们，你的广告才能活灵活现，真正贴近消费者，想他们之所想，引导他们消费你的广告商品。

泰国生命保险广告中一个挺着大肚子的女人不断的央求医生替她剖腹产，让宝宝提前出生，医生无奈，只得应允。女人在孩子出生不久，就从床上抱起宝宝冲向了另一家医院的急救室，病床上躺着的是孩子的爸爸，正处于生命的弥留之际。画面特写，爸爸的大手抓住了宝宝的小手，爸爸流泪了，女人抱着孩子紧紧地依偎在丈夫的身旁（见图2-1）。

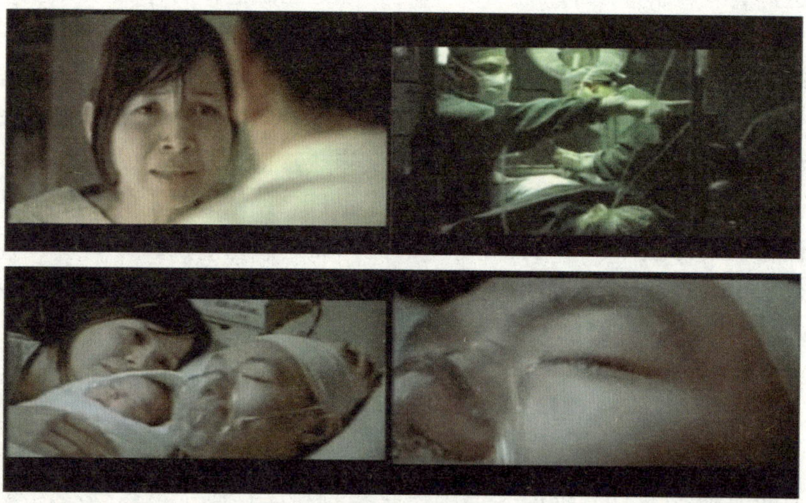

图2-1 泰国生命保险广告

这则广告创意截取生活中的一个特殊时刻，浓情陈述着女人的哀求、孩子的降生、丈夫的眼泪、大手和小手的相握以及录像中丈夫对孩子的句句肺腑之言，于悲情之中拨动着消费者的心弦，让我们震颤、感动。创意者只有对生命、对亲情拥有这样深刻的感悟，才能释放出如此震颤心灵的信号。

让我们走进生活、感受生活、表达生活，为创意起航做好第一手准备。

二、市场调查

知识积淀最终要为广告行为服务。广告行为的开端并不是创意，而是市场调查。

市场调查是广告创意的前奏曲。进行市场调查的目的就是要为创意做好充分的资料准备，知己知彼。市场调查的内容和步骤如图2-2所示。

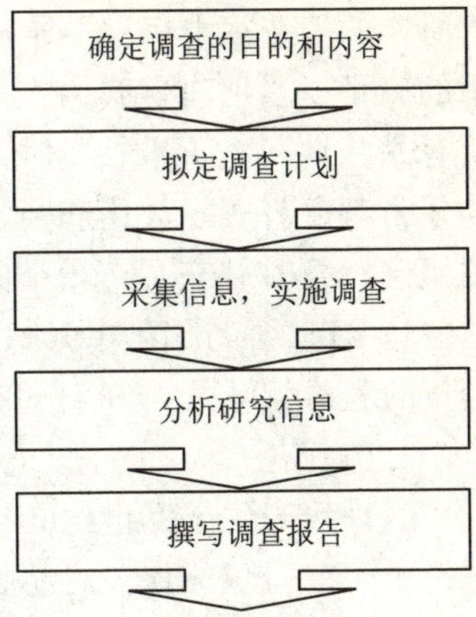

图2-2　市场调查的内容和步骤

调查的内容包括目标市场的基本情况调查、广告产品及企业自身情况调查、竞争对手情况调查、消费者调查等。资料的搜集重点放在以下几个方面：①与产品或企业密切相关的特定资料，如产品目标消费者的资料、产品特征、产品现有的文化附加值等；②有关宏观市场和目标市场以及社会环境的综合资料，包括市场的整体发展趋势、购买能力、消费观念、目标市场的分割状况、广告产品或品牌的市场位置等；③竞争对象的状况、广告投放行为等。通过这些资料的整理分析和研究，发现问题、筛选问题，为下一步界定广告创意所要优先解决的问题即广告诉求策略做好充分的准备。

三、创意策略

对企业产品、目标消费者、市场竞争者、品牌形象等要素做了深入调研和分析以后，下一步还不能直接做创意，而是要进行一项非常重要的工作，就是要确定创意策略。创意策略是关于广告创意的战略思想。创意必须先选择好战略思想，才能在该思想的指导下寻找到正确的创意概念和具体的执行点子。

策略即计策、谋略，是指针对遇到的问题思考出来的对策、解决方案。策略运用在广告领域，意指对产品或服务所能提供的利益或解决目标消费者问题的办法进行整理和分析，从而确定广告所要传达的主张。

20世纪以来世界广告发展史上的每一个时代都产生一些适应新的市场环境和竞争环境的广告创意策略理论，其中以下三种对现今广告创意实践影响巨大。

1. USP理论（unique selling proposition）

USP即独特的销售主张，是著名广告大师罗斯·瑞夫斯在20世纪50年代提出的一种具有广泛影响的广告理论。USP理论的中心思想是，每一个广告都必须对受众说明："买这样的商品，你将得到特殊的利益。"正如罗斯·瑞夫斯本人为MM巧克力豆创作的电视广告，很简单却表达了一个明确的利益：画面是两只手，画外音是："哪只手里有MM巧克力豆？不是这只脏手，而是这只干净的手，因为MM巧克力只溶在口，不溶在手。"

USP理论的利益诉求思想认为消费者的消费是理性的，主张找准利益点直击消费者的需求心理，从而刺激消费者的购买欲望并使其完成购买。"消费者倾向于从广告中记住一件事——一个强有力的诉求或是一个强烈的概念。"

时至今日，针对特殊产品和在产品的某些生命周期阶段，消费者对产品

“质”的消费需求仍占主导，因此在我们熟悉的影视广告中时常能看到USP理论思想的影子：当所有保暖内衣都在说保暖时，婷美提出了美体塑形的时尚卖点；当所有六味地黄丸诉求补肾时，九芝堂提出了治肾亏，不含糖的卖点；当几乎所有的牙膏都主打美白牙齿和药物保健牙齿的时候，纳爱斯牙膏率先提出了营养牙齿的概念，及时补充了市场空白；以及王老吉的预防上火、乐百氏的27层净化……这些包含USP独特销售主张的广告从众多同类产品广告中脱颖而出，成为保障产品销量的利器。可见，USP理论在现代广告中仍然意义重大。

2. BI理论

BI理论产生于20世纪60年代，是以大卫·奥格威为代表的品牌形象理论。此理论主张广告更应该关注品牌的塑造而非产品的有形卖点，认为最终决定品牌市场地位的是品牌总体上的性格，而不是产品间微不足道的差异；认为任何一个广告都应该是对品牌的长远投资，赋予品牌附加的情感和美学品质的联想，对消费者予以心理利益诱惑。

BI理论强调，在产品的有形利益点越来越难找的今天，该策略最适合那些很难产生实质差别的产品类别，或者即使能产生实质差别但也可能很快由于同类产品的跟进而消除的产品类别。该策略实质上是建立在消费者心理差别基础上的销售主张，他通过塑造完好的品牌形象和个性来引起消费者的象征性联想，使消费者对品牌产生良好的情绪情感反映，建立良好的品牌印象，从而提升品牌产品的心理附加值。

但是，正如罗瑟·瑞夫斯曾经有一个非常形象的比喻：品牌形象如同演讲者的外在气质，没有内在，谈何气质呢？很明显，品牌形象理论有一定的缺陷，更多情况下，它是作为一种广告传播的附加属性，来潜移默化的占据消费者的“有限感性”，在某种意义上只能起到锦上添花的作用。其实从这些运用品牌形象取得效果的企业来看，都是有较强经济实力的企业，毫无疑问，要塑造一个深入人心的形象是需要很大投入的，那些主张通过品牌形象来突破同质化竞争的提法无疑是有一定的风险，尤其对新品牌、小品牌。

3. 定位理论

格林纳达（Grenada）是加勒比海上的一个盛产香料的原生态火山岛，随着世界旅游业越来越兴盛，格林纳达这个人口只有94000人、失业率却高达30%的小岛也试图通过旅游业改变现状，起初用“盛产香料的小岛”这个定位来推广自己，但收效甚微。原因很简单，没有旅行者会为了看看香料的生长和制作而长途跋涉。格林纳达需要一个新的定位招揽游客。事实上格林纳达还有一个看似弱势的特点，就是相比于周边已经被高度开发的岛屿，格林纳达显得默默无闻，没有发展商开发，活像一个未被破坏的自然公园。没有旅游者、没有高层建筑、没有大饭店，这是岛屿现实的情况，也是它区别于加勒比海那些热门岛屿的战略定位——这是一个完全没有受到破坏的小岛，你可以领略到加勒比地区的原始风貌。于是定位从“盛产香料的小岛”改成了“原生态的未被破坏的小岛”。这一转变非常成功，格林纳达在旅游业方面大为改观，带来了充分的就业。现在所有介绍格林纳达的媒体上，都会诉说同一个令人心动的故事：像一颗饱满的水珠挂在加勒比海南端，格林纳达是一个无人触及、未被破坏的小岛，而它北面临近的岛屿已经永远地改变了……只有格林纳达才是五十年代的加勒比海，可能是最后一个原始风貌岛，它没有飞机和信用卡，远离城市喧嚣（见图2-3）。

(a) (b)

图2-3 格林纳达平面广告

广告从“盛产香料的小岛”改成了“原生态的未被破坏的小岛”，改变的并不是格林纳达岛本身，而是旅游者对格林纳达的看法。这与另一个策略理论——定位理论非常契合。由艾尔·里斯和杰克·特劳特提出的定位理论在20世纪70年代之后逐渐被人们关注并普遍运用于广告实践中。定位理论是在产品爆炸、媒体爆炸和信息爆炸的背景下产生的诉求理论，它主张以极其简化的信息抢占消费者的心理阶梯，使消费者有了相关的需求就会想起该品牌。定位理论的真谛是“攻心为上”，认为消费者的心灵才是营销的终极战场，即定位并不是要对产品做些什么，而是对潜在的顾客心智所下的功夫，“改变的是名称、价格及包装，实际上产品则完全没有改变，所有的改变，基本上是在作着修饰而已，其目的是在潜在顾客心中得到有利的地位。”杰克·特劳特这样说。

第二节 创意发生

一、创意思维

1. 什么是思维

思维活动是人类认识活动的高级形式，它既与客观存在相对应，又与单纯的感觉、知觉和记忆相区别。感觉和知觉是当前的事物在人脑中的直接映像，记忆是过去经历过的事物的印迹在人脑中的再现。感觉、知觉和记忆形成直观的肤浅的忠实于客观世界的感性材料，人们进一步把这些感性材料进行分析、综合、比较、抽象、概括，反映出客观事物的一般特性和规律性的联系，从而完成一个思维的全过程（图2-4）。

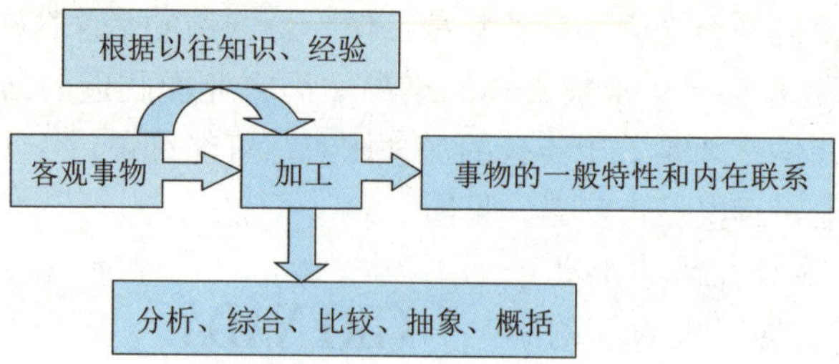

图2-4　人脑思维过程

2. 广告创意的本质是思维创新

(a)　(b)　(c)

图2-5　三则救助流浪者的公益广告❶

其中，图2-5（a）是由美国福克斯电视台投放的公益广告，这则室外广告看起来就像很多流浪者手里举着的破纸板，寻求帮助。上面写到：我不介意这是给谁看的，但是这并不妨碍能引起人们的关注；图2-5（b）是葡萄牙的一则张贴在垃圾桶盖上的广告，写到“帮帮忙吧，这样就不会有人来这里找食物吃了。”图2-5（c）是以色列的一则促进减少街头流浪的广告，本应放置在厨房里的碗碟插在了街头的下水道空隙中，广告写到“很多人在街头吃饭”。

在众多救助流浪者的公益广告中，这几则令我们耳目一新，颇多感触。创新思维是一种开放的、灵活的、独特的、非常规的思维形式，它不仅能反映和揭示事物的本质，而且能突破常规和传统，换以新颖、独特的方式解决问题。

❶ 中国公益广告网http://cnpad.net/news/v8415.html#top.

要想取得思维的创新，必须努力打破思维定势和习惯性思维。思维定势和习惯性思维是创新思维的“天敌”。如寓言故事“小绳拴大象”：

马戏团有一只小象非常顽皮，主人不管把它拴在哪里，它都会想尽办法挣脱。不堪其扰的主人用了一根无比坚硬的木桩钉入地中，它被拴在木桩上，无论如何费力也挣脱不开。从此，小象就乖乖地被拴在那里，每天只能围绕绳子的长度转圈圈。

日复一日，小象逐渐长大，成为一只硕大健壮的大象，帮主人拖拉很多的重物也不费吹灰之力。但只要把它拴在木桩上，它就静静地立在那儿。主人甚至只要随便将木桩插在地上，虽然只要稍微用点劲，木桩就会连根拔起。可巨象却顺从地站在那儿，丝毫不越雷池半步。

大象只要稍一用力就能挣脱禁锢，可是，长久以来的习惯性思维让它认为挣脱无望，因此也就永远不再做努力，永远止步不前。可见习惯性思维就像人们给自己划定的一个圈，它紧紧禁锢住人们的头脑，让我们的思维只能在小小的圈里打转转，不能自由翱翔，最终我们只能原地踏步。

著名管理学家彼得·杜拉克曾说：“观念的改变并没有改变事实本身，改变的只是对事实的认识和看法。”换一种角度想问题，用不寻常的眼光去观察寻常的事物，我们会得到意想不到的效果。在以促进销售为终极目标的影视广告创意中，只有与众不同才能迈出朝向目标的第一步。因此，以上所述的思维的革新和突破尤为重要，以一种全新的开创性的思维去解读商品现象和诠释广告主题，带给人们或新鲜或刺激或惊奇……种种不可思议的心理感受。如何表现辣酱的辣味十足？没有火红的辣椒，没有冒火的口腔，也没有吃完辣酱后夸张的过瘾表情，有的只是一只“苦命”的蚊子：一个人正在大吃特吃某品牌辣酱，一只蚊子不知趣的飞到他腿上猛吸他的血，然后这只“苦命”的蚊子没飞出多远就爆炸了（见图2-6）。

(a)　(b)　(c)

图2-6　TABASCO 辣酱广告

如何拥有活跃的创新性思维？这必须从创意思维的关键环节说起。创意思维的关键环节包括想象与联想和灵感与顿悟。

（1）想象与联想　“想象力比知识更重要，因为知识是有限的，而想象概括着世界上的一切，推动着进步，并且是知识进化的源泉。”——爱因斯坦

想象是一种特殊的思维形式，在心理学中的定义是：人在头脑里对记忆表象进行分析综合、加工改造，从而形成新的表象的心理过程。它属于形象思维的范畴。在创新想象中，联想是最为重要的一种想象形式。联想能力愈强就愈能把一个人的有限的知识和经验充分调动起来加以利用，愈能把与某种事物相关联的众多事物联系综合，愈能获得别人得不到的东西和难以进入的领域[1]。联想可分为接近联想、相似联想和对比联想等。

接近联想：由一事物想到在空间上或时间上与之相接近的事物的一种联想。比如由天安门想到人民大会堂是空间上的接近，由春天想到百花盛开是时间上的接近。在广告创意中，常可通过时空的接近关系展开丰富的联想。如可口可乐一则广告，在万物生长的夏季，趁一位男士休息的空隙，公园里的各种昆虫、鸟类纷纷出动，联合起来对他身边的一瓶可乐展开偷袭行动，历经草地——水塘——树枝——草地的“漫长”跋涉，他们终于享用到了美味……这则广告采用了时空综合联想的方式，营造了一个充满乐趣的童话世界，为可口可乐品牌增添了一份活泼和童趣（见图2-7）。

图2-7　可口可乐广告

类似联想：形式或性质上相似的事物激发起来的联想叫做类似联想。类似联想可具体为外部形态相似联想、内部逻辑相似联想和心理反应相似联想。比如由“白色”可以想到什么？可以联想到雪，联想到丧事，联想到恐怖……再比如

[1] 吴晓义. 创新心理解析. 长春：吉林教育出版社，2001.

由“温暖”我们可以想到春暖花开的场面，想到母亲粗糙的大手，想到成语“雪中送炭”包含的情谊……而在广告创意中同样是这样，只要充分发挥想象力，就能够在一切事物之间找到相似性。比如一则洗衣机广告：纱巾像极了水母，袜子像极了小鱼，马甲像极了乌龟，围巾像极了水蛇，它们在水中自由的伸缩、快乐的游动，多么美好的海底世界！当观众沉浸其中的时候，镜头切换——原来这是Aqualtis洗衣机在洗衣服（见图2-8）。

图2-8 Aqualtis 洗衣机广告

这则广告展开丰富的联想，采用比拟的手法，把衣服与海底生物的相似性夸张有趣的表现出来，如此展示洗衣机的卓越性能极有说服力。这就是类似联想的魅力所在。

对比联想：在特征、属性以及意义相反的事物之间建立的联想称为对比联想。对比联想在很多的情况下表现为一种反相对照，就是将两种在性质上互相接近的事物放置于某个环境中进行对照，以此凸显其中某一事物的独有特征，这种对比参照的手法在广告中比比皆是，尤其是化妆品、药品以及饮品广告中用与不用某品牌的区别，都属于对比联想。

实际上，一切由此及彼的想象都是一种联想。因此，联想并不仅仅局限于以上三种，在广告创意中，还会用到推理联想、因果联想、情感联想等等。

（2）灵感与顿悟　瓦特发明蒸汽机是在大学校园里漫步时不经意间想到的；爱因斯坦关于时间空间的深奥概括是在病床上想出来的；列宾的著名画作《扎布罗什人给土耳其苏丹王写信》更是在不经意间偶得的。他在创作之前曾研究了档案中的史料，做了不少探索性草图却都不尽如人意。一天，他去找一个人，当门一开，里面传出了“哈哈哈”的笑声，他立即告辞回去，重新勾勒草图，一群正在笑的扎布罗什人使他长期酝酿的主题终于“活”了起来。正所谓“众里寻他千百度，蓦然回首，却在灯火阑珊处！”灵感是指突然的意想不到的顿悟或理解，它是人类创造性思维中最奇妙的现象，是看似不受意识控制的非自觉性思维活动，是人的思维的突变或飞跃，在某种程度上是具有不可重复性的，然而灵感并不是凭空迸发出来的，而是厚积薄发的结果，属于人脑高级的创造性思维活动。科学心理学的研究表明，灵感是与创新动机和思维方法的不断寻觅相联系的，以创新者对解决任务的方法的不断探索为前提。

在广告创意中，灵感和顿悟也是创意思维过程中一个起决定作用的环节，是创意思维成熟的结果。可以说，灵感的迸发往往标志着一个伟大创意的诞生。大师奥格威说：创作过程要求的不止是理性。大多数独创的构思甚至无法用文字来表达，是不可言传的。产生灵感要有大量的构思活动作前提，灵感产生之后要经过反复评价、检验，理性的分析判断，才能得出最后的创意。下面我们具体来看一下创意的产生要经过哪些思维过程。

3. 广告创意思维的类型

在一个完整的创意过程中，人脑的思维处于连续工作状态，思维活动呈现不定性和差异化倾向，思维类型也各不相同，各种不同的思维类型单独或交织在一起，共同完成创意全过程。一般认为，主要的思维形式有形象思维和抽象思维、发散思维和聚合思维、顺向思维和逆向思维等。

（1）形象思维与抽象思维　形象思维：又称为非逻辑思维，是一种通过具体形象构成思维流程的思维活动，具有形象性、生动性、直感性、整体性的基本特点，其表达的手段是能为感官感知的图形、图像、图式或形象的符号。

影视广告是声画结合的广告艺术形式，声音和画面都是形象思维的绝好阵地，在创意中要充分发挥形象思维的优势，力求通过新颖独特的表象吸引并感染受众，使广告效果实现最大化。

这是一则“系好安全带”的公益广告，作者从生活实际中汲取素材，通过可爱的孩子、玩具小熊、倒立的汽车这些具体形象的元素，直观的表现系好安全带的巨大益处，让人们倍感震撼（见图2-9）。

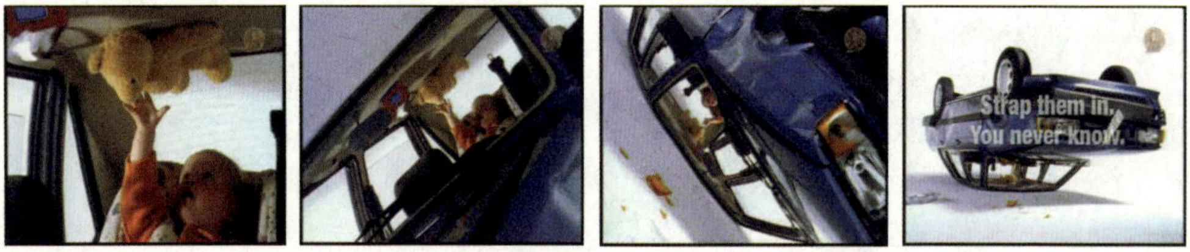

图2-9　系好安全带公益广告

抽象思维：又称逻辑思维，是在分析事物时透过表象抽取最本质的特性而形成概念，并运用概念进行推理、判断的思维活动。抽象思维与形象思维不同，它不是以人们感觉到或想象到的事物为起点，而是以概念为起点去进行思维，进而再由抽象概念上升到具体概念。抽象思维对外界的反映更加深刻，使人脑能在认识客观规律的基础上科学的遇见事物和现象的发展趋势，预言“生动的直观”没有直接提供出来的、但存在于意识之外的自然现象及其特征。

对于广告创意而言，抽象思维可以说是贯穿在广告创意的全过程之中，从资料搜集到分析筛选再到创意酝酿阶段，乃至最终的评估完善阶段，抽象思维的影子无处不在，分析、综合、归纳、演绎、比较、判断、推理，这些都是抽象思维在广告创意中的表现。乐百氏27层净化广告，最能体现抽象思维在广告中的运用，当所有纯净水品牌争相以“纯净”为卖点的时候，一度引起消费者的怀疑和恐慌，到底这些所谓的纯净水是不是真的纯净？哪一个品牌值得信赖？此时，乐百氏“27层净化”的广告出现，用强大的水处理事实诠释了“纯净”的概念，强有力的说服了消费者。从概念出发，提取产品最本质的特性，然后通过归纳演绎引导观众去理性思考。

其实在多数情况下，形象思维和抽象思维总是相辅相成、相伴而生的，并不能把他们完全孤立起来看待。比如以上的案例，在思维阶段总是以抽象思维为主，而在表现阶段总是以形象思维为主，即使是“27层净化”这样渗透着强烈的逻辑推理意味的概念，最终也是通过一滴水珠这一形象来实现的。

（2）发散思维与聚合思维　心理学研究表明，创造性思维是智力活动的重要部分。它是一种摆脱了使用习惯定势解决问题的思维方式，它鼓励在发散性思维的基础上进行聚合思维，创造性地解决问题。发散思维和聚合思维可以用一个简单的例子来解释。

问题：井盖一定是圆形的吗？

发散思维：井盖当然不一定是圆形的，它可以是三角形的，可以是方形的，也可以是三棱锥形的，当然为了美化城市更可以是小猫小兔子形状的，更可以在上面画上立体画，哈哈，多有意思！当然，如果以后城市发展了没有下水道了，还要井盖干嘛？……

聚合思维：就目前的情况看，井盖还是非常有必要的，而且，井盖做成圆形相比于其他形状更有好处，比如利于搬运，利于节省空间，利于镶嵌，不易于伤人，因此，井盖还是圆形的好……

在任何创造性活动中，发散思维是一种最基本也是最重要的思维形式，广告创意也不例外。芝麻糊—香味—小时候—灯笼—小孩—舔碗—偷笑—加满（南方黑芝麻糊广告），看似毫不相干的场面或动作就是从“芝麻糊”这一事物进行发散思维的结果，然后组合在一起形成一个充满怀旧味道的经典广告。打印机—图像清晰—逼真—门—狗追猫—打印纸贴于墙上—狗误撞—猫得意—打印机良好性能（EPSON打印机广告，见图2-10）。打印机与门，门与猫和狗本身也没有任何关系，但是就是这些毫无关系的事物组合成了一则优秀的广告。

发散思维也叫多向思维或扩散思维，即以某一事物为发散点，尽可能运用想象和联想与另一（或一些）事物联结成具有新价值（或附加价值）的新事物的思维方式。这种思维不拘泥于一点或一条线索，不受已经确定的方式、方法、规则和范围等的约束，而是从仅有的信息中尽可能向多方向扩展。它的特点一是“多端”，对一个问题可以多开端，产生许多联想，获得各式各样的结论；二

图2-10　EPSON 打印机广告

是灵活，对一个问题能根据客观情况变化而变化；三是精细，能全面细致的考虑问题；四是新颖，答案可以有个体差异，各不相同，新颖不俗；五是多感官性，不仅运用视觉思维和听觉思维，而且也充分利用其他感官接收信息并进行加工。另外，发散思维还与情感有密切关系。如果思维者能够想办法激发兴趣，产生激情，把信息情绪化，赋予信息以感情色彩，就会提高发散思维的速度与效果。

平时我们应该注意对自身发散思维的练习，首先要敢于想，遇事要大胆敞开思路，不要仅仅考虑实际不实际，可行不可行，因为“你考虑的可能性越多，也就越容易找到真正的诀窍。”其次，要能够想，努力提高多向思维的质量，争取从不同的出发点，向问题的四周尽可能做无限制的发散。第三，要善于想，尽可能不要按照常规想问题，打破脑子里传统的或定型的东西，尽可能多的为自己提出一些“假如……”、“假设……”等问题然后回答，才能打开思维创新的渠道。

聚合思维又称收敛思维、辐合思维或集中思维。如果说发散思维是放飞想象的话，聚合思维则是回收想象，就像光线透过凸镜集中在一个焦点那样，从不同的方向和不同的角度，将思维指向这个中心点，对想到的许许多多的新的设想进行过滤，加以筛选、组合，剔除其与主题不符的设想与内容，寻求与广告目标相吻合的最佳方案❶。发散思维和聚合思维是肯定一否定的过程，发散思维环节保有的是肯定的态度，对自由想象到的任何元素都应该记录下来，不要急于去挑拣、

❶ 黎青，孙封国. 广告策划与创意. 长沙：湖南大学出版社，2006.

舍弃，而在聚合思维阶段就要保持否定的态度，认真审视和大胆剔除庞大的发散元素，筛选出最适合的那一个创意，创意就正式诞生。可见，发散思维是思维创新的前提，而聚合思维则是保持思维冷静、把握创新方向的重要保证。

（3）顺向思维与逆向思维　顺向思维是一种常规的、传统的思维方式，通常依据平常的生活经验和知识积累进行因果性的思考，比如1+1=2、太阳从东方升起、水往低处流、冰箱是制冷的、妈妈是女性等等，顺向思维中规中矩，在处理常规性事物时省时省力，具有一定的积极意义，但是顺向思维容易形成思维定势，影响思维创新性的发挥。而逆向思维是一种反常规的、反传统的思维方式，是“反过来”思考问题，用对立的、看上去似乎不可能的办法解决问题。法国大文豪莫泊桑说：“应该时时刻刻躲避那条走熟了的路，去另寻一条新的。”试想一下，1+1=3可以吗？太阳从北方升起可以吗？水往高处流可以吗？冰箱如果制热会是什么结果？妈妈如果是男性又会怎样？是的，这种思考方法尽管有些滑稽但是新鲜有趣，会给人带来无穷的想象，有时候还会收到意象不到的效果。家喻户晓的“司马光砸缸”的故事就是典型的逆向思维。如果有人溺水，通常的观点是救人出水，而司马光却是反其道而行，砸缸放水救人。同样著名的“草船借箭”的故事也是逆向思维的典范，周瑜嫉妒诸葛亮的才干，故意刁难诸葛亮，要他十天之内负责赶造十万支箭，而诸葛亮并没有按照顺向思维去“赶造”，而是利用天时地利向曹操“借”了十万只箭。

在广告创意活动中顺向思维和逆向思维都运用得非常广泛。运用顺向思维做出来的创意更加符合人们的传统习惯，更易被人接受，产生共鸣，如20世纪90年代的“大宝”化妆品广告。

京剧演员：“上妆卸妆容易起色斑，用晚霜就好多了，大宝，挺适合我的。”

小学老师：“室外活动，受紫外线侵害，用日霜，仿晒又护肤，大宝，挺好的。”

纺织女工：“大宝啊，不错。”，“价格便宜量又足，我们一直用它。”

户外记者：“干我们这行，风吹日晒，用了日霜，咳，还真对得起咱这张脸。”

——“要想皮肤好，早晚用大宝”

特殊职业—皮肤容易出现各种问题—用大宝日霜/晚霜解决皮肤问题，结论：“要想皮肤好，早晚用大宝。”这是一则典型的功能诉求型广告，采用常规性思维进行因果顺推，让消费者认识到问题并且产生解决问题的冲动，进而刺激购买欲望，促进终端销售。化妆品、药品、洗护用品等广告大都采用这样的顺向思维方式，产品效果简单直接，一目了然。

但是运用顺向思维的缺点也比较突出，容易使广告失去特点，流于俗套，使广告产品淹没在林林总总的同类商品中，更有甚者，使消费者产生错觉，混淆品牌，不仅在自家产品上做了无用功，而且还为他家产品做了嫁衣。因此，我们在创意上更提倡逆向思维，追求用与众不同的视角实现广告的瞩目性，快速把“此广告而非彼广告”的事实渗透进消费者心目中，从而实现广告商品的高识别度。比如1997年的百年润发洗发水广告就在同时期功能诉求广告大战中走出了一条不寻常的道路，采用一种另类的怀旧情调诉说了一段凄美的爱情故事，打动了众多中国消费者，实现了良好的销售业绩。当然，把两种思维方式综合起来考虑也未尝不可，这样做的好处是取长补短，既做到了一定的创新性突破，又减轻了过于叛逆带来的风险，比如，柯达胶卷广告，先采用顺向思维理出一条“柯达胶卷记录精彩一刻”的主线，然后再采用逆向思维告诉我们“精彩一刻”并非我们通常想象的欢乐愉快的精彩，而是令人尴尬、滑稽的瞬间，比如牙膏挤了一脸、摔倒在美女脚下、表演时掉了裤子，小小的逆向思维实现了更加吸引人的效果。

面对众多的思维方式针对某一个广告选题，我们究竟应该采用哪一种思维方式呢？这要根据广告商品、消费者和竞争商品的具体情况来定，当然，这些都离不开前面所讲的思维流程，要结合发散与聚合、形象与抽象进行综合思考。

4.广告创意思维的实施方法——思维导图

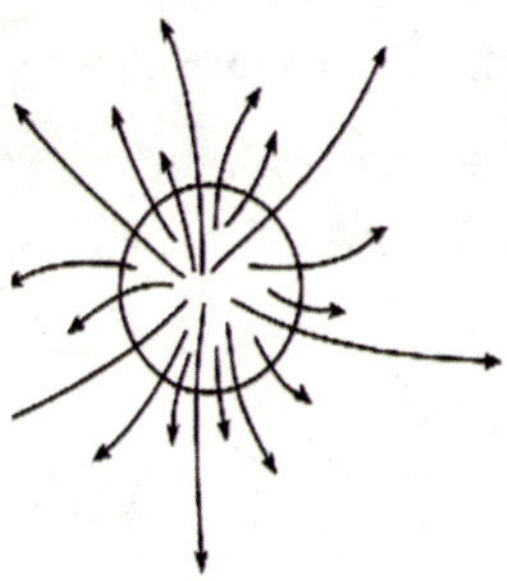

图2-11 思维导图简单图示

思维导图（mindmap/mapping）的概念和方法是由英国著名心理学家、教育专家东尼·博赞于20世纪60年代中期提出的。思维导图是对一个概念进行放射性思维训练的一种方式，它是一种组织性思维工具（见图2-11）。具体地说，思维导图是把我们的创造性、放射性思维具体化的过程，所有的思维导图都有一些共同之处，它们都使用颜色，都有从中心发散出来的自然结构，都使用线条、符号、词汇和图像，都遵循一套简单、基本、自然、易被大脑接受的规则。大脑能够根据适当的联系进行发散性的感官想象和联想，我们用词汇来触发这些想象和联想，这样头脑就浮现出与各种联想相关的、极具个性化的三维画面。

如何绘制思维导图呢？在托尼·巴赞的《开动大脑》一书中说：“拿一张白纸，在纸中央画上一个简单的图形，它代表你理想未来的实质，因此开始一张思维导图。如果这张纸足够大，你可以在上面完成你想要实现的一切。”作者把思维导图的绘制分为7个步骤：

① 从一张白纸的中心开始绘制，周围留出空白，为发散表达做准备。

② 用一幅图像或图画表达你的中心思想，因为图画的含义比词汇更加丰富，更能保持大脑兴奋。

③ 在绘制过程中使用颜色，因为颜色和图像一样能让你的大脑兴奋。

④ 将中心图像和主要分支连接起来，然后把主要分支和二级分支连接起来，以此类推。把分支连接起来更容易理解和记住许多东西，同时也建立了你思维的基本结构，这和自然界中大树的形状极为相似。

⑤ 让思维导图的分支自然弯曲而不是像一条直线。因为你的大脑会对直线感到厌烦，曲线和分支就像大树的枝杈一样，更能吸引你的眼球。

⑥ 在每条线上使用一个关键词，因为单个的词汇使思维导图更具有力量和灵活性。每一个词都更加自由，因此也更有助于新想法的产生，而短语和句子却容易扼杀这种火花。

⑦ 自始至终使用图形，因为每一个图形就像中心图形一样，相当于1000个词汇。

例如给定一个“水果”作为中心词汇，可以这样绘制思维导图，如图2-12所示。

大树的任何一个部分都可以是动物、植物、人、事件、动作、表情、颜色、味道、音乐、地点、时间……只要我们想到的都可以加上去！为了避免过于繁杂，也可以做简单分类，比如按照感觉分类有视觉、听觉、味觉、嗅觉、触觉等等；也可以按照材料、功能、结构、形态、方法、因果、情感附加价值等进行分类。联想的时候为了扩展思维，激发想象，可以向自己发问：什么？在什么地方？什么时候？为什么？谁？哪一个？怎么样？等等。

像大树一样的图像化的思维导图通过绘制主干、枝干和分枝，可以很方便地把想法进行组织和分类，使绘制者更容易产生新的想法、洞察事情的来龙去脉、

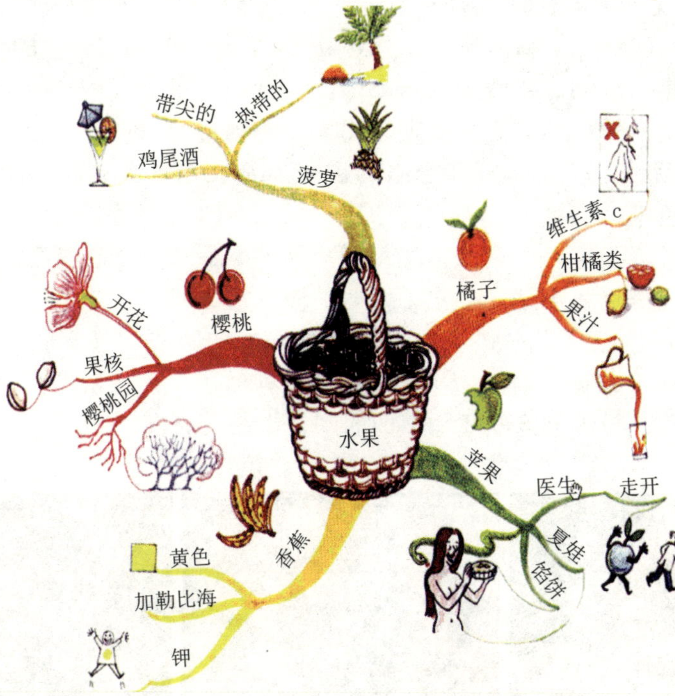

图2-12　思维导图 ❶

❶ 东尼-博赞. 思维导图：大脑使用说明书. 张鼎昆，徐克茹译. 北京：外语教学与研究出版社，2005.

提高记忆力和注意力、激发大脑的潜能。“只有先想到，然后才可能得到。”思维导图能够体现思维的发散性和扩展性。在思维导图绘制中要充分运用前面提到的形象思维、抽象思维、发散思维、顺向思维、逆向思维，绘制完成以后的检验阶段要更多地运用聚合思维，这样才能很好地完成一次思维导图的绘制过程。

思维导图可以运用于我们生活的各个领域，当然也包括广告创意领域。思维导图可以帮助广告创意更好、更有规律的运用各种思维思考广告主题，把各级关键词语的关系用相关的层级图加以体现，把创意性词语和记忆性词语与图像、色彩进行链接，产生鲜活的创意，往往使创意工作事半功倍。在广告创意中绘制思维导图的步骤如下。

（1）寻找一个中心词　这个中心词的寻找非常关键，通常根据广告策略阶段的产品定位来确定，比如某种新功能、卓越的品质、周到的服务等等。也可以眼光放宽泛一点，以产品所属门类为中心词。比如洗衣机、钟表、男装等。

（2）绘制思维导图　思维导图的绘制需要遵循上文列过的7个步骤，但是如果你实在没有美术功底，不能完成用图像表达的任务，那么也不必勉强自己，做思维导图首先需要培养的是兴趣，过于勉强自己反而会降低积极性，限制思维的发挥。因此，做一个只有文字的简易的思维导图也未尝不可。

（3）审视思维导图并寻找灵感　完成思维导图实际上才相当于工作刚刚起步，接下来我们还要做大量的工作，就是反复审视我们每一个词条，寻找灵感。这一步相当于创意步骤中的第三、四、五步。也是发散思维和聚合思维联合作用的阶段，是思维的高强度期。比如，一则打印机广告，可以事先制好思维导图，然后经过反复审视和思维的进一步延展，逐渐明晰一个思路：打印机—纸—彩色纸—逼真—漂亮—笑—哭—孩子—哄—爷爷。这一条线再经过进一步完善，最终确定一个创意方案：孩子被吵醒后哭闹—爷爷想尽办法哄他也没有成功—爷爷灵机一动，拿出了妈妈的照片放大打印了出来—爷爷把逼真的妈妈头像戴在自己头上—孩子信以为真，安静的睡去。然后再经过细节的润色，比如爷爷手忙脚乱的滑稽相、爷爷给小狗做了一个安静的手势、小狗会意转头离开等等，最终创意变成如下图的广告作品（见图2-13）。

图2-13　惠普打印机广告

当然，在这个例子中，我们只是运用一个优秀的获奖广告做了一次逆推，实际的创意和思维导图绘制工作是一件辛苦的劳动，需要我们打开思维的大门反复练习才能收到好的效果。

二、创意表现

创意思维是广告创意的主观存在，是广告创意产生的必要条件和重要基础，但是创意思维只是创作者内化的自我交流，而真正面对受众，与受众产生交流和沟通的并不是创意思维，而是思维的外化形式——创意表现。

1. 创意表现原则

（1）独创性原则 广告创意的第一原则是独创原则。所谓独创，必须能够体现“独”和“创”两个方面的特征。“独”即独特，独一份，亦即杜绝任何形式的抄袭和模仿。这是广告创意的基本要求。宋代欧阳修说：“意新语工，得前人所谓道者，斯为善也。”任何形式的重复前人、重复自己都是不可取的。“创”即创新，在广告创意中运用创新性的思维，从形式、角度、方法上力求与众不同，独树一帜，标新立异，给人以全新的视听感受，从而使广告情境和广告产品有效的产生关联，以此来突破广告重围，树立商品个性，增强商品的知名度、美誉度，促进终端销售。

（2）新奇性原则 新奇性原则重在体现广告创意的“新”和“奇”，“新”即新颖、新鲜、标新立异，“奇”即奇特、奇趣、奇思妙想。广告对消费者影响的过程可以概括为：AIDMA，即：attention（引起注意）—interest（提起兴趣）—desire（激起欲望）—memory（加深印象）—action（引起行动）。在浩如烟海的广告信息轰炸中，靠什么来走出实现广告效果的第一步，引起观众注意，那就是新颖奇特，与众不同。“抓住大众的眼睛和耳朵，是广告创意的第一步。”如果你的广告在播出之初，能够让玩耍的孩子停下手中的游戏，让煮饭的主妇暂时关小火头，让对着电话大侃特侃的男士跟对方喊个暂停，那么说明你的广告具备某种与众不同之处，当然也说明实现了广告效果的第一步。当然，首先保证这些人是你的目标受众。

（3）通俗性原则 画可以绘制给一个人看，诗可以只有两个人懂，电影可以拍给小部分人欣赏，而广告却不可以这么“小气”。广告媒体特别是影视媒体的大众化属性以及广告的“广而告之”特性决定了影视广告创意必须具有通俗性和大众性原则。试想，一则晦涩难懂的广告，受众连“说的是什么”都不知道，还能去兴趣盎然的关注你的商品吗？通俗性是广告在商品和消费者之间建立的一个桥梁，从信息传播的角度上说，要想使广告信息有效传播，信息发送者不仅仅要考虑自身的编码工作，更要考虑接受者的解码能力，如果编码和解码之间出现障碍，信息的传播就无法顺畅进行，沟通就出现断裂。像一些新概念的提出有时就会让我们感觉莫名其妙，比如形形色色的化妆品广告中的新概念，彩电、冰箱等电器中的新概念。有时候广告画面的表现也很让人费解，像某糖浆广告，一个豹子紧追一个美女，美女手里拿着某糖浆，真让人不知所云。

（4）简洁性原则　影视是时空综合的媒体，强烈的时间观念、以秒计的收费方式给影视广告带来先天的限制，即以最短的时间表达最明确的意图，画面、声音、文字，广告内容中每一个元素都应该是必不可少的，任何可有可无的东西都应该被丢弃。巴西广告界的旗帜性人物马赛罗·赛帕说：“要想使自己在混乱不堪的广告中引人注意，必须永远保持简洁，简洁，再简洁。”一代广告大师伯恩巴克曾说：“在广告创意上光是求新求变、与众不同是不够的。杰出的广告既不是夸大，也不是虚饰，而是要竭尽你的智慧使广告信息单纯化、清晰化、戏剧化，使它在消费者脑海里留下深刻而难以磨灭的记忆。”

简洁看似简单，但在思维上却是复杂的。简洁是一个高度浓缩、提炼、升华的过程，是一种广告智慧。很大程度上简洁也是丰富、丰满，只有最简洁的东西才具有最大的包容性和想象空间。

2.创意表现形态

在广告创意特征和原则的指导下，广告创意表现方法多样，表现形态各异，总结起来，大致有以下几种。

（1）示证形态　示证形态是广告运用最多的创意形态，主要是通过说明、示范和证实的方式，传达商品或服务的功效、品质、价格等方面的信息，引导消费者通过理性分析和判断去肯定、接受商品或服务。示证形态在实践中的具体方法很多，从证明手法上来看，有举例子、下定义、摆事实、作对比、列数字、分类别、用图示、引数据等；从证明者上来看，有人证和物证，人证又分消费者证言、专家示证和名人示证等。在一些日常洗护用品和耐用消费品以及药品广告中，示证形态也较常见。曾经非常熟悉的“盖中盖”电视广告，无一例外地采用中老年影视演员作为证言人向人们展示、说明“盖中盖”产品的效果，虽然内容和表达简单直白，没有什么稀奇之处，但是一语点中“质优价廉”的产品卖点，比较符合老年人对问题反应较慢、较注重实际效益等特点，收到了比较理想的广告效果（见图2-14）。

(a)　(b)

图2-14　新盖中盖产品广告

洗护用品中“霸王”防脱洗发水广告也是一个很典型的例子，请功夫明星成龙做代言是典型的人证形态，同时借用了一棵枯萎的树作为道具，演员晃动了一下树干，枯黄的叶子纷纷下落，“头发有问题，就像这棵树。”明显采用的是物证形态，另外，采用动画显示了产品作用于头发的过程与效果，又是典型的图像示证形态。这则广告采用了示证形态的多种不同样式。

示证形态的优点是直接表述产品卖点，表达清晰明了，消费者对产品信息易于理解和接受，缺点是过于直白，广告容易落入俗套、缺乏新意，在以年轻一族为目标群体的商品广告中要慎用。另外，在进行示证形态的说明展示中，要注意不要违背广告法规的相关条款，特别是对于一些食品、保健品、药品等特殊商品，广告法规都有很多限制，要仔细研读和深入学习。当然，良好的从业道德是每一个广告人都应该具备的基本素质。长期以来，名人证言广告被指虚假宣传的新闻比比皆是，前苏联心理学家肖·阿·纳奇拉什维里在其《宣传心理学》中说过：“人们一般信以为真地、毫无批判地接受来自权威的信息。”这揭示了这样一个事实：在其他条件相同的状况下，权威效应更具影响力，往往成为第一位的作用。名人作为社会知名人士，在广告中扮演着权威信息发布者的角色，因此，更应该对自己的权威行为负责。

（2）情感形态　感人心者，莫过于情。普通心理学认为：“情绪和情感都是人对客观事物所持的态度体验，只是情绪更倾向于个体基本需求欲望上的态度体验，而情感则更倾向于社会需求欲望上的态度体验”。情感是态度这一整体中的一部分，它与态度中的内向感受、意向具有协调一致性，是态度在生理上一种较复杂而又稳定的生理评价和体验。在人的心理和行为上，情感是心理活动的组织者，能激发心理活动和行为的动机。美国心理学家马斯洛指出：“‘爱的需要’是人类‘需要层次’中最重要的一个层次，人有爱、情感和归属的需要”。

从感情、感性的角度，动之以情，诉诸感性，渲染情绪，强化气氛，从而引起消费者的共鸣。情感形态一般体现的是品牌的附加值，强化产品或服务的亲和力，更多强调品牌形象。情感形态涵盖的内容非常多，可以是对生命的感悟，对人生的喜怒哀乐、悲欢离合的体验，也可以是对真善美的追求和对亲情、友情、爱情的诠释，这些都构成了广告创意中极为广泛的题材。创意方法可以是选取某一个生活情节片段、某一个角度，或者专注某一个细节的特写，某一个特别局部的描述，或者提倡一种生活方式，既可以是超前的生活方式，也可以是回归一种生活方式等，营造或烘托一种感情、一种氛围、一种感性、一种情绪。

概括来说，情感形态有温情型、幽默型、故事型、生活型、戏剧型、悬念型等。以下几则是不同类型的情感形态广告。

百威啤酒广告——幽默型。

广告使用一个地地道道的流传于现代美国青年口中的俚语“What’s up”贯穿全篇，将年轻一族的生活形态和个性充分展现出来，深得这部分人的认同（见图2-15）。

图2-15　百威啤酒广告

奥利奥饼干广告——温情型。

男孩教自己的智障兄弟吃饼干，两兄弟认真诚挚的表情感动人心，反映两人成长过程的温情画面更是催人泪下（见图2-16）。

图2-16　奥利奥饼干广告

美国贝尔公司广告——故事型。

美国贝尔公司曾推出一则电视广告：一对老夫妇正在进餐，这时电话铃声响起，老太太去隔壁房间接电话。回到餐桌后，老先生问她："是谁打来的电话？"老太太回答："是女儿打来的。"老先生又问："有什么事吗？"老太太说："没有。"老先生惊讶地问："没事？上百公里外打来电话？"老太太哽咽着说："她说她爱我们！"两位老人相对无言，眼含热泪。此时，旁白出现："用电话传递你的爱吧！"

这则电视广告选取了一个很平常的生活情景，给人以温馨的情感体验，并成功地将产品理念融入到广告所表达的感情中，堪称情感广告的范例。

（3）意境形态　意境是指抒情性作品中呈现的那种情景交融、虚实相生、活跃着生命律动的韵味无穷的诗意空间。意境是属于主观范畴的"意"与属于客观范畴的"境"二者结合的一种艺术境界，是主观的思想、感情、意念等和客观的生活、景物的统一。

广告创意中也有这样一种创意形态，即通过对客观事物的巧妙描述营造一种特殊的境界或氛围，使观众感受到某种象征性的印象，从而把品牌与这种印象联系起来理解、接受和记忆。与传统的创意形式如编一个故事将商品或品牌融入或者去诉求商品功能特性相区别，意境形态不强调商品有形价值的表达，没有完整性的故事情节，广告呈现给消费者的是一种形象性领域的审美价值、一种文化标记、一种视觉感觉。

从品牌形象上来营造意境效果。品牌的代表形象对于一个品牌来说至关重要，它可以强化品牌的个性和符号魅力，具有鲜明的感性特点。如早年的七匹狼男装广告，选用唱着《我是一只来自北方的狼》的歌手齐秦作为形象代言，让"狼"的品牌个性异常鲜明。

从表现手法上来营造意境效果。通过描绘自然景物、生活场景，有时候结合特技表现，将壮观、深沉或浪漫、优美的心理感觉转接到产品或品牌上。

开阔壮观的意境效果：成熟男子驾着新款奔驰车在沙漠里行驶，突然乌云遮日，狂风大作，男子驱车狂奔，大朵的云彩汇聚成恶魔的形状朝他扑来，胶着片刻，奔驰于沙漠深处的车骤然停止，变幻莫测的乌云顷刻间电闪雷鸣，男子迅速启动遥控，顶棚严严实实的扣在车子上安然应对一场大雨的袭击（见图2-17）。

这是一款奔驰汽车的广告，漫天黄沙、乌云翻滚、疾驰的汽车、空旷的原野营造出了无比壮观的意境效果，特技效果逼真，演员表演真实，给观众带来非常强烈的视觉冲击力。

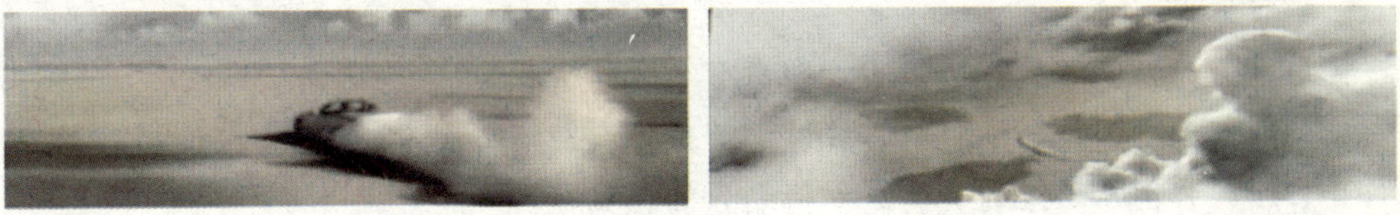

图2-17　奔驰汽车广告

浪漫唯美的意境效果：在宽阔的马路上，在海边，在灯光下绿色的草坪上，一对热恋中的情侣尽情徜徉于PSP带给他们的美好感受之中，随着PSP中的内容不同，他们的眼前不停变换着用线条描绘的想象画面（见图2-18）。

图2-18　PSP电子产品广告

此广告采用虚实相生的表现手段，融入了灯光、色彩、慢镜头等多种表现技巧，营造了现实与抽象相映成趣的唯美效果，为商品赋予极为浪漫的情感元素。

意境形态的广告创意更加注重自由的想象，表现形式和表现技巧灵活多样，目的是给人带来一种特殊的心理体验。实际上这种特殊心理体验就是广告赋予产品的额外附加价值。一个有创意的意境形态广告，它的实际价值等于原先的使用价值与由广告所营造出来的附加精神价值之和。

但要注意的是，每一次意境形态的创意都要贴合特定消费群体的心理特征和审美习惯，不可任意而为。另外需要注意的是，任何创意都是为了产品服务的，绝对不可喧宾夺主，让美好的意境氛围成为广告的主角，而让产品退居一隅，这样再好的广告也没有实际用处。

思考题

(1) 何为“创意”？请阐述“创意准备”的过程。

(2) 何为“创意思维”？其关键环节是什么？请举例说明。

(3) 广告创意思维的类型是如何划分的。

(4) “创意表现原则”和“创意表现形态”包括什么？

第三章 影视广告拍摄设备发展与概述

正如恩格斯指出的那样："科学的发明和发展一开始就是由生产决定的。"电影的发明不是某个人的天才创造，而是科学技术发展的必然产物。电影工艺技术上的每一步，也不单是技术的进展、企业的革新，更是对电影艺术从业者的挑战。自电影诞生以来，用移动画面讲述故事的叙事技巧并没有很大的改变。相反，像收音设备、摄影机、镜头、拍摄辅助设备和后期特殊效果等方面的更新换代以及技术的运用却达到了空前的繁荣，电影设备的大幅度进步，丰富了电影人的技术词汇。让我们溯源而上，一起来看看摄影(像)机的发展历程。

第一节 电影摄影机

一、电影摄影机的诞生

电影之所以被誉为"机械文艺女神"，是因为它是被社会、经济、和科学技术等约束和推动着，借由机械技术来实现的艺术形式。所以电影摄影机是社会飞速发展的产物。摄影机的发明源自视觉残像这一概念；何为视觉残像呢？人的眼睛有一种很奇妙的特性，当视线离开所看到的景物后，景物的影子并不会马上消失，而是在视网膜上残留片刻，这种现象即称为"视觉残像"。电影就是利用了这一特点，当影片在我们眼前每秒钟以二十四格画面的速度转动时，对我们产生了一种运动的幻觉，这一系列的幻觉画面就组成了电影中的片段。早在19世纪初，人们就曾利用"视觉残像"的原理，制造过各种各样的试验器具。1824年，英国医生彼得·马克·罗杰特（Peter Mark Roget）向英国皇家协会递交了"有关视觉残像原理"报告。1825年，约翰·安东·派里斯博士（John Ayrton Paris）发明了"幻影盘"(Thaumatrope)玩具，这种玩具是在一张硬纸板的圆盘上，一面画着小鸟，一面画着鸟笼，当快速转动圆盘时，观者就会看到小鸟好像飞进了鸟笼里（见图3-1）。

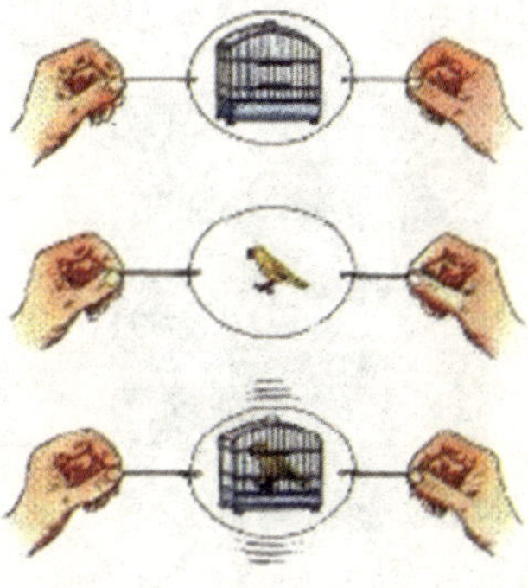

图3-1 幻盘(Thaumatrope)

这种玩具后来在伦敦、巴黎和维也纳的市场上曾盛行一时，人们把生活中看似简单的主题印成漂亮或幽默的彩色石版画并且为其取了很多有趣的名字如“幻盘”、“旋盘”、“诡盘”、“走马盘”等。之后，人们又将人物形象栩栩如生的描绘到这种能够活动的玩具上。1834年美国人霍尔纳发明了“活动视盘”，在硬纸片上画上一连串的人物像，当纸片转动时小人就会随之翩翩起舞。这些有趣的发明，尽管看似仅仅是一种简单循环转动的玩具而已，但却孕育了未来电影的雏形。1877年，法国的光学家兼画家艾米尔·雷诺在他的“活动视镜”中利用了“景深”原理，使人物可以由前向后或由后向前移动，有些甚至还可以使用“特写”的方法。他用这个方法制作了许多在当时称为“电光的哑剧”的动画片，最为著名的一部叫做《更衣室旁》，这部动画片已经完全具备了现代动画片的常见特点，诸如复杂生动的剧情、逼真的人物噱头、美丽的布景、动人的色彩、特技摄影、声画合一的音乐等。

图3-2　枪形摄影机

无论是罗杰特的“视觉残像”概念或是雷诺的“活动视镜”，皆给电影的发明提供了坚实的理论基础和极具参考价值的经验。不过，只有在照相术产生以后，电影的发明才成为可能。19世纪80年代，在很多工业先进的资本主义国家，一些科学家、发明家研究和试制了电影摄影机。法国生理学家居勒·马瑞（Étienne-Jules Marey）受中国皮影戏原理启发，在1882年发明了一种一分钟可拍12张照片形状似枪的摄影机，世界上第一部电影摄影机由此诞生了（见图3-2）。

之后英国的勒普朗斯、格林，美国的爱迪生、迪克生和法国的卢米埃尔兄弟等都为电影摄影机的诞生作出了贡献。

二、电影摄影机的类型

通常电影摄影机按其使用胶片的规格主要分为35毫米摄影机、16毫米摄影机和8毫米（超8毫米摄影机）三种，如图3-3所示。

（a）35毫米电影摄影机

（b）16毫米电影摄影机

（c）8毫米电影摄影机

图3-3　电影摄影机

35毫米胶片是最原始的电影胶片规格，由美国发明家托马斯·爱迪生（Thomas Edison）和乔治·伊士曼（George Eastman）于1889年发明。35毫米胶片的摄影机，拍摄的画面清晰度高，是电影制片厂使用率最高的专业机器；19世纪20年代，柯达公司（Eastman Kodak）为鼓励更多业余的电影摄制者拍摄使用，推出了16毫米的新规格胶片。16毫米摄影机既有轻巧、经济的特点，又有较高的清晰度，曾经在专业和非专业的电影拍摄中盛行一时。但是由于价格太贵，不能普及。直到1965年推出了更为轻便，价格也相对便宜的超8毫米胶片规格摄影机。这是款更适用于普遍民用型的机器。而用于拍摄大场面巨片的70毫米胶片摄影机，很少场合使用。

三、电影摄影机的工作原理

简单来讲，摄影机（见图3-4）是在一个暗箱里，由一个传动装置将未曝光底片从送片卷轴a经镜头b和光圈c送到承接卷轴d。镜头承担着将拍摄场景所反射的光，聚焦在每一格胶片e上的任务，然后机械装置则断续地拉动底片，每拉一格至光圈处会有较短的停顿，快门f负责将透过镜头的光进入暂停的进入底片使之感光。（大卫·波得维尔《电影艺术——形式与风格》）

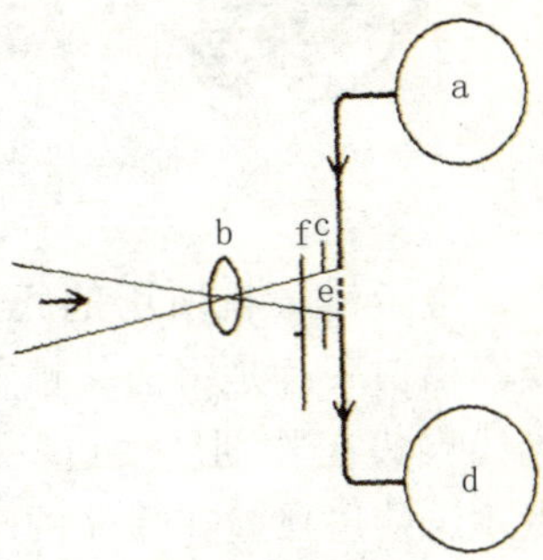

图3-4　摄影机工作原理视图

四、电影胶片

影视广告拍摄中要审慎选择拍摄器材、拍摄材料和灯光设备等，其中一个重要的目的即是为了生动地表现色彩。某些特定情况下，数码摄像机记录的广告画面效果与电影胶片相比仍然有一定差距；电影胶片拍摄制作的广告片即使经过胶转磁处理，画面的色彩饱和度、反差性、画面灰雾度指标也都仍然明显好于直接由数码摄像机拍摄的广告片。因此，我们有必要熟悉了解胶片色彩基础知识，了解光材料的成色原理，为进行彩色画面拍摄奠定一个扎实的基础。并且可以按照色彩间相互合成关系，有效地运用灯光及后期电脑画面色彩处理等，才能取得理想的影视广告画面。在前一节电影摄影机介绍中提到的35毫米的胶片，称为标准规格底片（standard gauge），8厘米和16厘米胶片称为窄规格底片（narrow gauge）或次标准规格底片（substandard gauge），具体选用何种规格要根据具体拍摄时所使用的摄影机的规格而定。

35毫米电影胶片是当今专业领域比较通用的格式。每秒24格画面，每分钟90英尺（1英尺=0.3048米），胶片实际宽高为22毫米×16毫米，其投影画面宽高比是1.375∶1。

为了使摄影机能够顺利跑片，在电影胶片两侧均打有齿孔，摄影机内部的链齿依序抓住这些小孔，底片才能以一定速度平稳转动。电影胶片上大部分区域是供影像使用，也就是画框；此外，底片的一边或两边会留位置给声带。胶片的物理特性具有通行全世界标准化，胶片的宽度称作规格（gauge），是以毫米为计算单位的（见图3-5）。

图3-5　胶片示例

电影摄影机所用的底片是片基表层覆盖着感光乳剂的柔软、透明的聚酯薄膜。黑白底片是将卤化银颗粒作为感光乳剂均匀地涂在片基上，当摄影机镜头将光线聚集在乳剂层，这些颗粒就会发生一连串化学反应，使其聚集起来形成斑点，这些斑点就在受光的底片上形成反映光密度的影像。在冲印时，经过感光、显影、定影等化学反应过程，这些潜伏的影像浮现出来，如同白色表面上的黑色纹理。这种胶片称为负片（negative film），它必须经过印片处理工序，才能获得明暗正确的正片。另外一种胶片称为反转片（reversal film），可由洗印程序将拍摄的底片直接加工成正片，因此无须再经过印片过程就可以观看。

彩色胶片的冲印过程比较复杂，其负片在冲印时比较好掌握，并且之后可印制更多的正片拷贝，是专业影视广告拍摄中最常用的底片。

电影胶片从色温上看，有日光型片、灯光型片和日光加灯光通用型胶片。

第二节　摄　像　机

一、摄像机发展史

1.模拟信号格式

20世纪50年代，美国加州Ampex公司（安培公司）研发出世界上第一台实用性摄像机并将其正式用于电视节目拍摄，虽然这种类型的摄像机摄像管使用寿命低、制造成本高、性能又不够稳定，并且不适用于强光下进行摄影，但是这是世界上最原始的电子影像格式，开创了影像记录的新纪元（见图3-6）。在此后的60年时间里又陆续发展出众多电子影像格式。

图3-6　Ampex公司研发的摄像机

1976年，JVC公司（Japan Victor Co.）推出了第一台家用型摄像机，与此同时，为了配合这台家用型摄像机使用，JVC推出了独立开发的VHS格式，VHS既Video Home System的缩写，意为家用录像设备（见图3-7）。JVC公司简化了摄像机的操作系统，使用相对轻便的盒带，降低其价格，使摄像机走入了人们的日常生活。

图3-7　JVC公司推出的VHS摄像机

1980～1990年早期许多厂家研发了各式轻便型摄像机，如索尼（SONY）公司的Betacam及之后索尼（SONY）、夏普（SHARP）、佳能（Canon）公司生产的被称为掌中宝的8mm系列摄像机（Video 8mm）和索尼公司曾独占鳌头的超8（Hi-8）型摄录一体机。这些摄像机所使用的都是传统的视频信号称为“模拟(analog)信号格式”，其所记录的图像和声音会根据所拍摄的画面产生持续带有波形的电子信号，它是一种即时表示，对录像带而言，其中的模拟信号所表示的就是实际的真实图像（见图3-8）。但是模拟信号的波形在拷贝过程中会有改变，不适合反复录制。

2.数字信号格式

数码摄像机（Digital Video，DV），它所采用的视频信号格式为“数字视频”，这是由索尼、松下、夏普、东芝和佳能等多家著名家电巨擘联合制定的一种数码视频格式。

图像信号格式发展到今天，数字信号（digital）格式以其优异的影像品质已经基本取代了模拟信号格式。数字器材录制的影像信号的方式是采用以0与1来代替的一系列区隔开的开放和封闭式脉动信号（见图3-9）。

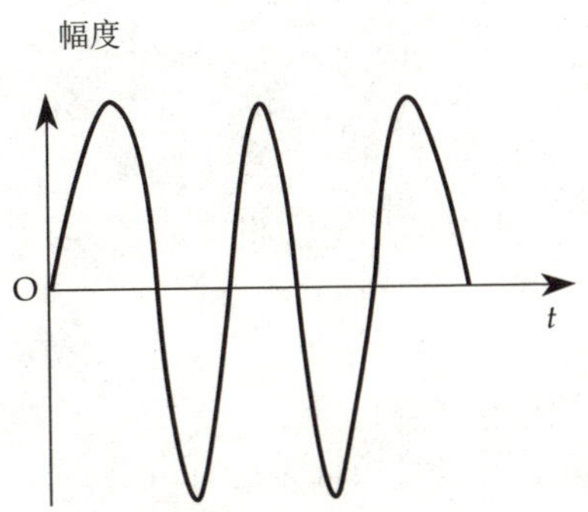

图3-8　模拟信号格式

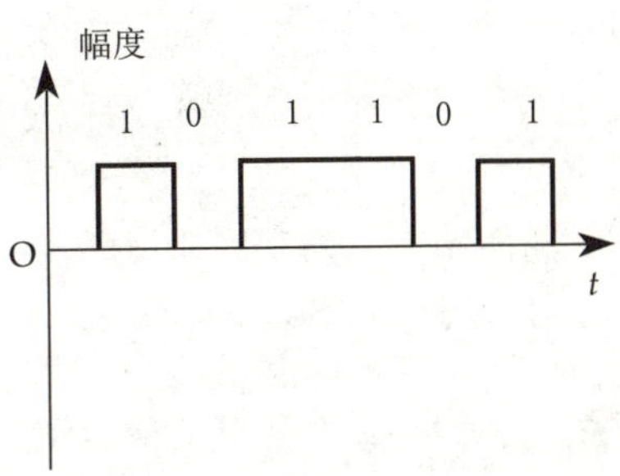

图3-9　数字信号格式

索尼公司在1986年率先推出了世界上第一个数字录影格式，称为SONYD1，它使用1/2寸宽的盒式录像带，记录了未解压缩的标准清晰度录像信号。在这个系统中，摄像机和录像机是分隔开的，携带不便并且极其昂贵，所以仅限于大型的电视台使用。1995年7月索尼公司推出世界上第一台小型数码摄像机——DCR-VX1000摄像机，它由41万像素的3CCD传感器制成，具有10倍光学变焦及光学防抖系统，并使用Mini-DV格式的磁带。这款摄像机的产生是影像史上一次重大变革（图3-10）。由于它方便携带，影像质量优于模拟影像格式，价格比胶片设备便宜，故受到独立电影制作人的青睐，也广泛应用于影视广告的拍摄中。

索尼、佳能、夏普和JVC 四大摄像机巨头在2003年9月联合制定了高清摄像标准（high-definition video，HDV）。2004年9月，索尼发布了第一台HDV 1080i高清晰摄像机HDR-FX1（见图3-11）。这种高清摄像机的分辨率达到了1440×1080，水平扫描线比DVD增加了一倍，清晰度大幅度提升，它向下兼容，仍然支持DV格式拍摄，这令高清摄像机在推广初期内起到了良好的过渡作用。

图3-10　索尼公司发明了世界上第一台小型数码摄像机

图3-11　第一台HDV 1080i高清晰摄像机Sony HDR-FX1

高清摄像机所采用的像素更大，信号的采样频率更高。高清摄像机数字信号格式可任意进行16：9和4：3画面格式的变换，它不容易受温度干扰和影响并取消了大量的调节电位器，具有高稳定性和高可靠性，大幅度提高了图像质量。另外，数字信号处理可通过均衡和调节数字参数值的方法把摄像机之间的差别缩减到最小，因而调节更为精确和灵活。

二、摄像机的类型

摄像机的种类繁多，可从使用用途、存储介质等多个方面来进行分类。

1. 按照摄像机使用用途分类

按照摄像机的图像质量和用途不同， 可划分为广播级、业务级和家用级三类。广播级摄像机因图像质量高主要用于电视台等广播电视领域的节目制作，价格也比较昂贵。业务级摄像机图像质量低于广播级设备，它的价格也相对便宜，主要用于电化教育、闭路电视、工业、医疗等领域。家用级摄像机体积小、重量轻、种类繁多，价格也最便宜，它的图像质量等级比不上广播级和业务级，主要用于家庭娱乐，如旅游、生日、婚礼、聚会等场合。

2.按照摄像机存储介质分类

数码摄像机按存储介质可分为磁带式、光盘式、硬盘式。磁带式是指以Mini DV为纪录介质的数码摄像机，它也是目前影视广告拍摄中比较常用到的。光盘式指DVD式数码摄像机，存储介质是采用DVD-R、DVD+R等存储图像。硬盘式，指采用硬盘作为存储介质的数码摄像机。

三、摄像机工作原理

无论是非常精密、昂贵的广播级摄像机， 还是一般家用的 “掌中宝”， 它们的主要构件和工作原理大致都是一样的。摄像机所使用的CCD传感器是由一种高感光度的半导体材料制成的晶片，它经过感光后，把光线通过模数转换器芯片转换成数字信号，从而将画面记录在录像带等储存介质上。光线通过镜头进入摄像机中的三棱镜时被分解为红、绿、蓝三种信号，这三种信号被送到分别处理红、绿、蓝三种色光的CCD, 由编码器将其合成,最后输出色彩完整的图像。CCD片上有大量的图像感光元素，它们统称为像素（pixels）。当物体影像从镜头聚焦投射到CCD 片上时， 每一个像素便会充满负载着色度和亮度信号的电荷，然后经过转换即生成了视频信号。像素数量和影像质量有着直接关系，CCD含有的像素越多，影像的清晰度就越高。

四、摄像机的性能

摄像机的性能优劣可从灵敏度、水平分辨率、自动功能、镜头口径以及信噪比等几个方面来区分。

（1）灵敏度　是当摄像机镜头光圈开到最大，仍然可以获得质量还过得去的图像。辨别一部摄像机的灵敏度主要是看其拍摄时对被摄对象的照度要求，要求越低，该摄像机的灵敏度就越高。

（2）水平分辨率　是指摄像机摄取的图像沿着水平方向所能分辨出来的线数。线数越多分辨率也越高，也就意味着图像清晰度更优秀。

（3）自动功能　摄像机具有多种自动功能，如自动调节白平衡、自动调节光圈、自动聚焦等，在拍摄时，这些功能都会用文字或灯光及时地在观景器屏幕上作各种提示。

（4）镜头口径　是指摄像机光圈开到最大时的f值。数字越小摄像机口径越大，较大的光圈能够在较低照度的场景下拍摄。

（5）信噪比　是指在标准照度下，摄像机图像信号的峰值与视频噪波的有效值之比。信噪比是区别不同档次摄像机的一项主要技术指标，这项指标越高，该摄像机性能越好。

思考题

(1) 何为“视觉残像”？请运用视觉残像的概念做一个“幻盘”玩具。

(2) 请简述电影摄影机类型和工作原理。

(3) 列举摄像机的性能。

(4) 高清摄像机为何性能优于标清摄像机？

第四章
摄影（像）机基本功能与操作

无论是胶片摄影机还是数码摄像机，在功能使用方面不同型号都或多或少存在差异。在影视广告拍摄前，一定要通读使用说明书，详细掌握如何操作摄影（像）机。这一章将要讨论摄影（像）机的一般通用功能。

第一节　录影控制

当今，不论是胶片摄影机还是数码摄像机都发展得越来越轻便，机器上设有启动、停止或暂停录影的按键，机器设计更加利于单人操作。以数码摄像机来说，通常在机器的一侧会安装手掌用皮带，可以帮助手部更加稳固支撑摄像机，同时方便手指接近录影开关，以便开启机器和随时对焦距以及对镜头进行必要的控制和调整。

胶片摄影机无法在拍摄完成后倒带回来检视所拍画面，因此只需控制启动和停止；胶片摄影机上会有刻度表，让你知道拍了几格或几尺的胶片。通常情况下，数码摄像机还具备播放、录影、暂停、快转、倒转、停止等功能键（见图4-1）。

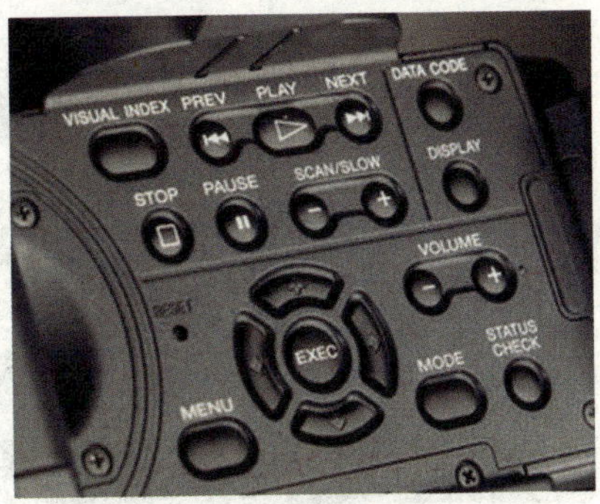

图4-1　数码摄像机上备有功能键

第二节　菜　　单

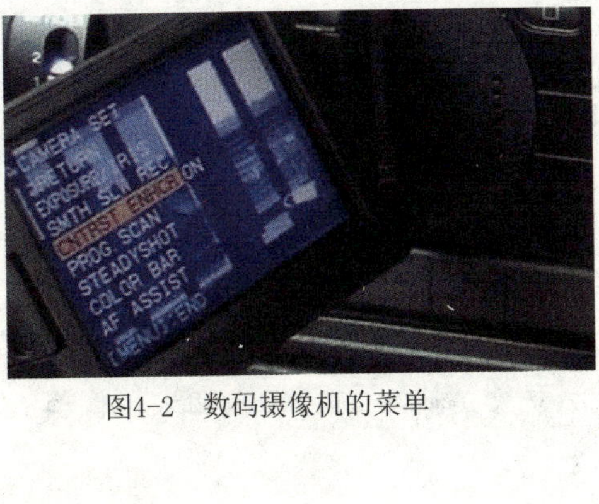

图4-2　数码摄像机的菜单

进入高清时代，图像质量进入了更高的层次；数码摄像机的LCD取景器上都可调出控制音频和视频功能的菜单，以供拍摄者进行设置（见图4-2）。在影视广告拍摄时，可根据拍摄环境的不同，对摄像机的菜单进行相应的设置，通过对摄像机菜单的调整来改善图像的还原。

第三节　白　平　衡

数码摄像机上有一个能调节颜色的功能称为白平衡（white balance），白平衡是摄像机对白色物体的色彩还原。人眼在观看事物时，不同光线下对相同颜色的认知基本是相同的，容易造成色彩还原失真。开启白平衡可以让摄像机操作者做更多细微调整，以保证摄像机即使在光线有着不同色相的情况下，也能正确地记录到准确的颜色。使用白平衡时，可用白纸或其他稍大面积的白色物体做衡量标准，先将摄像机镜头变焦至画面充满白色为止，再按下白平衡的按键（见图4-3）。如此可以开启摄像机回路识别白色，在白色设定好之后，其他的所有颜色也都将得到正确的设定。不过假如要制造创意上的特殊效果，也可以使用其他特殊颜色做白平衡：例如，用一张呈橙黄色的纸来令摄像机做白平衡，这样会使摄像机将橙黄色误认为白色，而逐一地改变拍摄时的其它颜色，拍摄出来的画面就变成偏蓝色的了。白平衡与周围光线密切相关，环境光的变化会使得白平衡失效或干扰正常的白平衡，所以拍摄时要时刻注意白平衡的调节，依据光线的变化作出及时调整。

(a)

(b)

图4-3　调节白平衡

第四节　增　　益

图4-4　摄像机上的增益控制

增益（gain）是指摄像机图像输出信号电平的大小调整。通常在增益上会有高、中、低(H、M、L)三个切换选择（见图4-4）。每当增益提升一档时，摄像机的图像灵敏度或输出信号电平会提高一倍。

在低照度的拍摄环境下，如果开大光圈还是无法获得清晰画面可借由加大摄像机上的增益控制，用电子方式加强画面信号的亮度。虽然这个功能可使摄像机在极低亮度的光线下拍摄，但同时也会产生更多的影像杂讯，图像信噪比低，清晰度会变差。现在很多摄像机都备有自动增益控制，当画面有变化时，就会自动控制增益，调整信号，当摄像机在移动拍摄时会对不同亮度区域作明暗补偿调整，所以，拍摄时建议使用自动增益控制。

第五节 快门速度

摄像机的快门并非照相机的幕帘快门或镜间快门，但是使用原理上有异曲同工之处。快门速度是指每帧画面的曝光时间，通过摄像机上的电子快门装置可以调整快门速度值。依照创作意图，快门速度的快慢会反映出画面的不同动感。高速快门速度会在视觉上产生明显的闪动跳跃感，容易破坏画面效果。数码摄像机高速快门的设定一般要在手动方式下才能够进行，快门速度的选择应该在保证被摄物体成像清晰的前提下，在标准值区域设定的越低越好。

第六节 镜 头

镜头（lens）是摄像机的眼睛，任何记录在胶片、录像带或其它存储介质上的影像，都是通过镜头拍摄而得到的，所以镜头是摄影（像）机上非常重要的组件。可以说，镜头的好坏直接决定了摄影（像）机的好坏。正确选择镜头，以及良好的安装与调整镜头是清晰成像的第一步。

镜头是一种光学器件，是由多片有弧度的光学透镜、光圈和镜筒组成。拍摄时，被摄物体透过镜片在镜头的光学中心形成颠倒的影像，然后再聚焦到最初形成的电子信号或是光化作用的聚焦点上（在数码摄像机中，聚焦点在CCD芯片上；在胶片摄影机中，聚焦点位置即是胶片）。在镜头最前方通常装有遮光罩，用来防止光线直接射入镜头而出现影响画面的光斑（见图 4-5）。

图4-5 镜头遮光罩

第七节 焦 距

焦距也称焦点距离，是指从光学透视的主点（光学中心）至焦点的距离。光学镜头的焦距用F表示，度量单位为毫米，例如35mm或F=35mm。镜头的焦距对控制影像的透视关系非常重要，光学镜头本身的焦距有可调与不可调之分。可调镜头，即变焦镜头更准确的全称是可改变焦距的镜头。

一、变焦镜头（zoom lens）

变焦镜头是一种由多组正、负透镜组成，除固定镜组外，还有可移动的镜组，通过镜筒的变焦环，移动活动镜片组，改变镜片之间的距离，达到连续变动镜头焦距目的的光学镜头。变焦镜头的焦距可在一定范围内自由无级调节，通过推、拉镜头焦距，镜头视角发生变化，可实现画面景别的连续变化，在同一位置拍到特写、全景或是两者间的所有画面。变焦镜头在实现景别渐变时，画面中景物透视关系不变，成像比随视角大小变化而变化，起幅与落幅时由于焦距变化，景深范围也发生了变化。

变焦镜头有刻画人物心理、丰富画面造型形式、增加内部蒙太奇调度的作用。

二、定焦镜头（fixed lens）

只能用来拍摄一种视角（见图4-6）。当使用定焦镜头拍摄特写，如想在相同位置接拍全景镜头就必须要改用不同焦距的镜头。根据镜头焦距的长短，分为标准镜头、长焦镜头和广焦镜头。

图4-6　一组定焦镜头

三、调焦

镜头上标示着公尺、英尺等刻度的调焦环是用来确定画面准确焦点和距离的，焦距的调整是一个变魔术的工作，习惯用手动控制意味着你就能控制画面的质量。许多摄影（像）机上都有自动对焦功能，会判断、调整给予正确的焦距；但在弱光条件下效果很差，因此还是要多利用手动调焦。

第八节　光　　圈

光圈（aperture）就像是一个虹膜，用来调节进入镜头光线的多少，控制曝光度，不管在阴影下还是在强光中，光圈都能精确地控制光线的强度。用数码摄像机拍摄时，改变光圈是通过调整光阑（diaphragm或iris）控制入光口径的大小来实现控制光线的多少。这个口径打开的程度以光圈系数（f-stop）划分，例如*f*/2.8、*f*/5.6、*f*/22等（见图4-7）。光圈对曝光的控制有两种模式，即自动光圈（automatic iris）模式和手动光圈（manual iris）模式。自动光圈模式是摄像机依照整个画面亮度的平均值自动确定拍摄光圈大小。手动光圈模式则可依据摄影师的需求调节光圈，对画面的影调进行艺术表现。镜头焦距长，意味着光圈距胶片较远，光的运程自然加长，光量因此衰减。在同一光源条件下，短焦距镜头所需光圈自然要小于长焦距镜头。所以使用不同焦距镜头时，要注意光圈的调节。

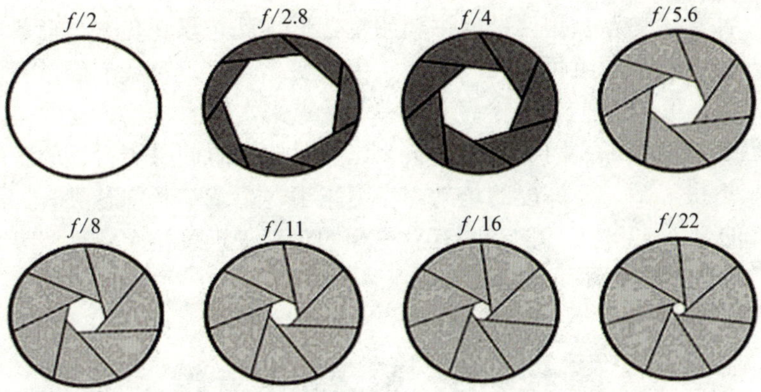

图4-7　镜头光圈中的金属薄片，可以打开或关闭不同光圈系数的光圈

第八节　曝光控制

在影视广告拍摄中，有人称没有准确的曝光，便没有完美的画面，我们平时所见的画面上起伏噪点、色彩拖影以及高光区域毫无层次等细节现象就是摄像时曝光控制不当造成的。

数码摄像机一般都有自动曝光和手动曝光两种选择，一般情况下我们会选择自动曝光，它可以随时根据光线的变化来调整曝光量，如果我们将摄像机的镜头从暗处突然移到非常明亮的地方，自动曝光可以迅速降低曝光量，一方面是为了得到好的画面质量，另一方面还可以有效的保护摄像机以免强光损害摄像机部件。手动曝光调节就不那么灵活。 在需要特殊的效果或者对自动曝光控制不够满意的话，可以选择手动调节曝光条件，以达到理想的画面。但须用三脚架配合以保证画面的稳定。

在影视广告拍摄中，除了被摄主体的照明亮度对曝光控制有影响之外，摄影师还可以通过调节光圈、快门速度和滤镜等方式对曝光进行控制。

第十节 景 深

景深（depth of field）是指镜头前能以清晰的焦点拍摄下来的所有景物的距离范围。景深是在摄影（像）机镜头中显示出来的聚焦景物的范围，它主要取决于两个因素：光圈和焦距。景深随光圈的减小和广角镜头的使用而扩大，而随着光圈的增大和焦距的减小而变小。镜头焦距越长，光圈开得越大，景深就越浅。一般来说被摄体越靠近摄影机，景深也就越浅。

浅的景深会把主体独立出来，而同时其他平面都在焦点之外。在好莱坞电影全盛时期，浅景深通常被用来凸显主要明星，这样就可以避免来自前景或背景的视觉干扰。使用浅景深就可以在一个镜头中改变焦点，这种我们经常在银幕上看到的技术就是移焦，是通过在一个镜头中移动焦点来实现的。

焦距也会影响景深，因为广角镜头有比望远镜头看起来更自然的景深，广角镜头可用来拍摄广阔、有深度的场景。光圈越小（也就是数字越大），景深也就越深。*f*/22的光圈比起*f*/2.8的光圈有着更深的景深表现。这个特性，可以通过聚焦画框中的某些特定物体而使之成为被强调的对象。

第十一节 摄像机的支撑

在影视广告拍摄中，有多种方法可以利用来支撑摄影（像）机。从普通的肩扛或手持拍摄到三脚架支撑拍摄，甚至用相对费时费事的轮组和升降机拍摄。

一、肩扛或手持摄像机拍摄

随着摄影（像）机的日益小型化、轻便化和一体化，加之运动肩架等减震装置的不断完备，在影视广告中通过拍摄者肩扛或手持摄像机拍摄的镜头出现得越来越频繁。

概括说来，肩扛或手持方式拍摄的综合运动镜头具有三个优点：首先，肩扛或手持摄像机使镜头的拍摄高度为正常人眼睛的高度，在这个视点上拍摄的画面是人们生活中最常见到的，看起来也最为熟悉和亲切的。画面中景物的透视关系处在一个相对稳定的状态中，较少极低视点或极高视点。其次，通过拍摄者自身运动完成的运动镜头，把观众带到了拍摄现场，是容易表现人物主观镜头的拍摄方法。再次，肩扛或手持摄像机拍摄使拍摄过程中各操作动作集于拍摄者一身，镜头调度自由、灵活、应变能力强，具有较大的随意性。

随着摄像机装置配件的进步和完善，肩扛或手持摄像机也能拍出非常平稳的画面。肩扛拍摄时可以加装肩架，手持拍摄时可利用比较精巧的身体支架，如斯坦尼康（steadicam）来帮助稳定影像，这样一来不论是拍摄时以较快的速度行进，还是在较小空间里自由的运动，变换角度、距离和方向都已成为一件不难做到的事（见图4-8）。

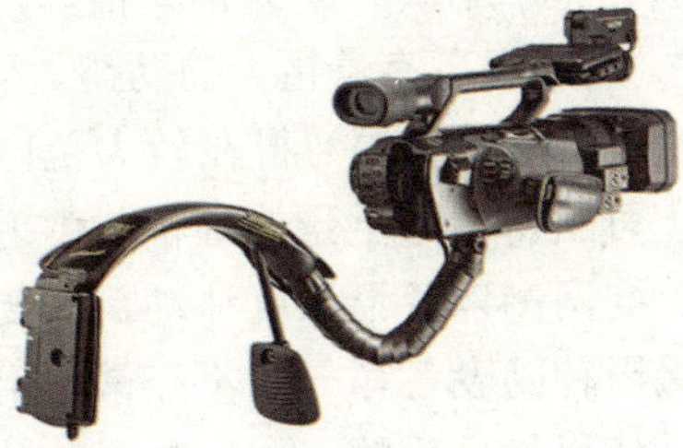

（a）摄像机肩架

（b）斯坦尼康

图4-8 摄像机装置配件

二、三脚架

三脚架（tripod），顾名思义就是有三只脚的摄影（像）机支撑物，其每只脚的长度都可以个别调整（见图4-9）。大部分三脚架在高度调整后，摄影（像）机离地面约是在50～70cm位置，比人的眼睛稍高些。如果需要将摄影（像）机架得更低，可以使用一种支脚很短的仰摄座（high hat）。三脚架在最底部可以加装尖钉或板垫，如此就可以平稳地放置在地面或地板上。有时也可以加装轮子设备以方便移动。装在三脚架上方的，称为云台（head），附带有一支摇杆，可以让摄像机平稳地旋转。云台上会有固定螺丝，可用来锁住摄像机的底部。通常比较便宜的脚架云台，是一种摩擦云台(friction head)，利用表面接触的阻力来平稳的转动。稍昂贵的是液压云台(fluid head)，利用液压阻力使摄像机保持平稳的转动。这两种设备都会有螺丝控制摄像机转动的松紧度，云台也可以被锁住而完全不动（见图4-10）。

图4-9 三脚架

图4-10 液压云台

三、轮组和升降机

从大型活动的推车到小型卡车不等（见图4-11）的专业轮组（dolly）设备，通常都是由机动车，或是气压轮子组成，可以装在轨道上，更增加平稳性。推车上会有一支杆子来架设摄影（像）机，一般会有一个人开动或拉动推车，另一个人来操控摄影（像）机，在需要前后移动时，轮组设备有着极大的助益。

升降机（crane）是大型的器材，它可以使摄影（像）机在较大范围内实现三维空间的移动。在摄影升降机上拍摄时，可获得俯瞰全景的画幅与中近景画幅的连续变换。有的升降机还可向前、向后、向两侧以及沿弧度移动，需要几个人才能把升降机搬动移位。升降机是较大的摄影辅助设备，一般不经常使用，所以大部分都是租借。一个便宜一点的选择就是使用悬吊手臂。这种装置和升降机相似，只不过它只能安装在三脚架上。悬吊手臂可以让摄影机上升或下降，效果和升降机相似。悬吊手臂还独有监视和控制系统，可以以机械手臂控制一定距离之外的摄影（像）机（见图4-12）。

图4-11　轮组

图4-12　悬吊手臂

第十二节　器材维护

所有在这一章提到的器材和设备都需要谨慎地操作和存放。随意的操作会缩短它们的使用期限，并带来不必要的困扰。

摄影（像）机必须放置在比较干燥的环境以防受潮发霉。对大部分器材来说，极热或极冷都是不好的，电子设备还需要注意防潮。注意让镜头远离极热的场所，否则固定镜片组群的黏合剂有可能会融化。镜头更需要保持绝对的干净。只要任何东西接触到镜头，都有可能刮伤或磨损其表面的抗反射涂膜，降低影像清晰度，如果镜头真的脏了，可以使用骆驼毛刷小心地刷去灰尘，之后滴上专用清洁液在专用的无摩擦力拭镜纸上，以绕圆圈的方式轻轻的擦拭镜头表面。

把录像带和胶片放置在凉爽的地方，不能直接用手指或其他物质触摸，也不要接触带有磁性成分的物体。电池要放电后再充电，不能置放在高温处。另外，还要注意防尘，不要随意地把器材放在地上。

在器材使用和搬动时要注意轻拿轻放，如果你硬转三脚架上的转钮，那么螺纹可能会被磨损。如果镜头其中一个转环非常紧或非常松，你用强力则只能损坏，尤其操作控制杆、开关时，用力太大都有可能会损坏。

在运送或存放时，也一定要保护这些器材。如果可能的话，以坚固、内含柔软填充物的箱子来载运摄影（像）机和镜头，同时也可将三脚架装在圆筒箱子中。在放进三脚架前，要确定所有转钮都已锁住，三只脚已绑紧，控制云台的摇杆也已收起。同样地，监视器和其他器材也都要放置在原箱内。即使有了箱子来保护，还是要很谨慎地搬动，有轮子的箱子仍要尽可能使用电梯或残障坡道。如有必要，哪怕是短距离也要用人力来搬运，以防损坏。

思考题

(1) 浅谈“白平衡”的原理与作用，并在摄像机上尝试使用白平衡。

(2) 何为“焦距”？不同焦距的镜头有何作用？

(3) 阐述“景深”的概念。

(4) 应如何做好器材维护？

第五章
影视广告镜头语言

作为影视广告导演不仅要通过前期创意准备工作，确定好要拍摄的画面内容，还要在拍摄制作阶段准确将这些想法呈现出来。在拍摄过程中如何操控摄影（像）机录制和选取画面是至关重要的环节。

第一节　场面调度

在开拍前，导演通常都会对场景和人物进行设计和布局，这将是导演通过镜头来引导和影响观众视线的方式；而导演的叙事技巧是通过灯光、布景、服装、演员走位、屏幕内外空间、画面的纵深感等来实现的。如何在有限的画幅中合理安排调度这些因素，使画面构图趋于完美？电影理论学家给予这种电影技法过程一个精确的定义，称其为场面调度。场面调度一词出自法语mise-en-scene，意为“将物体摆放在合适的场景当中”。它最初是用于戏剧艺术中，指导演在一个场景内对演员们的行动路线和彼此间的交流等表演活动所进行的艺术处理，因此也称为舞台调度。之后这一术语渐渐被电影理论家延伸到电影的导演中，是指导演对电影画面和拍摄过程的安排和控制。它的作用发挥常得力于演员的表演、摄影与美术的造型以及蒙太奇的技巧等各种艺术的综合利用。电影中的场面调度包括最重要的两大元素：镜头调度与演员调度及灯光、空间、布景、服装、化妆等画面内部元素。

影视广告制作中，场面调度是影视广告导演艺术的主要手段之一，它是导演根据整体的艺术构思，合理安排人物、景物和产品之间的相互关系、层次位置，综合运用影视广告语言的各种因素，尽量使每个场面能够符合前期广告策划的要求。场面调度在广告片拍摄时的作用是多方面的：除了能产生广告画面的构成作用，传达赋予表现力的造型美之外，它还起到刻画产品形象、渲染环境、创造气氛的作用。可以说场面调度的合理运用，能够增强广告整体的艺术感染力，使整部广告更加鲜明生动；同时引导观众参与到互动中，推动了观众的联想力，使观众仿佛身临其境，不由自主地被广告产品所吸引，进而使广告达到最好的表现效果。

影视广告制作中的镜头调度是指导演以前期创意剧本为依据，运用摄影（像）机方位的变化，使用空间运动手段，从不同景别、不同视角来获得不同角度和距离的镜头画面，以此展现环境气氛和人（景）物与产品的关系。

第二节 影视画面的基本镜头

镜头是构成影视艺术语言的重要元素,影视镜头不是指光学意义上的镜头,而是专指构成影视的画面。镜头就是摄影机或摄像机的机位,镜头代表了摄影机或摄像机在空中的位置和对空间的表达;在有限的空间内创造的视觉元素表达出不同的叙事风格和视觉风格,影视广告就是利用镜头画面不仅形象地表现广告内容传达广告信息,更能使观众在独特的广告创意中享受到影视广告的视觉美感,激起观众对了解广告的兴趣。所以说决定影视画面的是:影视广告镜头语言。

一、景别的概念

景别是构成影视语言的基本镜头语汇之一,它是摄影(像)机在距被摄对象不同距离或用变焦镜头拍摄而成的不同范围的画面,景别对影视广告画面的选择起着至关重要的作用;景别对场景、画面中的环境空间进行有机取舍,制约画面表达的内容,决定和影响画面视觉节奏与变化效果,以期形成所要表达的整体风格。同时景别还起着控制观众注意力的作用。

二、景别设计的分类与特点

景别存在于影像的每一个镜头中,根据画面所要表达的内容以及摄影(像)机与被摄物体之间的距离将景别分为:远景、全景、中景、近景、特写、大特写。不同景别有不同的视点变化和画面结构,意味着不同的叙述方式和表现不同场景气氛。在此我们把景别设计以人物在画面中的所占的位置大小比例为参照,或以被摄主体在画面中所占的面积大小来区分。

(1) 远景(Long Shot,LS) 是在所有景别中视距最远、表现空间范围最大的一种景别;用来表现空间关系,以空间景物为拍摄对象以表达其空间的宽广。常用于拍摄外景,例如高大建筑、地平线、城市的鸟瞰、江河等表现地理环境和自然风貌的大场景;远景对被摄主体的画面起着烘托气氛的作用,因此也被称为基调镜头。当景物占据画面大部分的时候,人物在画面上占据的面积较小,画面的结构为自然景物或建筑物的外部轮廓,景物的细部被消解和淡化,以景为主,以景表意,以景抒情,画面显得空灵和含蓄,视觉形象简洁明快,因而具有浓郁的抒情意味,表现出一种心理过渡或退出感。这种镜头通常用于开篇展示、交代环境特征,或用在结尾时视觉上形成一种远离情节的视觉感受,带给观众回味的空间(见图5-1和图5-2)。

拍摄远景时应注意问题:拍摄远景画面时应注意画面的整体结构和气势。对被摄主体的表现目的性要强,从大处着手,处理好景物在画面中所呈现的主要线条、色调和影调。注意画面视觉变化及产生的运动节奏,大远景和远景的画面构图一般不用前景,以便通过深远的景物和开阔的视野将观众的视线引向远方。

图5-1　自然景物大远景（Wells Fargo Advisors维尔斯公司广告）

图5-2　人物占极小比例大远景（尼康公司广告）

(2) 全景（Full Shot，FS）　对于不同影视创作作品会有不同的含义。

例如：对于在摄影棚中三机作业的电视访谈节目，全景拍摄可能是指包括主持人和来宾在内的镜头；而在室外拍摄中，全景是指以人物为基准界定的“全景”镜头涵盖被摄主体的全貌（包括人物身体全部分），同时也保留了较大范围的背景环境和活动空间，使观众对画面所表现的事物、场景有一个完整的理解。全景镜头揭示情节所展开的环境，渲染情绪气氛，完整展现人物行为、动作，体现主体人物与人物及环境之间的关系。全景往往是一个场面中的总角度，制约着该场面镜头切换中的光线、影调、人物运动及位置。

图5-3，Seattle Mariners（西雅图水手队）棒球队的广告中，在阳光灿烂的棒球场上，西雅图水手队的著名球员Ichiro Suzuki（铃木一郎）一记又一记漂亮的击球令其他队友啧啧称奇。在这个光与影配合默契的画面中，全景镜头完整展现了球员有力的击球动作，恰如其分地诠释了球场的气氛，表现出人物之间的关系也引入接下来将要发生的有趣故事。

全球最大家用电器和电子产品零售分销集团Best Buy（百思买）2011年最新广告是在棚内拍摄的（见图5-4）。广告公司请来了加拿大少年歌手Justin Bieber

图5-3　Seattle Mariners棒球队2011年广告

图5-4　Best Buy电器零售商城2011年广告

（贾斯汀·比伯）担任主角。画面中，Justin 身穿星际战士般的舞衣与舞者在未来感十足的背景下大跳机械舞。在这个全景镜头中，人物服装的款式色彩与背景搭配恰到好处，年轻有活力的人物形象代表了Best Buy公司的销售理念：追随高科技脚步，永不落人后。

与远景相比，全景有明显的内容中心和结构主体，以此为基点所表现的环境关系、空间位置会更加明确。一般来说，全景是采集容纳构图造型元素最多的景别。因此拍摄时需注意光线、色彩、透视、被摄主体的运动及位置等元素之间的安排和调配，并注意各被摄物体之间的相互关系，避免喧宾夺主。摄影师必须确保主体形象的完整、构图的准确，注意空间深度表达和对环境的渲染。

（3）中景（Medium Shot，MS）　是指仅拍摄到被摄人物膝盖或腰部以上，被摄物体的大部分或被摄场景局部的画面。这类镜头完整地表现出人物上半身动势最为活跃和明显的手臂活动。如果说全景侧重表现人物的行为，那么中景则侧重表现人物的形体动作和人物之间的情感交流。在表现人物表情和行为动作的同时又不使人物与其周围环境和氛围脱节。中景镜头中，空间和环境降至次要位置，在紧凑的空间中，有利于表现视线、动作线、关系线，具有较强的交流特征。一般在有情节的场景中，中景画面常被作为叙事性的描写，延续运动或对话镜头。2011年Pepsi Max可乐公司的广告中，妻子在各种场合下想尽办法阻挠丈夫食用垃圾食品：餐厅点餐时，妻子用脚在桌下踢丈夫的膝盖提醒他注意食品的选择；厨房中，妻子恶作剧得把正要享受甜点的丈夫的脑袋按到甜点上如图5-5（a）、（b）所示。

直到丈夫意识到Pepsi Max的零度可乐一样可以满足自己的口腹之欲时，妻子才开心的与丈夫坐在公园的长椅上共同分享Pepsi Max可乐带来的健康快乐，如图5-5（c）、（d）所示。

这则广告大量运用了中景镜头，生动地描绘了夫妻日常生活中的小细节与有趣的对话，巧妙诙谐地强调了Pepsi Max可乐是零度热量的饮品，不会增加体重，可放心饮用。

拍摄中景时应注意构图要准确清晰，避免单调的人物造型，必须注意抓取具有本质特征的表情和动作。准确地在画面中表现人物间的透视关系、空间关系。

（4）近景(Close Shot，CS)　是指只摄取被摄人物胸部和肩部以上或拍摄

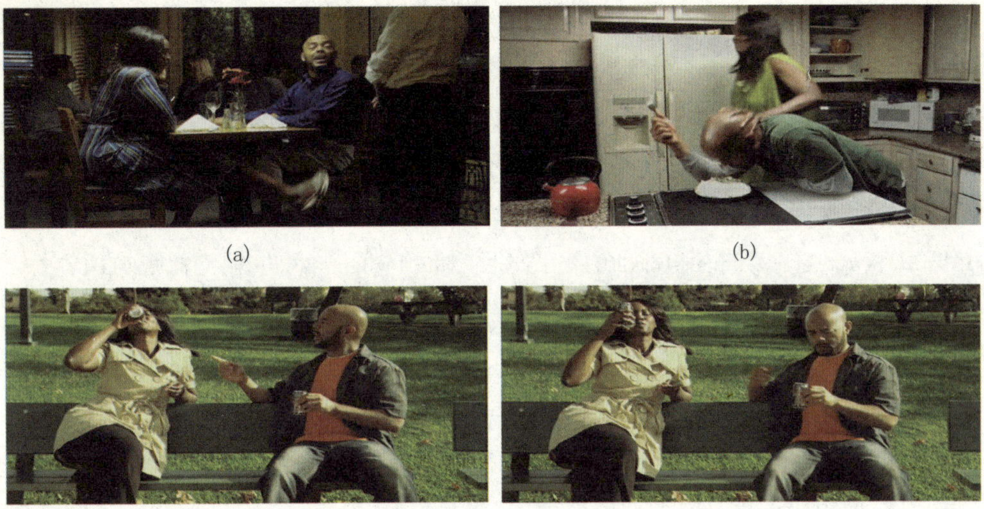

(a) (b) (c) (d)

图5-5 Pepsi Max可乐广告

具有主要功能和作用的被摄物体局部的画面。近景表现被摄主体的主要部分，次要部分被分割在画面外，环境基本被忽略，它直接将被摄人物或主体推至观众眼前，使观众有与被摄人物或主体同处一个环境中的感觉。与中景画面相比，近景画面的取景范围更小，淡化了背景，也淡化了空间关系，它具有更明显的画面指向性。近景画面中的主体人物通常只能有一个，当人物处于近景画面时，眼睛成为重要的形象元素。所以，近景更能表现人物神态、情绪的细微变化，刻画人物内心，表现人物性格，充分展现景物细节特征，拉近了人物与观众之间的距离。

图5-6是Doritos（多力多滋）墨西哥玉米片广告。广告中，大量运用了胸部以上的近景镜头分别来表现人物和宠物诙谐的面部表情。特别是宠物镜头中作为背景的阳光下的树木已被虚化成深浅不一的绿色光斑，以此来衬托小狗专注的眼神和严肃的面容，这一拟人化的有趣表情令人印象深刻，瞬时将观众带入到广告的情景画面中。广告最后，小狗冲开玻璃门扑倒主人开怀享用美味玉米片，近景镜头巧妙的将产品与小狗同时呈现在画面中，这种宣传手法让观众在轻松愉悦的气氛中感受到了玉米片的美味。

在近景中，由于观众对近景画面的观察更为仔细，在拍摄时，必须要注意到画面中形象的真实性、生动性和情节内容的客观性、科学性，人物和背景的构成关系要做到最大限度的自然、真实，并富于审美情趣。此外，近景画面多用长焦距镜头或近距离拍摄，通常近景画面景深范围较小，环境的视觉感弱，画面趋于单一，因此，镜头对焦需要更加严谨。周围环境的特征已不明显，背景的作用大大降低，画面应力求简洁、色调统一，避免杂乱背景喧宾夺主。所以，要格外注意对光线的处理、色彩的运用及影调的控制。

(a)

(b)

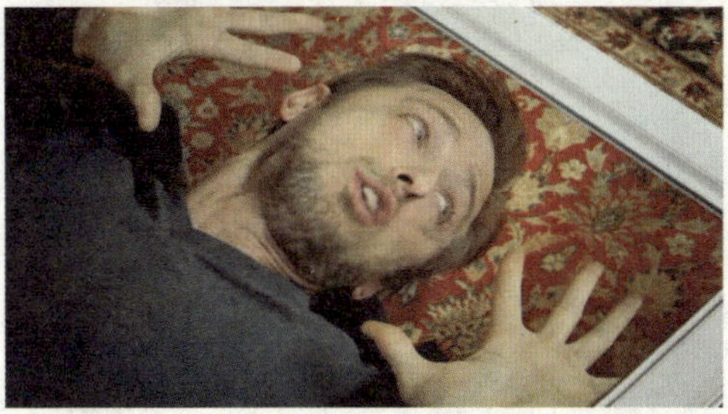

(c)

(d)

图5-6 Doritos 墨西哥玉米片广告

（5）特写(Close Up，CU) 镜头主要是表现被摄人物肩部以上的人物肖像（人物肖像一般泛指画幅下方取景到第一纽扣与第二纽扣之间）或某些被摄对象细部的画面。特写画面通过描绘事物最有价值的细部，准确地表现被摄体的质感、形体、颜色等，排除一切多余形象，起着强调作用。特写镜头在拍摄人物时重点强调细部特征，通过人物最有表现力的面部达到描绘人物细微表情、情绪特征和揭示人物内心的目的。

（6）大特写（Extreme Close-up） 它一般用全屏幕来表现被摄人物或物体非常小的部分。比如，脸部、眼睛、嘴唇、手指、产品独特属性（例如，钻石的光泽等）或商标。在拍摄产品时，由于这种大特写画面会将物体放大为几十甚至几百倍以上，特别突出强调某一点，具有造型渗透力，为产品形成了强烈的视觉形象。

无论特写或大特写镜头都达到夸张广告产品的重要性，起到暗示其象征意义的作用，以戏剧般的力量影响观众心理。可以说，特写镜头犹如一个惊叹号，创造出无与伦比的视觉冲击力。

图5-7的广告是由好莱坞性感女星Megan Fox（梅根·福克斯）演绎的Emporio Armani（阿玛尼）2011年春夏内衣广告。广告中大量运用了特写镜头来展现Armani内衣的时尚与性感。无论是梅根在薄纱掩映下微启的双唇，还是曲线玲珑的纹身后背，抑或是不经意间展示的Armani特有的图案与标志都适时地强调国际品牌Armani的精致与时尚。

图5-7 Armani 内衣广告

图5-8 Apple iPad 2（苹果平板电脑）广告中大特写镜头承担了介绍产品与推广苹果理念的任务。大特写镜头强调了iPad 2的轻薄易操作的特性，并展现其是集工作、学习、艺术、娱乐、生活于一体的多功能便携平板电脑。大特写镜头的运用阐释了苹果的理念——仅有技术是不够的，只有以适当的方式运用技术，才能产生更出色、更有魅力的产品，因为这样的产品更具有人性。正如苹果首席执行长官Steve Jobs（史蒂夫·乔布斯）所说："在苹果的基因中并不仅仅只有技术，而是技术与自由艺术和人性的结合，在这种情况下所取得的成果使我们的心灵歌唱。"

特写画面起强调作用，常被用在广告结尾时产品的推出上，用于展示商品的图形或产品的包装，起强化识别作用。由于特写画面的着眼点很小，因此，在拍摄时要特别讲究被摄对象的形体、色彩和质感的表现，构图要饱满、紧凑，焦点要准确，这样才能显现出特写画面应有的表现力度。此外，在拍摄时还应意识到特写画面与其前、后画面的连贯性，注意衔接和过渡，否则所拍摄的特写画面就会显得生硬。同时，对形象的处理上宁大勿小，控制好画面的曝光量，在表现任何一个场景时，都不能孤立使用特写镜头。

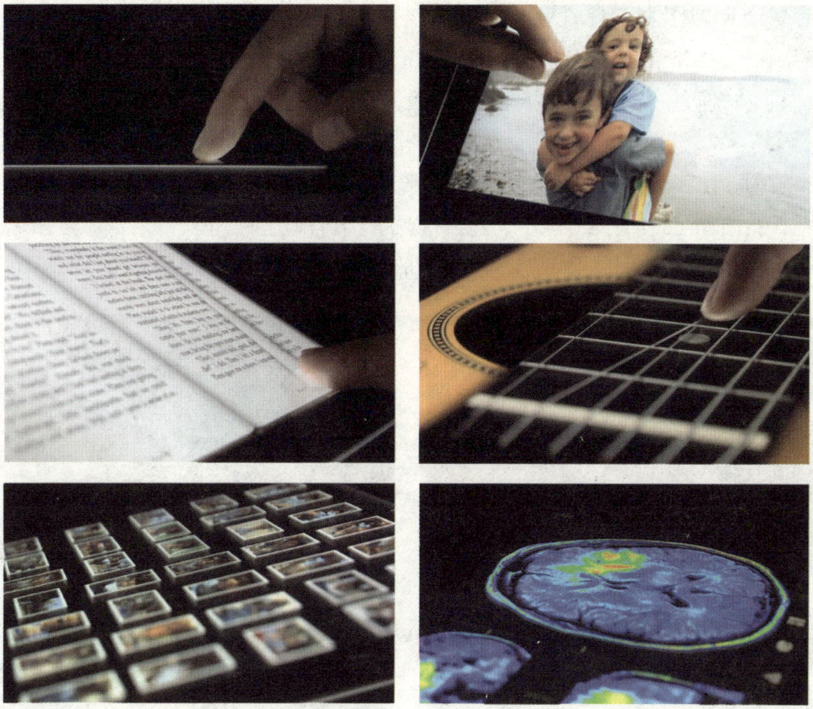

图5-8　Apple iPad2 广告

三、景别设计注意要点

在影视广告设计中，需根据不同的广告主题和故事剧情进行不同的景别安排。在处理镜头间的关系时，注意景别的表现范围与画面表现内容的结合。尽量使画面平稳流畅，避免产生脱离叙事情景的视觉跳跃，要注意景别的视觉节奏，不轻易使用两级镜头，从而建构整体视觉风格和导演风格。另外，由于播放费用极高，影视广告的影片播放时间较短，一般影视广告的影片时间长度控制在10～15秒，所以在有限的时间内，怎样把广告主题及相应产品信息，完整、清晰地用景别的变化表现出来并且不漏失影片的浓缩情节，成为所有影视广告设计人员的一个重要的任务。

第三节　影视镜头视点的分类

所谓镜头视点指的是掌控镜头人的视野。根据不同视点拍摄的影视镜头（画面）来划分，主要有客观镜头和主观镜头。

一、客观镜头

客观镜头（subjective point-of-view shot）也称中立镜头，即指模拟摄影师和观众的眼睛，摄影机从旁观者的角度客观地描述人物活动和情节发展的叙事镜头。客观镜头给观众一种作为旁观者看到了事情发生的感觉，是影视作品中最常见的镜头。

在Kleenex（舒洁）面纸广告中，我们在摄影机客观镜头的叙事下，痛快淋漓得做了一回“狗仔”，一窥名人们不为人知的日常生活。我们看到了著名演员Tom Hardy（汤姆·哈迪）边看电影边用纸巾拭去被故事情节感动而流出的热泪；摇滚巨星Bob Geldof（鲍勃·格尔多夫）擦着大笑后流出的眼泪；前‘辣妹合唱团’成员Emma Bunton（艾玛·邦顿）上台前与纸巾互动的疯狂一刻；世界知名足球教练Sven-Göran Eriksson（埃里克森）在训练间隙享受踢纸球的快感（见图5-9）。

图5-9 Kleenex（舒洁）面纸广告

这一组客观镜头帮助纸巾厂家传递出一条信息：Kleenex面纸随时都陪伴在我们身边，所以无论开心或是难过，遇到任何状况都让人可以去放声大哭、随性大笑！客观镜头的运用，使这则广告有了更深层次的意义。表明Kleenex面纸不仅拭去我们脸上的泪水同时也安抚我们脆弱的情感，给观众留下了深刻的印象。

二、主观镜头

主观镜头（point-of-view shot）是把主观元素加进构图之中，此时，摄影（像）机就变成了演员的眼睛。例如，在广告中，前一个镜头是主角在街上行走时看到一台新款跑车，下一个主观镜头是跑车的特写。主观镜头让摄影机代表剧中角色直接参与其中表达剧中情景引导观众的主观感受，犹如身临其境。令观众感受特定情绪的氛围，或体会剧中人物思想情感波动和变化，达到震撼心灵的效果，对观众具有极大的引导作用。主观镜头还是导演用来表达主观感受、诠释个人情感的方式。这种镜头是通过不同的拍摄角度或色彩的夸张来表现导演对角色的立场和评价，是影视艺术独有的表现意识形态和价值取向的有效手段。

图5-10是Doritos（多力多滋）Adam & Eve（亚当与夏娃）广告中的一个小片段。第一个镜头，亚当痴痴地看着夏娃，后者正准备享用刚刚从树上摘下来的新鲜红苹果，接下来观众被摄影机的主观镜头带动着仿佛自己变身为亚当，看着性感的夏娃脆生生的咬向美味多汁但又罪恶的红苹果。

影视广告拍摄两人对话的场景中，最典型的过肩镜头（over-the-shoulder

(a)　(b)　(c)　(d)

图5-10　Doritos（多力多滋）广告

shot）也包含有主观的因素。摄像机越过一位被摄人物的肩膀将观众的视线引向另外一位被摄人物，仿佛观看者正与这位主角在交谈。图5-11是Schweppes（怡泉）饮品广告的一个画面，观众通过这个过肩镜头仿佛化身广告中的男主角正含情脉脉的注视着美丽的女主角——国际巨星Nicole Kidman（妮可·基德曼），与她倾心交谈。

图5-11 Schweppes（怡泉）饮品广告

任何复杂的影视镜头都是由简单的主观镜头和客观镜头组成的，在影视广告拍摄中，不仅要学会单独运用主观镜头和客观镜头，更要掌握如何流畅使用主观镜头、客观镜头的相互转化，可以说如何综合运用基本镜头语言是广告拍摄人员的必修课。优秀的镜头语言可以调动观众的兴趣点，带给观众丰富的视觉感受和绚丽多彩的想象空间，使观众感同身受，如身临其境。聪明的影视广告拍摄人员应学会巧妙地利用镜头语言来讲故事，这不仅可达到事半功倍宣传广告产品的目的，同时也可以展现给观众拍摄者独具匠心的拍摄手法。

思考题

（1）何为“场面调度”？

（2）何为“景别”？简述景别的分类及特点。

（3）按景别的分类，用数码相机拍摄图片，体会各种景别的特点。

（4）简述主观镜头和客观镜头的特点。

（5）以“归途”为题，分别从主观和客观叙事角度写出两个小故事。

第六章
影视镜头画面造型语言

如第三章所述，光学镜头是摄影（像）机的主要构成部件，其作用是将景物成像到感光胶片或光敏器件上。定焦镜头的挑选或是变焦镜头上焦距的设定也是决定构图的重要方面之一。

第一节　不同焦距镜头的分类

镜头依焦距来分类，主要有标准镜头、望远镜头和广角镜头。它们对于镜头画面造型具有不同的作用，下面我们就分别对它们做一些简单的介绍。

（1）标准镜头（Normal Lens）　其焦距是35～50毫米，指的是摄像机水平视角约为24°的镜头。标准镜头的焦距等于或相近于摄影（像）机片幅对角线长度的镜头，这种镜头能够避免透视变形，还原空间的视觉透视感。用它拍摄的影视画面有两大特点：首先，标准镜头拍摄的画面成像效果与人眼的视觉感受差不多，影像的空间和透视、物体的相对大小，画面的覆盖面积接近人眼正视时的状态，因此，基本上符合观赏者的视觉习惯。其次，标准镜头的视角与人眼的正常视角相同，被摄对象及其空间关系的表现与人眼的观察十分接近，景物的透视效果最正常，是最不易使景物发生变形、失真的镜头。在实际拍摄中应尽量运用。但标准镜头不宜运用在移动拍摄中。图6-1是由标准镜头拍摄的2011年Motorola（摩托罗拉）Xoom广告的画面，现场感强烈，非常真实，容易令观众有身临其境的感觉。

图6-1　2011年Motorola Xoom广告

（2）长焦镜头（Long Lens）或称望远镜头（Telephoto Lens） 典型的长焦镜头焦距在75～250毫米。长焦距镜头是最容易吸引人注意画面内容的镜头。它可以压缩画面中前景和背景间的感知距离，把观众拉进场景中。在影视广告中，长焦距镜头拍摄的画面可以令消费者有亲自接近和参与的感觉。长焦距镜头的特点是视角小，景深也小，但成像比大，拍摄的景物空间范围也小，在相同的拍摄距离处，所拍摄的影像大于标准镜头，适用于拍摄远处景物的细部和拍摄不易接近的被摄体。因此在窥视人物心灵、描写细节、烘托某一特写气氛时，能发挥其特有的功效。长焦镜头另外一个特点是景深短。它能使处于杂乱环境中的被摄主体得到突出，但是也给精确调焦带来了一定的困难，如果在拍摄时调焦稍微不精确，就会造成主体模糊不实。为了解决远距离横向或垂直移动拍摄的困难，也往往借用它摇拍溜冰、赛马、追逐、攀登等场面，以造成跟拍的错觉。长焦镜头透视效果较差。这种镜头具有明显地压缩空间纵深距离感的特点。可以利用这一特点，将原来有相当距离的前后景物，拍得好似紧紧相邻在一起。因此，用长焦镜头是很容易表现紧凑拥挤的画面效果。

图6-2是由长焦镜头拍摄的Huggies(好奇)婴儿纸尿裤广告的一幕，它压缩了前景和背景之间的距离，作为背景的建筑物和道具仿佛与人物“粘”在了一起，使距离很远的人物和景物变得“近在咫尺”，这种错觉同时也缩短了画面与观众的实际距离。

图6-2 Huggies 婴儿纸尿裤广告

在影视广告拍摄使用长焦镜头时，应注意长焦镜头的视角小，拍摄时对机器的抖动极敏感，因此，为了保证影像清晰度，在一般情况下，不应手持机器拍摄，而应将机器固定在三脚架上，并且三脚架要选坚固的。

（3）广角镜头（Wide-Angle Lens）也称短焦距镜头（Short Lens） 在35

毫米规格的影视摄影中，焦距少于35毫米的即是短焦距镜头，它的水平视角一般大于30°，由于镜头的视角较宽，可以包容的景物场面较大，通过广阔的水平视野，可以建立起大范围的感觉，因此在表现空间环境方面具有较强的优势。拍摄全景镜头时，能够获得视野开阔、空间纵深感和透视效果好的画面。如宏伟的群众场面、辽阔的田间，壮观的建筑、飞驰的汽车、复杂的纵深和高大具有多层景物的场景，并能弥补布景或实景不够宽阔、雄伟的不足。

图6-3是由广角镜头拍摄的Coca-Cola（可口可乐）饮料广告的一幕，给观众以宏大开阔并且孤独的感觉。

图6-3　由广角镜头拍摄的Coca-Cola饮料广告

用广角镜头拍摄时也应注意，因为广角镜头视野广阔、拍摄景物亮度差别较大，应注意曝光问题。如果再配以仰俯角度，就更能在观众面前展示出不同寻常的视觉形象，加深观众的艺术感受。同时，由于广角镜头景深大、视野宽，不会影响画面影像的清晰度，也便于准确捕捉运动着的被摄物体。因此，摄影师习惯用它拍摄移动镜头。

另外，广角镜头也可制造夸张变形的特殊效果，根据拍摄题材的需要，可以将日常生活中不起眼、人们熟视无睹的景物拍摄得不同寻常。

在使用广角镜头拍摄人物时，如果采用低角度拍摄，会产生畸变，但有时可以利用这一特点来弥补被摄人物本身的某些缺点，比如从仰视角度拍摄，会在人物身形比例上制造出一种错觉，表现出修长的效果，增加其美感。另外，广角镜头的成像比小，具有明显的曲像效果。当用它拍摄人物特写时，会使人的鼻子变大、耳朵变小，歪曲了人物形象的正常透视关系，这样则会产生一些意想不到的奇特广告画面效果。

图6-4是2009年台湾维娜斯内衣广告的画面，广角镜头的运用使人物形象的透

视发生畸变，产生一种离奇但是冲击感十足的画面效果。

在影视广告拍摄中，切忌不可一味从形式上追求怪诞离奇，泛滥利用广角镜头的夸张变形有时会适得其反。

图6-4 2009年台湾维娜斯内衣广告

第二节 景 深

前面所讲的焦距不仅能使被摄物体在形状和体积上夸大或扭曲，它同时也决定了画面的景深。景深（Depth of Field）是指镜头前能以清晰的焦点拍摄下来的所有景物的距离范围。景深较深的镜头可以让画面所涵盖范围内物体的焦点都是清晰的；而浅的景深会把主体独立突出出来，同时令主体之外的其他平面都在焦点之外。影视导演可以通过控制景深来导引观众的视线。电影史上，像奥逊·威尔斯（Orson Welles）和让·雷诺阿（Jean Renoir）这样的著名导演都以擅长使用景深而著名。这种技术拍摄的画面因为和人眼所见比较接近，感觉更为真实，同时也可以让观众在多层次构图中寻找有趣的区域。

浅景深在20世纪20～40年代好莱坞电影全盛时期盛极一时，通常被用来突显主要明星，这样就可以避免来自前景或背景的视觉干扰，在当今影视广告中也很常用。图6-5是印度斯坦利华公司的护肤品牌Fair& Lovely 2007年防晒霜广告中的一个镜头，浅景深使作为背景的建筑和人物虚化成大光斑和色块，突出了女主角面容，使观众的视线不得不被主角吸引。

与浅景深恰恰相反，景深极深的镜头，给观众更多的空间对画面中的信息作出选择。深焦摄影是电影界20世纪40～50年代的主流技法，在今日的影视广告拍摄中也常被启用。图6-6来自卡尔文·克莱恩（Calvin Klein） 2011年春夏季高级定制时装广告，深景深镜头使得这个画面层次丰富清晰，带给观众更多可供选择的信息点。

图6-5　印度斯坦利华公司 2007 Fair & Lovely防晒霜广告

图6-6　Calvin Klein 2011年春夏高级定制时装广告

另外，浅景深的使用可以在一个镜头中轻易改变焦点，这种我们经常在影视广告上看到的技术称为移焦，它是通过在一个镜头中移动焦点来实现的。例如图6-7（a）中女主角在前景有着极清楚的焦点，而当焦点改变后，女主角就失焦变得模糊，处于背景的男主角就浮现出鲜明清晰的影像，见图6-7（b）。

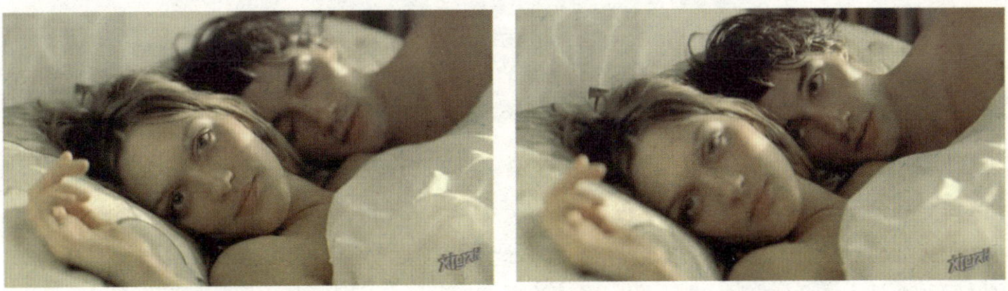

（a）　（b）

图6-7　Lynx 男士香体露广告

第三节　拍摄角度

镜头的拍摄角度会对构图产生影响。摄影的角度是影像的一种造型手段和叙事风格，影视广告画面角度是一个创作综合体的表现。独特的角度能够对镜头画面的视觉、透视、影调产生影响，对产品形象塑造、空间表达、场面调度都起着不可替代的作用。根据人的正常视线，可把拍摄角度分为：平摄角度、仰摄角度和俯摄角度。

（1）平摄角度（Eye-Level）　是指拍摄时摄像机处于与人眼的视线大致相等的位置，这也是最符合正常人眼视觉生理特征的角度。平摄角度追求画面构图平稳效果，是一种纪实角度。平摄角度通过摄像机使景物或人物在画面上更直观，显得亲切自然，适合拍摄人物近景特写，它的镜头寓意在于“ 写实”， 给人真实之感，它也是一般叙事镜头的常用手法。但是，平摄角度缺乏空间透视效果不太利于表现画面层次。

图6-8是来自索尼（Sony）公司为新款Cyber-shot数码相机拍摄的广告。图6-8（a）用水平角度拍摄的全景画面平实自然，像一张印象派画家的风景画。图6-8（b）也是以平视角度拍摄的，观众的眼睛直视广告主角的眼睛，使双方产生一种互动交流作用。

（a）

（b）

图6-8　Sony 公司 Cyber-shot 数码相机广告

（2）仰摄角度（Low-Angle）　是指从低处向高处拍摄的一种拍摄角度，也称“仰拍”。由于镜头低于被摄对象，因此产生了从下往上、由低向高的仰视效果。仰摄时镜头视轴朝着视平线的上方仰起拍摄，其特点是前景升高，后景降低，这种从低向高的倾斜拍摄强化了主体地位，使被摄对象显得挺拔、雄伟、壮观，非常有气势。画面空间有较强的透视感和距离感。图6-9是运动品牌奇克尚风（Quiksilver）广告中的画面，摄影师选择以仰摄角度拍摄，体现出一种速度与激情的感召力。

拍摄人物近距离画面时，用仰摄角度拍摄既能夸张人物形体及面部特征又能对某些缺陷给以修整；如从低位向上拍摄，可以增强被摄人物威武高大的形象，身材矮小的可以显得高些，消瘦的脸型可以显得丰庾一些，如果用更低的角度拍摄，被摄者就更具威慑力，观众看到这样的画面，就会产生一种压迫感。图6-10威士黑卡（Visa Black Card）广告画面中，女主角与她的坐骑因仰摄角度显得比

图6-9　运动品牌Quiksilver广告

图6-10　Visa Black Card 广告

她身后的直升机更有分量，体现出一种威武庄严感。

因为仰角拍出的画面视觉效果过于强烈，过于夸张，明显变形，在不恰当的场合使用仰角可能出现扭曲丑化主体的画面，如近距离拍摄宽脸型的脸颊，脸颊会更宽大，放大了脸部缺陷。所以不是所有脸型都适宜用仰角拍摄。

用仰角拍摄跳跃的腾空动作，容易产生下大上小的变形，夸张跳跃的高度和腾空动作，加强了力量和主体的支配力，具有强烈的冲击力和透视感，尤其在使用短焦距镜头拍摄时就更体现出纵向运动的夸张效果。奇克尚风（Quiksilver）冲浪产品广告中，仰角与广角拍摄的结合拉长和夸张了人物身形，使这个跃入水面的动作具有很强的力量感与冲击力，观众仿佛下一秒钟就会体验到水花飞溅的感觉（见图6-11）。

(a)　　　　(b)

图6-11　Quiksilver 冲浪产品广告

（3）俯摄角度（High-Angle）　与仰摄角度相反，是指摄像机镜头处于高于被摄对象的位置，由上向下拍摄，视平线处在画面上方或以外，又称“俯拍”，俯拍适用于表现画面层次感、纵深感强的大场景题材；如山川、河流、城市建筑等。如从更高的视角向下俯拍更可以完整的展现从近景至远景的纵深画面，尤其适合拍摄远景镜头。俯角拍摄可以表现正、侧、顶三个面，从而增强了物体的立体感和处于环境中的空间感。图6-12是来自国家地理杂志（National Geographic）频道的广告宣传片，大俯摄角度的航拍使得画面气势磅礴，完整呈现了山川湖泊的地理风貌。

在拍摄人物时如用俯摄角度拍摄可以渲染情绪，造成压抑的气氛。在图6-13人才招聘网站（Monster.com）的广告中，导演运用俯拍镜头表现人物在找工作时四处碰壁的绝望心情。

拍摄角度的变化可以影响到画面的造型结果，不同的角度拍摄的画面传递的信息不同，它是画面外在的视觉表现形式，决定了观众视点，同一件事物，因为观看的角度不同就会产生不同的心理感受。

（a）

（b）

图6-12 National Geographic 频道广告宣传片

图6-13 Monster.com 招聘网站广告

第四节 拍 摄 方 向

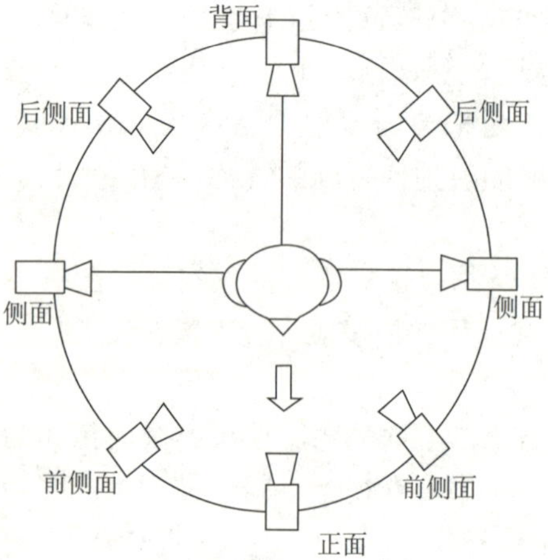

图6-14 拍摄方向

拍摄方向是指摄像机镜头与被摄主体在水平平面上360°范围内的相对位置。在同一水平线高度摄像机围绕被摄体四周的位置变化。随着拍摄点的方向变化即会使主体的形象发生显著变化、又会使背景发生转换；不同的拍摄方向，也将带来不同的视觉形象和不同的造型效果，以及视觉心理的转变。对拍摄方向的选择可以从正面、斜侧面、侧面及背面考虑（见图6-14）。

（1）正面拍摄 是指摄像机镜头在

被摄主体的正前方，主要表现被摄对象的正面特征和横向线条。正面拍摄人物时，可以看到人物完整的脸部特征和表情动作，有利于被摄主体与观众的交流，容易产生亲切感；在某些特定场景下正面拍摄显示出庄重稳定、严肃静穆的气氛。图6-15（a）和图6-15（b）两幅正面方向拍摄的画面清楚的表现了男主角的表情与动作，使观众感受到男主角情绪的宣泄，与他产生共鸣。

（a）

（b）

图6-15　正面拍摄人物

当然，正面拍摄也有其不足之处，例如，空间感透视差，场景缺少立体感；画面构图容易显得呆板、无生气；前面的被摄物体容易挡住后面的物体，使画面信息表现不完整。

（2）正侧面拍摄　是指摄像机镜头轴线与被摄主体朝向轴线垂直成90°角的位置。强调了被摄对象的立体感和透视感，尤其是拍摄人物时，能生动的表现人物脸部轮廓线条、身体姿势，令侧面角度线条变化丰富，如采用逆光拍摄，容易呈现剪影的效果。图6-16是英国老牌百货公司约翰路易斯（John Lewis）电视广告画面，图6-16（a）中的小女孩在浅逆光的正侧面拍摄中熠熠生辉，呈现半剪影姿态，衬托出小女孩的天真与纯洁。图6-16(b)中的婚礼场面也是运用正侧面拍摄手法，生动勾勒出新人甜蜜的笑容，记录下婚礼中两人相拥亲吻的幸福时刻。

（a）

（b）

图6-16　正侧面拍摄人物

在运动拍摄中，正侧面拍摄有利于表现被摄主体的运动方向、运行姿态及轮廓线条，突出被摄主体的强烈动感和运动的特点。

正侧面拍摄时要注意角度问题，否则会令画面缺乏立体感和透视感。

（3）斜侧面拍摄　是指摄像机与被摄主体形成一定夹角进行的拍摄方式，被摄主体的横向线条变成斜线，处于一种不对称结构关系，形体透视产生变化，令画面生动活泼，具有较强的立体感和纵深感；另外，斜侧方向在画面中还可以起到有利于安排主体、陪体，区分主次关系，突出被摄主体的作用。采用这种角度拍摄的双人镜头画面叫过肩镜头，这也是一种常用的场面调度方法。

图6-17是由斜侧面方向拍摄的单人镜头，小女孩表情生动，在侧逆光和斜侧面拍摄手法下宛如梦幻的小仙女。

图6-18是斜侧面方向拍摄的双人过肩镜头，摄像机镜头越过男主角的肩，着重在女主角的表情，此时男主角变成陪体，女主角吸引住观众的目光。

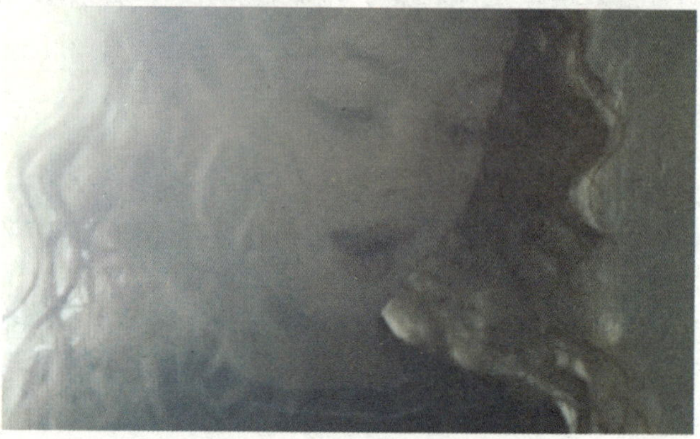

图6-17　斜侧面拍摄人物

图6-18　斜侧面拍摄双人过肩镜头

（4）背面拍摄　是指摄像机与被摄对象形成180°，它改变了主体、陪体的位置，使画面所表现的镜头方向与被摄对象视线的方向一致，将主体与背景融为一体；画面具有一种不确定性，给观众积极思考和联想的空间，表现人物在特定情境下难以诠释的心理状态。2011年Motorola（摩托罗拉）Xoom广告中，男主角背对摄影机，逆行于一群白衣人之间，因为看不到他的表情，观众会有疑问，他要去哪里，是悲伤还是喜悦，为接下来故事的发生制造出悬疑叙事效果（见图6-19）。

图6-19　2011年Motorola　Xoom广告

思考题

(1) 标准镜头、长焦镜头和广角镜头对于镜头画面造型的作用。

(2) 何为景深？尝试用数码摄像机拍摄浅景深和深景深画面。

(3) 阐释拍摄角度的分类，用数码相机从各个角度拍摄一幅照片。

(4) 何为拍摄方向，阐述拍摄方向的分类。

第七章
影视镜头画面构成语言

第一节　影视广告构图

“构图”（composition）一词来源于西方绘画，在中国画论中称布局，或叫经营位置。画面是影视广告构图的基础，影视画面构图是指在一定的画幅格式中，为表现某一特定的内容和视觉美感效果，用镜头将各视觉元素和造型元素有效选择、排列与组合的手段。影视构图就是对现实空间的分解与组合而形成的画面形式。作为影视广告拍摄人员，应努力提高自身的鉴赏能力来完善影视画面构图，使其更具形式感、风格性和视觉冲击力。

一、画面结构

影视构图的首要任务是突出主体在画面中的形象，因此构图中要确立主体的位置，合理安排主体与陪体及环境的关系。

（1）主体　是影视画面中所要表现的主要对象，也是画面构图的结构中心，所以在设计构图时必须调动拍摄手段竭尽全力去表现主体。表现主体的主要手段如下。可以采取把主体适当地安排在画面中的视觉中心位置或是运用与众不同的色彩和亮度突出主体，使背景与主体有鲜明的影调对比，以便突出主体。也可以用近景、特写等近距离景别拍摄以便使主体处于画面的视觉中心位置；如若用远景、全境等大景别镜头拍摄，主体不能占据画面较大的位置时，可以使主体处在整个画面中心或黄金分割线上，在环境和气氛的渲染下衬托出主体的地位。另外，为使观众看清重要部分，留下较深印象，可以让主体在影片中出现的时间长一些。还要学会利用对比手法如虚实、繁简、动静、质地和色彩等烘托主体。

（2）陪体　是相对主体而言，是用来烘托、补充、说明主体的画面的组成部分。陪体不占据画面主要位置，在构图上处于次要位置，但陪体与主体共同表达主题思想，对主体起辅助作用。在影视画面中人与人之间、人与物之间、物与物之间都存在着主陪的关系。陪体对构图的均衡和协调起着重要作用。当人物作为陪体充当配角时，主体就是主角。物体作为陪体则常常是为表演布置的各种道具等。

（3）环境　是用来表现画面主体所处的时间、空间、场地、气氛等时空意境方面及主体对象周围的人或物。对主体情节起烘托渲染作用，以加强主体思想的表现力。环境包括前景、后景及背景。

① 前景　是主体前面的人或物，衬托主体的主题思想，对主体起到说明、补

充的作用并以此来表现环境气氛和主题意境，平衡画面，丰富构图，在前景的衬托下画面构图会更丰富多彩。在拍摄大的场景时为加强空间感可以适当安排一些景物为前景，以便达到突出景物之间的空间关系。在运动拍摄时，前景随之移动使画面变静为动。产生画面动感，加强画面冲击力。拍摄时，前景不宜太复杂或过于明亮，不能有破坏主体的现象，可以采取减弱前景的光线或使之虚焦的办法。

② 背景　是画面上主体后面的景物或人物，用于表现主体所处的环境、季节、地方、时代特色，用以衬托突出主体增强画面效果。利用背景与主体的距离远近、光线明暗、色调深浅等对比因素可达到突出主体的目的。背景通常利用空间距离的表现达到画面的纵深感和透视感。背景对移动拍摄的画面能衬托出主体的运动感，加强主体的形象感。

二、前后景的选择

前后景的运用是表现环境的重要手段，对主体起着衬托、对比、渲染的作用。合理的布局前景、后景不仅能增强画面的空间感，还能提高画面的感染力，吸引观众的注意力。拍摄时，对前后景的选择应该注意以下几个方面：首先，应力求简洁，避免与主体无关的、杂乱的景物进入画面，在现场遇到这种情况，可以稍微调整主体的位置，或改变摄影机的方向、角度及调节镜头焦点，弱化背景等都是比较好的措施；其次，尽量选择有特征，有对比、比喻和比拟效果的景物做背景以引起观众的联想进而揭示出画面主体，加强画面的表现力。但注意要选择与主体有必然内在联系的景物，避免牵强附会、弄巧成拙，另外，适当选择框架式的前景以便把观众视线引向框架内的景物，使主体得以突出，给观众身临其境的现场感。

因为场面调度和摄影机机位的多向变化，后景也有可能相应地转换位置而成为画面中的前景。背景则属于距镜头最远端的“大环境”的组成部分，只能起到主体背后的“衬底”作用。虽然影视画面是平面造型艺术，但是我们必须具有立体造型观念，应该运用各种拍摄技巧在画面上表现出三维空间的纵深感和透视感，合理地安排画面中的前景、后景和背景。这是表现空间深度、塑造立体空间的有效途径之一。

三、屏幕内外的空间

构图中的另一个重要元素就是如何去使用影像画框之外的空间（off-screen space）。影视中的画面是被框在画框之内的，画面内看到的空间是具体的空间，某些场景下，还会有在导演引导下，却看不到的需要用想象去补充的空间，而构图的画面恰恰是观众想象与现实的边缘界限之间。导演可以借由调度演员离开并再进入到画框中，或在取景上特别引起观众注意到画框之外空间的做法来突破界限，延伸画框空间。例如图7-1中，我们在画框中只看到一只小狗的头部，但我们

图7-1　影响画框之外空间的联想

在潜意识中知道这只小狗身体的其余部分在画框之外。

我们知道影视画面被屏幕的形状所制约，在构图中为了改变画面的固定外轮廓，使画面的边框有变化，可以借助拍摄角度的变化通过画面中前景或特定物体的轮廓来丰富构图的视觉效果。如图7-2所示借助前车窗的外框增加画面层次，突出老夫妻恩爱甜蜜的面部表情，使构图变化丰富。

图7-2　借助前车窗外框增加画面层次

在影视广告制作中经常会遇到画框边缘的限制问题，如何去延伸画框空间，处理被摄对象在画面中的位置是影视画面构图需要考虑的一个重要方面。在拍摄人物尤其是近景或特写镜头时，应该在人物头顶和画框间留有足够的头顶空间（headroom），否则画面就会显得极其怪异。图7-3中，无论人物的上下和左右都留出了足够的空间，构图平衡感十足。

图7-3　人物的上下和左右都留出了足够的空间

另外，根据画框中被摄对象所看的方向也应掌握好鼻前空间（noseroom），也称视线空间（look space）的留取。图7-4中，无论是特写镜头拍摄的小女孩的脸部镜头[见图7-4（a）]或是中景镜头拍摄的沙发上的小兄妹[见图7-4（b）]，都在拍摄对象的视线方向留有完美比例的空间，令观众跟随主角们的视线产生对接下来所发生故事的好奇心。

（a）　（b）

图7-4　视线方向留空间

这个原则也适用于当被拍摄对象移动或是摄影机追随主体动作时的拍摄。比较传统的处理方式是在人物移动的方向留有引导空间（leadroom）。如图7-5是运动品牌Quiksilver广告中的一幕，摄影机跟随手持冲浪板的年轻人移动，在画面中，被摄对象移动的方向留有合适的空间，引导观众追随着年轻人的脚步。

可以说，在影视画面中画框更像是窗户，观众会跟着摄影（像）机镜头向左或向右移动感受画框之外的意境，创作者就可以达到延伸画框的目的，加强了对画框之外空间的使用和想象，富于创造性地表现出被摄对象外在和内在的一些特点，并引导观众由表及里地感受、挖掘更深刻的内在感情，展示创作者本人的情感和风格。

图7-5　人物移动的方向留有引导空间

四、画面构图方式

在影视广告画面构图中，为了加强画面兴趣点就要对所出现的拍摄对象的顺序加以控制。封闭式构图是令整个故事呈现在画面之中，观众需要知道的信息点都包含在内，也就是“所拍即所得”；而开放式构图是指从拍摄画面中不能立刻推断出其意义，在一系列的广告画面中我们只能看到其中的一小部分关键信息，接下来我们就不由得去联想揣测故事的因果或结局。由此得知，封闭式构图是给出答案，开放式构图是制造疑问。

1.封闭式构图（closed framing）

在影视广告中，影视画面所要表达的信息是全部组织在画框之内的，画面存在于被规范的框架结构之内，这种封闭式的构图方式使画面具有相对的独立性、稳定性，可以独立而完整地表达一个特定含义。封闭式构图曾是早期影视广告构图的主要形式，它源于绘画，一幅成功的画要具备完整性、均衡性，而且所表现的内容只限于画面之内，反映了传统的构图规律。封闭式构图惯常把主体摆放在几何中心或趣味中心，形成一种完整感，全景是如此，即使是拍摄近景或特写镜头时也讲究画面结构的完整性，不会出现半个脸、半个身子等。封闭式构图十分讲究构图均衡如被摄对象是人物，人处在画面的一侧，另一侧就有一定的视觉形象造成均衡格局。在处理动态构图时，不仅起幅落幅讲究完整与均衡，而且在人物或摄像机运动过程中也十分注意均衡。

2.开放式构图（open framing）

影视广告的构图形式发展到今日，开放式构图越来越多地被运用到拍摄当中，它与封闭式构图的组合使用能更好地表达导演/摄影师对主体的独特感受。开放式构图不受封闭式构图特点的限制，经常处于完整与不完整性变化之中。这种构图方式不会令观众视觉感受局限在可视的画框之内，而是有意引导观众突破画框，产生更广泛的画外空间的联想。开放式构图实际上是在画面内景物与画面外景物之间建立了一种关系，从而使得画面内没有表现到的画外景物也参与到画面的总体构思中来，这样就打破了框架的局限，突破了原先画面框架的封闭性，使得画面空间得到了更大范围的展开。对于开放式构图来说，主体不一定处于画面的黄金分割中心或趣味点的位置；整个画面与画外空间有强烈的联系，强调画外空间的存在和延伸，是趋于动的构图形式；另外，开放式构图打破了构图的均衡，画面形式多样。图7-6是Specsavers眼镜公司的广告。广告开头运用封闭式构图向观众交代清楚这是一对情侣在火车站接站时的场面，接下来可笑的一幕发生了，女主角因为没有戴眼镜识人不清，误把一位老绅士当作自己的爱人，在此，镜头由封闭式构图转为开放式构图，观众越过男主角的肩头惊奇的发现女主角正在亲吻老绅士，接下来画面又转为封闭式构图，给男主角郁闷的面部表情一个特写，之后开放式构图的过肩镜头

(a)　(b)　(c)　(d)　(e)　(f)

图7-6　Specsavers 眼镜公司广告

将观众的目光吸引至女主角发现自己吻错人时困惑又有些尴尬的面部表情，虽然此时看不到男主角的脸，但是观众可以联想到男主角的表情和心理变化，广告在开放式画面中幽默的以两对夫妻的面面相觑结尾。

第二节　影视画面构图元素

影视广告构图不但要注意主体的位置，要设计整个画面的布局，保持画面中各个要素之间的内在联系及各自在画面中的位置。同时影视画面构图需要注意两个中心，即几何中心和视觉中心。

一、几何中心

几何中心是指画面对边中线交叉点或画面两条对角线交叉点，这个点位于影视画面中央，是不以人的主观意志和感觉而定的客观中心点。几何中心点位置能使视线集中，画面产生对称、均衡、庄重的形式感。几何中心构图法就是将被摄主体安排在画面的中心位置，这种构图方法主要运用在具有左右、上下几何对称的被摄对象中，依照人们观看事物“从左到右，从上到下”的视觉心理来划分画面，例如具有左右上下对称的建筑或风景等构图中。一般情况下，左右对称的被摄对象往往将主体安排在左右的中心点上（见图7-7），上下对称的被摄对象将主体安排在上下的中心点上（见图7-8）。

图7-7　几何中心（左右型）

图7-8　几何中心（上下型）

二、视觉中心

视觉中心指的是按照“黄金分割法”在画面上形成的四个点。“黄金分割”来源于数学上的比例关系，其实是指一种线段的分割或一种几何图形的比例，它的比值约为1.618∶1或1∶0.618，最早是由公元前6世纪古希腊人发现的。因其具有严格的比例性、艺术性、和谐性，蕴藏着丰富的美学价值，所以最开始是应用在美术和建筑设计中。黄金分割画面中的四个点具有不定向、不对称、不均衡以及令画面活泼、给予暗示的视觉效果。这四个点也有不同的视觉感应，上方两点动感就比下方的强，左面的点动感比右面的强。画幅中四个点的存在，使每

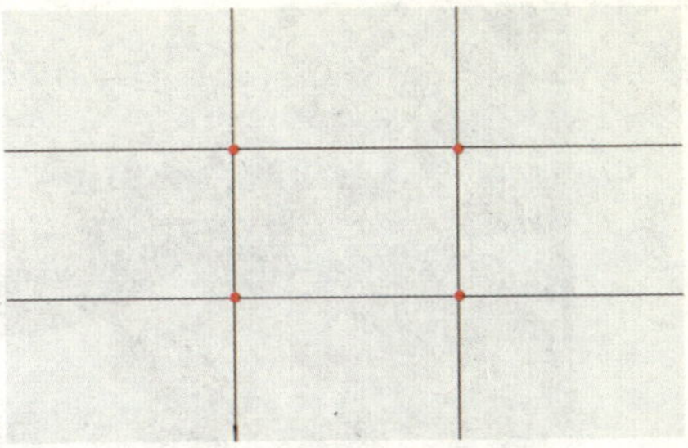

图7-9　九宫格

一幅构图对被表现主体可以进行不同的处理，四个点的灵活运用会强化画面的运动与变化的视觉。四条线交汇的四个点是人们的视觉最敏感的地方，所以这四个点也称为“视觉趣味点”。

“九宫格”（见图7-9）是“黄金分割法”在影视构图中的具体运用，是将主体或重要拍摄对象放在“九宫格”组成的中国字“井”字的交叉点的位置上，“井”字的四个交叉点就是主体的最佳位置。一般认为，右上方的交叉点最为理想，其次为右下方的交叉点。但也不是一成不变的。这种构图格式较为符合人们的视觉习惯，使主体自然成为视觉中心，具有突出主体，并使画面趋向均衡的特点。

图7-10中，女主角和主要道具（购物袋）被安排在画面中靠右的黄金分割点的位置上，与左侧虚角占尽画面一半的前景形成平衡构图，令观众的视线轻易地落在了女主角的身上，清楚的交代了人物和场景的关系（见图7-10）。

这类“井”字形构图方式有时也被称为“三分法”，此类构图是人们比较习以为常的视觉感应方式。它的特点是构图简练、表现鲜明，画面容易产生稳定感，可用于近景、特写等不同景别。让重要的景物或人物正好位于画面1/3处，而不是在正中央，这种比较符合人的视觉审美习惯的构图，通常叫做“三分之一”的构图原则。

拍摄人物时，注意头顶空间的构图，一般不要给所拍的人物头顶留太多的空间，否则就会造成构图不平衡缺乏美感。应该把人物眼睛维持在画面上方1/3的高度，如果面孔在这个高度以下，这个人看起来好像掉落在电视屏幕里。还要注意眼睛前方的空间，一般在眼睛的前方空间要大一些，不要造成人贴在画面边缘的效果。可口可乐的广告画面中（见图7-11），主角的眼睛刚好处于画面的1/3处，

图7-10　黄金分割点在构图中的应用

图7-11　可口可乐广告

依人物的动态姿势在面部的前方留出较大的空间，淋漓尽致描绘出主人公享受饮用可乐的瞬间，强烈突出了产品。

当然，在进行人物的构图时还要注意背景线对图的影响，譬如电线杆突出在画面人物的头顶上、建筑物的水平面与画面人物的脖子等高、横在脖子上等等，这会使视觉感觉不舒服，应尽量避开。

三、透视中心

在拍摄中，必须清楚地掌握线条透视规律，有意识地运用和控制影响透视性质的一切拍摄条件和方法，最大限度地表现画面空间。构图中的空间塑造就是透视魅力所在，体现空间透视关系是画面构图的主要任务。

用画面表达空间透视关系时，需要考虑诸多因素，尤其是要控制机位与被摄主体的距离，这是决定画面透视关系的根本，例如，为了强化视觉效果突出主体造型，拍摄时可以通过改变高度和角度的变化来强化画面构图的透视效果。Nikon相机广告中（见图7-12），画面由低角度呈大仰角拍摄，更显树木参天笔直，阳光透过婆娑的树叶散落一地光辉，使得这个画面空间充满通透感，观众仿佛可以嗅到大自然的气息，置身于热带雨林中。

另外，通过用不同焦距镜头拍摄可达到透视目的：如用近距离大广角镜头拍出的画面；视角广、景深大、视野范围宽、画面景物大小对比鲜明，让主体适度变形，不仅夸张了现实生活中的纵深感，还增强了画面的空间感和透视感。图7-13香奈儿五号（Chanel No.5）香水广告中，画面由低角度广角拍摄，前后景透视对比效果强烈，女主角奢华的羽毛裙摆与纽约灯火辉煌的大街交相辉映，衬托得香奈儿金色的标志熠熠生辉。

图7-12　Nikon 相机广告

图7-13　Chanel No.5 香水广告

四、地平线

地平线是天与地之间的一条分界线。在影视画面构图中，地平线决定画面的空间关系、透视关系，在拍摄全景画面时效果尤为明显。

图7-14 Givenchy 广告

地平线表现的方式各异，当地平线在构图上方时是俯拍效果；增加了画面构图的深度和深远感，具有宏观视觉效果。Givenchy（纪梵希）广告中，全景系列景别画面的构图令地平线在画面上方，形成大气的风格与形式，恰如其分得描绘了巴黎塞纳河两岸的夜景风光（见图7-14）。

当地平线在构图下方时，是仰拍效果，增加了画面构图的广度，有宽广感，达到主观视觉效果。图7-15是Visa（威士国际组织）广告中的一个场景，由仰角拍摄，地平线处于画面下方，突出了天空的颜色，衬托了剪影中的人物造型。

在拍摄近景系列画面时，在画面上是看不到清晰的地平线关系，是平面构图，淡化了空间效果，这时的地平线是处在画幅之外的（见图7-16）。

图7-15　Visa 广告

图7-16　近景画面中地平线处在画幅之外

第三节　影视画面的视觉元素

影视画面的构图是指画面形象的结构方式和表现形式。在影视画面中构成画面视觉形象的是画面构图中的视觉元素，包括光线、线条、影调、色彩、质感等。

一、光线

光线（light）是影视画面构图的基础和灵魂。影视画面构图“光线先行”，光线的选择是决定影视画面构图质量的关键因素。光线是影视广告视觉形象创作的重要元素之一。这将在第十章影视画面光线造型中具体讲解。

二、线条

线条（line）是构成影视画面结构形式的基本视觉元素之一。线条是物体存在的外在形式，任何影视画面都离不开线条，线条是指人与物体形态的轮廓，物体上的色彩、光影及明暗的明显差异都形成一定的线条组合。线条是构成画面框架的基本因素，有助于表现画面的空间深度，表现空间物体的立体形状和表面结构，并能形成一定的表现节奏感。在影视画面中，线条的位置和表现形式各有不同。根据线条所在的位置不同，可将线条分为外部线条和内部线条。外部线条是指主体形象的轮廓线，是主体与其他客体或与背景之间的分界线。构图中应选择主体最典型、最具表现特征的外缘轮廓线条。内部线条是指被摄主体外缘轮廓线范围以内的线条，是主体物的表面特征之一，具有形式意义。不同的线条能表现出不同的感情色彩，给观众带来不同的心理感受。直线在几何学上，是一个点沿着某一固定的方向移动所形成的轨迹。直线又可分为水平线、垂直线和斜线三种基本形式。水平线是相对静态的，给人安静、平稳和安定的感觉。垂直线条给人庄严、宏伟、崇高和坚强的感觉。图7-17中无论是背景中的建筑物或是主体人物都以垂直线条呈现，显示出这个场景的庄严与宏大。

倾斜的线条带有动态趋向，调节演员在场景中的位置，使其之间形成动感联系，给人以运动或不安全感。进而引起观众的注意，激发观众的兴趣。图7-18中人物在画面中的造型呈倾斜的线条，女主角的姿态流露出一种危险的性感与诱惑。

图7-17　垂直线显示出场景的庄严与宏大

曲线是指一个点沿着一定的方向移动并发生变向后所形成的轨迹。曲线表现优美、流畅的感觉。图7-19是以曲线为主的构图，画面非常具有艺术感。

图7-18　倾斜的线条带有动态趋向

另外，对于线条还有浓淡、粗细、虚实之分；线条的形状，疏密排列的不同，会带来不同视觉心理反应和视觉节奏，因此都会对画面构图产生不同的艺术效果。

三、影调

图7-19　曲线表现优美、流畅的感觉

影调（tone）是指影视画面中的影像所表现出的明暗层次和明暗关系。影调是影视画面构成可视形象的基本元素，是处理画面造型、构图及烘托气氛、表达情感、反映创作意图的重要手段。影调的概念包括明暗与色彩要素，有光线就有明暗和色彩的存在，因此影调的形成不仅取决于被摄主体本身的色彩和照明条件，也决定于摄影师对光线条件的了解和对拍摄技术的掌握和运用。影调以亮度划分，可分为高调，低调和中间调。

（1）高调（high key）　给人优美、纯洁、宁静、淡雅和舒畅的感觉，常适用于表现明朗秀丽的风光、浅色的静物、动物等。在人像题材中，用于表现儿童、少女、医生等效果较好。在拍摄高调画面时背景应选择白色或浅色做底色，且在布光时应加大背影光的强度，适当增加曝光量，使主体背景亮丽简洁，以增强与被摄主体的明暗反差，拍出的画面就会产生高调。拍摄人物时，被摄人物服饰也应选择白色或浅色的衣物为主，以保证画面中黑色和暗部是作品中的画龙点睛部分。图7-20中的背景采用大面积的白色，光线明亮，画面呈现静谧与柔美。

（2）低调（low key） 是以大面积的深暗影像与小面积的浅色影像相对比而形成的画面。但浅色和明亮的部分是作品的重点和中心，黑暗部分面积虽大但一般只是作为画面的背景或衬底，起交代环境和渲染气氛的作用。低调画面适宜表现内容沉重、忧郁、肃穆、神秘一类的题材作品。低调画面可将拍摄现场中杂乱的背景和与表现主题无关的器物隐藏在黑暗中，使在明亮处的主体更显突出。布光时多采用逆光、侧光或柔和的局部散射光拍摄。拍摄低调人物画面时，应选择黑色或暗色背景，或将被摄人物安置在明暗反差较大的明亮处，人物服饰也应以暗色为主。拍摄时测光要以明亮处为参考点，并适当减小半级曝光量，以保证背景能暗下去。图7-21采用低调拍摄，背景与大部分人物都处于暗色当中，只用少许的测光勾勒出女主角的头发与面部线条。

（3）中间调（middle key） 也叫标准调。画面明暗均衡、层次丰富、反差适中。画面中有明显的明暗过渡层次。画面易于表现主体的立体感和表面质感。图7-22为中间调示例，画面层次分明，人物面部的立体感表现到位。

影调依画面明暗反差对比来划分又分为硬调和软调。硬调（high contrast）也叫强烈调。光线投射方向多采用侧光或侧逆光，明暗差别显著、对比强烈，亮暗层次较少、缺乏过渡，画面给人以粗犷、硬朗的感觉，适用于表现人物刚毅果断的性格和情感或有明显线条及色块元素的高大现代建筑。软调（low contrast）又叫柔和调或柔调。软调和硬调相反，拍摄用光多采用光线柔和的散射光，拍摄出的画面中缺少最亮和最暗的调子，对比弱、反差小，画面给人以柔和、含蓄、细腻之感。软调适用于表现偏重于抒发情感的细腻画面，例如美丽可爱的少女和儿童或素雅的花卉静物以及静谧的风光。

图7-20 高调给人优美、纯洁、宁静、淡雅和舒畅的感觉

图7-21 低调表现沉重、忧郁、肃穆、神秘的感觉

构图中要通过对画面影调的控制来形成画面的情绪

图7-22　中间调画面明暗均衡、层次丰富、反差适中

基调，以表达创作意图。同时要注重画面中的明暗配置，以形成不同的影调对比效果及画面的视觉结构形式。

四、色彩

如果说光线给影视画面以生命，那么，色彩（Colour）就给影视画面注入了情感。影视画面构图中，通过画面形象的色彩设计、提炼和选择搭配，能够形成一定的色彩基调，形成强烈的艺术效果，从而渲染、烘托出主题和内容所需要的情绪基调和特定氛围。

影像从黑白片发展为彩色片，颜色的影像再现使现实的魅力更加完美。在影视广告中我们很自然的表现充满各种色彩的美丽生活，在广告片中颜色成为叙事的重要元素。颜色除了真实反映环境色彩关系，更重要的是通过对它的设计将会使画面对观众产生不同的心理感受。

色彩作为一种涉及光、物与视觉的综合现象，当人们面对色彩缤纷的大自然时，所看到的颜色并不是物体本身固有的，而是由光源照射到物体上所吸收、折射、反射的色光。物体颜色随着光源条件、光的波长的改变而变化。所以在对光线、色彩视觉元素的运用时要牢记“色从光来，色随光变的道理”。构成色彩的直观感知主要是色别、色纯度和色亮度三要素。

（1）色别　也称色相或色调。色别表示颜色的种类，是色彩的主要特征。摄影对色别的认识并不是指一种色彩，而是指一类色彩。比如红色就有深红、纯红、浅红之分，但一般把这三种红统称为红色，或称红调。同一色别的色彩受明度和饱和度的影响。同样的色别可有不同的明度和饱和度。培养自己识别色别的能力，是准确认识色彩和表现色彩的基础。

（2）色纯度　指色彩的饱和度，表示颜色的纯正程度。

（3）色亮度　即色彩明度。是指同一色别在不同光线照射下所呈现的明暗程度。

基于人们生活经验的积累和总结，不同色彩给人以不同的心理感受，进而产生不同联想，颜色分为冷色调和暖色调，这就是色彩的象征性。例如，红、橙、黄等色彩让人产生温暖的感觉，会让人联想到火焰、太阳、金秋等。青、蓝、紫等色彩会让人产生冷的感觉，会想起天空、大海、月亮等。暖色调给人带来热情、兴奋、活跃、激动的感觉（见图7-23），冷色调给人以安宁、低沉、冷静的感觉（见图7-24）。色彩的象征性实质上反映了色彩与自然、生理、历史和社会等诸多现象之间的复杂关系。色彩是拍摄者最重要的情感和情绪的语言形式。

图7-23　暖调拍摄的广告片

图7-24　冷调拍摄的广告片

五、色调的形式

在影视广告作品中色调的形式可分为色彩基调、段落调子和局部色彩的运用。

（1）色彩基调　指用一种色彩作为基调贯穿整个影视广告作品。其目的是用一种色调贯穿影片的始终，以表现作品主题和作者的情感。Banana Republic 2011年服装广告用金黄色调作为基调表现了此品牌的年轻和活力，全片贯穿以温馨浪漫气息（见图7-25）。

（2）段落调子　是指用一种色调贯穿一个段落，表现不同的情节，传达不同的人物或画面情绪。影视广告因其时间限制，段落调子的使用比较少见。在哥顿杜松子酒（Gordon Gin）广告中（见图7-26）画面开始的基调是阴暗的冷调，用冷冷的带有Gin标志的绿色酒瓶的大特写镜头来表现纯杜松子酒入口的清冽；然后逐渐变调，当酒中投入一颗橄榄时画面的色调渐渐变暖；直至杜松子酒作为基底酒被注入番茄汁成为一杯口感浓烈馥郁的血腥玛丽时，画面完全变成了暖色调；之后哥顿杜松子酒的颜色又慢慢转浅，配合一片晶莹剔透的柠檬片变成金汤力酒，画面又逐渐转回冷色调至绿色酒瓶的特写镜头。在这组画面中，色调代表了一种情绪转变而非时空转变，意味着哥顿杜松子酒喝得不仅仅是酒而是一种心情，它令生命充满了色彩，在此段落调子的变化“润物细无声”般的影响着观众

(a)　(b)　(c)　(d)　(e)　(f)　(g)　(h)　(i)　(j)

图7-25　Banana Republic 2011 春季服装广告

图7-26　Gordon Gin广告（一）

的情感，带动观众参与到广告故事情节的建构中来。

（3）局部色彩　是指不影响整个作品基调的色彩，作为表达主题、刻画人物的手段运用到情节段落之中。比如人物的服装色彩、道具色彩。Dior Addict口红广告中女主角的红色连衣裙、红色高跟鞋、红色唇印，甚至汽车上的红色装饰都是为了衬托产品的色彩，象征了此品牌倡导的热烈、性感和随心所欲（见图7-27）。

(a)　(b)　(c)　(d)　(e)　(f)

图7-27　Dior Addict口红广告

六、质感

质感是指人们视觉或触觉对不同物态特质的感觉，如固态、液态、气态等。不同的物质具有不同的质感，如软硬、虚实、滑涩、韧脆、透明与浑浊等多种感觉。在造型艺术中则把对不同物象用不同技巧所表现的真实感称为质感。如中国画以笔墨表现的各种皴法成为表现物象质感非常有效的手段。而油画则有其表现质感的方法，以或薄或厚的笔触，画刀刮抹等技巧表现光影、色泽、肌理、质地等质感。而雕塑则重视材料的自然特性，如硬度、色泽、构造，并通过凿、刻、塑、磨等手段处理加工，从而在纯粹材料的自然质感和人工质感的美感之间建立一个媒介，使所塑造的形象显示出各种物体所固有的物理特质，如厚薄、轻重、润滑、粗糙等。影视广告中摄影师运用光线、色彩、线条、明暗等造型手段，使所摄影像不但与原来人物或景物相像或接近，而且能细致入微地传达出皮肤、服饰、家具、器皿等作为物质属性的不同特点。影视画面的拍摄中，摄影曝光的准确程度、照明光源的色温及亮度变化、胶片的感光特性（尤其是宽容度、颗粒度和感色性等）都是影响质感准确表达的因素。在影视广告拍摄中，常因配光校色的误差，影响到人、景、物的质感表达。

思考题

(1) 何为“构图”？画面结构包括什么？

(2) “画面内外空间”应如何安排？

(3) 何为“封闭式构图”和“开放式构图”？请举例说明。

(4) 画面构图元素包括什么，请简述他们的作用。

(5) 何为“影调”，请举例阐述不同的影调。

(6) 何为“色彩”，何为“色调形式”。

(7) 如何表现“质感”？

第八章 影视广告的拍摄技巧

第一节 固定拍摄

固定拍摄（fixed shot），即指在摄像机机位不动、镜头光轴不变、镜头焦距固定的状态下所进行的拍摄。固定拍摄中机位不变，意味着摄像机无移、跟、升、降等运动；光轴不变，意味着摄像机无摇摄；镜头焦距不变，意味着摄像机无推，拉等运动。固定拍摄的特点是用固定的画面展示被摄对象，画面构图的框架是固定不变的。画面的动感靠被摄对象自身移动来体现，活动的人或物可以入画，也可以出画。这种以静止、固定画面展示被摄对象的框架不仅能更加突出和强化被摄对象，还能够比较客观地记录和反映固定框架内的被摄主体的运动速度和节奏变化，不妨碍对运动的记录和表现。图8-1是国家地理（National Geography）频道的广告宣传片，用固定拍摄反映了鳄鱼浮出水面的动作。

(a) (b) (c)

图8-1 National Geography 频道广告宣传片

固定画面视点稳定平衡，符合观众静态观察的视觉要求，便于观众能相对集中、明确地观看画面，这种以拍摄小景别的固定画面经常会出现在影视广告中，以达到便于观众在静态的视觉感受中认真品味，感受对产品的认同。图8-2的哥顿金酒（Gordon Gin）整个广告片机位和景别从头至尾没有变化，在简单的浅色背景固定画面中，混合着冰块的金酒从天而降，男主角用细微的动作和夸张的表情变化表现出享受金酒的喜悦时刻。

固定拍摄的构图方式给人平稳、安静、牢固的感觉。但长时间固定拍摄容易使画面呆板、沉闷、缺少生气。为了更好地吸引观众，可采用不均衡的构图达到视觉动感，使画面气氛活跃起来。这种不稳定感觉的形成原因在于画框较重的一侧看起来仿佛要把较轻的一侧拉过来，以此使画面失去平衡，形成视觉画面的不对称和张力，造成新颖的构图美感。图8-3杜嘉班纳（Dolce & Gabbana）玫瑰香

图8-2 Gordon Gin 广告（二）

图8-3 Dolce & Gabbana 玫瑰香水广告

水广告中，画面背景用不同亮度的浅玫瑰色来表示，在不均衡的固定画面构图中突出了产品包装与标识。

为了打破平衡取得新颖构图，在固定拍摄中还可以采用三分规则构图。三分规则就是把画框分成三等份：左、中、右或上、中、下，然后把被摄主体安排在这三个部分里，被摄主体之间会形成一条具有动感的对角线，产生不平衡、不对称的构图，以达到突破求新的目的。同样是香水广告的固定拍摄，在图8-4纪梵希（Givenchy）的广告画面中女主角被三棱镜折射出不同面向，左、中、右安排的三分构图将产品——香水置于黄金分割点，着重强调了代表女人心事的这款香水。

固定画面的拍摄同样可以表现被摄主体的动感。动静是相互对应的，对于运动的被摄对象，只要选用合适的拍摄视点和视场角完全可以以静衬动，在静止、固定的画面框架中加入一个运动的人或物，凸现被摄对象的动感，有效地引导观众的视线随画面流动，使画面充满动感。我们还可以充分利用影视画面在时间上的连续性，例如 在拍摄过程中通过逐渐改变被摄对象或环境的灯光、色彩以及影调效果，让观众在其变化中感受动感，使画面活跃起来。图8-5佳能（Canon）EOS 7D相机广告中，即是用一个固定画面慢镜头记录了舞蹈演员跃起的瞬间。

图8-4 Givenchy 香水广告

图8-5 Canon EOS 7D相机广告

固定画面易于表现出“远”的感觉，如时间上的过去感、历史感和往事感。图8-6英国百年老牌霍维斯（Hovis）面包广告的画面中，固定拍摄描绘出青梅竹马一起长大的男女主角在一望无际的麦田中欢快的奔跑，镜头表现出麦田的深远和丰富的层次感；当广告结尾两人手牵手带着自己的儿女漫步在麦田间时，这一幕定格成隽永的回忆，带给观众往事历历在目的感觉。

拍摄固定画面要稳，在拍摄过程中尽量避免画面晃动，在可能的情况下要使用三脚架及其它辅助设施作为支撑物，来支撑摄影（像）机以保证画面的稳定。

图8-6 Hovis 面包广告

第二节 运动拍摄

运动拍摄（Moving Shot）是指通过摄像机机位、镜头光轴的运动或者改变镜头焦距而进行的拍摄。为了表现画面的动感或者被摄主体的走位，均需要摄影机运动，这是一种由画面外部方式运动变化而带来的动感。运动镜头改变了固定画面拍摄中观众视点固定的状态。作为影视艺术所独有的造型手段，它通过环境、场景空间、画面构图、画面景别、角度等方面的灵活多变，不仅赋予影视画面丰富多变的造型形式，还扩大了镜头的表现空间，影响着叙述的速度和节奏，使画面获得相应的感情色彩。所以说：运动画面是影视的生命。

影视广告制作与平面广告制作最大的不同点是在影视广告拍摄过程中摄像机的可移动性，在同一个镜头内，当机器移动时场景的取景也跟着移动，原本低角度仰摄画面变成正面平摄角度；平衡构图变成非平衡构图；中景拍摄画面变成特写画面；前景变成背景。运动拍摄突出了主体，提升了心理表达层次，使画面更流畅，更具视觉冲击力。因为影视镜头的运动变化过程是时间延续、空间不断扩展延伸的过程，所以形成了一种特有的时空组合的造型方式。从画面所表现的时间感觉来说，运动画面所表现的是正在发生、正在进行时，所以表达出的是“近”的视觉感；其所表达的不仅是表面的动感，更有深层次的心理表述。影视广告动态画面更能引起观众兴趣。所以要充分运用摄影机的运动和镜头的变换，拍出更加丰富的运动画面。

根据摄影（像）机和镜头的不同运动方式，运动拍摄可分为镜头运动拍摄、摄像机机位运动拍摄和综合运动拍摄。

一、镜头运动拍摄

1. 摇摄

摇摄是指摄像机机位固定不变，机身借助三脚架云台在一个垂直的轴心旋转将近360° 做多视角的拍摄。这种镜头光轴变化的拍摄方法，也是最简单、最容易执行的镜头运动之一。摇摄分横摇、竖摇，各种角度的斜摇及环形摇等。不同形式的摇镜头表达着不同画面的语汇，具有各自特色的表现意义。横摇的镜头光轴在水平方向运动，竖摇的镜头光轴在垂直方向运动，斜摇的镜头光轴在水平和垂直方向同时运动，将画面扩展开，放大视野涵盖更多的视觉信息。

摇摄具有表现大景别的功能，比固定画面的远景更具宽广的视野。摇摄镜头突破固定视点的限制，它不用切换便可使场景发生变化，达到重新构图的目的。并且，不同的摇摄会给观众带来不同的心理感受，如横摇（pan） 也称水平摇摄，经常用在缓慢地拍摄风景、展示空间、拓宽视野时，这是户外拍摄开放空间时的主要做法，通常被当做交代镜头使用。这种水平摇是拍摄群山、沙漠、草原、海洋等广阔场面时的最好表现手法。图8-7索尼（Sony）相机广告中，水平摇摄的画面表现出产品优秀的全景拍摄功能。

(a)　　(b)　　(c)

图8-7　水平摇摄的画面表现 SONY 相机优秀的功能

竖摇（tilt）也称垂直摇摄或纵摇，摄像机在原地以垂直方向摇摄，始终保持主体处于画面中心位置，以达到突出主体的目的或强调空间感。竖摇可作为主观镜头，模拟人的视线往上或往下看，直至垂直高度和深度；如自上向下拍摄一栋摩天大楼的长镜头，用竖摇就能完整而连续地展现其宏伟、高大的全貌。所以拍摄环境空间的全景镜头经常都以摇摄的方法拍摄。在影视广告拍摄中，摇摄也可以表现产品的细节或是展现一些令观众意想不到的故事情节。雷蒙德詹姆士（Raymond James）投资公司的广告中，一个巧妙的竖摇镜头表现了年逾百岁的老太太勇敢地尝试使用滑翔机飞行，这一镜头落幅在主角幽默的动作和生动的表情上，令观众捧腹（见图8-8）。

摇镜具有高度可操控性，它可将人们的视线随着镜头运动而转移注意力，将视线从一个主体移到另一个主体身上，这种由一个移动的主体引出另一个移动主体的方法就是交叉摇镜的模式。它所表达的是摇镜的方向是可以改变的，先朝一个方向

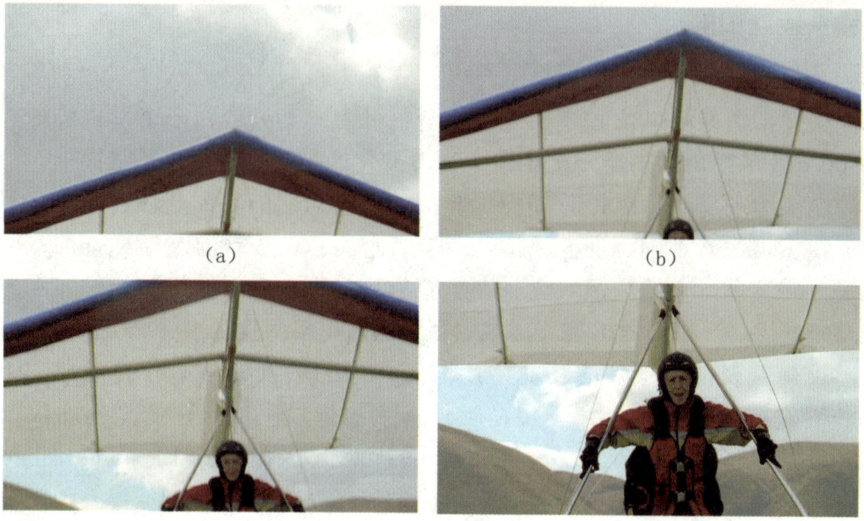

(a) (b) (c) (d)

图8-8 Raymond James 投资公司广告

前进，然后再朝相反的方向前进，犹如舞厅里的跳舞，动作持续，不曾停止。这种表现连续运动的状态，形成构图形式的不断变化，加强了对事物的强化意识。

追摇主要用于表现主体的动态、趋势。当观众希望跟踪主体在场景中的运动时，就可用长焦距镜头追摇某运动主体，在实况转播的运动比赛中最容易看到这种方式拍摄的画面，例如在足球场上摇镜很容易瞄准一个球门，然后遥至另一个球门。在影视广告拍摄中，利用追摇使拍摄的方向、角度、速度均以运动物体为基点，当镜头摇速与被摄主体运动速度一致时运动主体始终保持清晰，达到突出主体的效果。鹿特丹国际电影节（International Film Festival Rotterdam）2010年的广告宣传片几乎全片都是使用追摇的手法拍摄的。影片中尽管参展电影中的人物频频出现，摄影机的焦点却一直放在拉着行李箱缓缓前行的主角身上，追随着他越过一个个片场，用主角的执着体现着这个有四十年历史的电影节对独立电影的坚持态度（见图8-9）。

摇摄可利用性质意义相近或相反的两个主体通过摇镜头将它们连接起来，表示某种暗喻、对比、并列、因果关系。在表现三个或三个以上主体或主体之间联系时，镜头摇过或作减速、或作停顿，以构成一种间歇摇。间歇摇在一个镜头中形成了若干段落或间歇，常常用来表现或揭示一组画面主体由于某一因素或原因所构成的内在联系，强调空间的统合及人与物的连接性，因而在纪实性影片中具有不可置疑的论证力量。

一个稳定的起幅画面后快速横摇，是摇镜的变奏，经常用它来转换镜头，代替硬切。极快的速度使画面中的形象全部虚化，造成两个镜头的同时性。可用此方法连接不同的场景，以形成具有特殊表现力的甩镜头，这种甩镜头组接的画面动

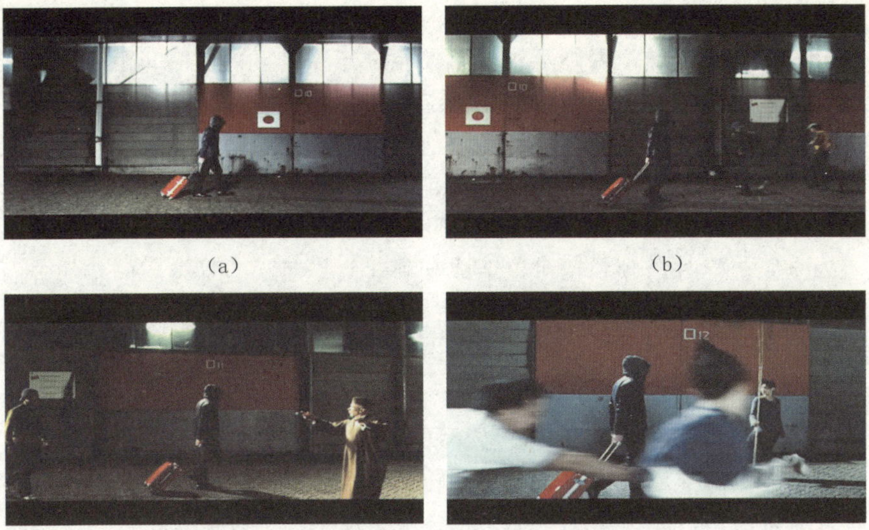

(a)　(b)　(c)　(d)

图8-9　鹿特丹国际电影节广告宣传片

感更强、力度更大，整个画面从急停到急速运动再到急停反复多次，使画面运动有一种突然性和爆发力。比如，2010年克里奥国际广告奖得主耐克（Nike）Human Chain广告中，一个甩镜头，起幅落在素有暴徒之称的昆顿·杰克逊（Quinton Jackson）爆发性出拳的紧张时刻，然后甩虚，最后落在杰克逊重拳捶在对手身上，这个从挥拳至虚化再到落拳的运动历程，非常具有速度感和视觉冲击力的画面刻画出杰克逊那种在赛场上君临一切、无法阻挡的运动天赋（见图8-10）。

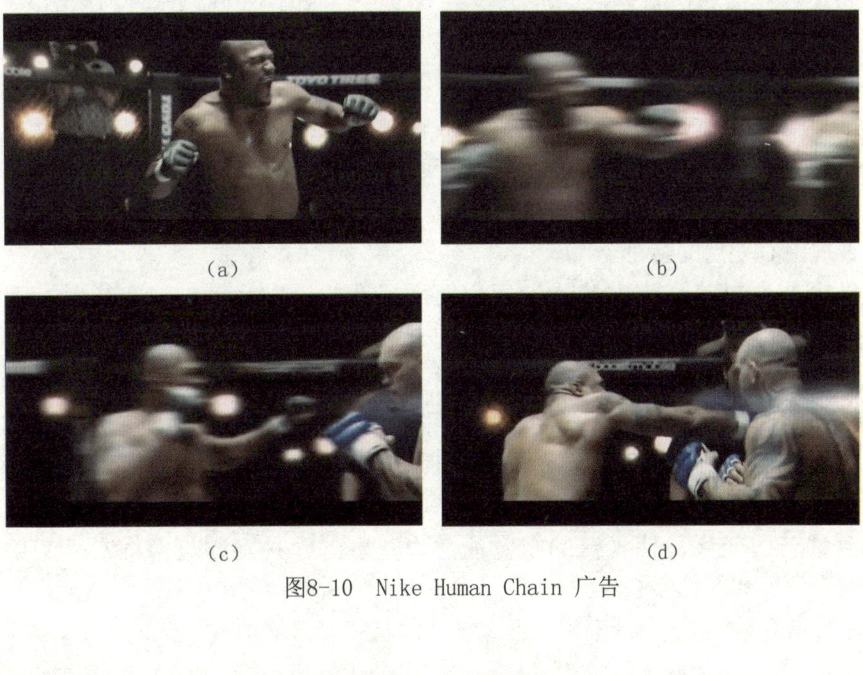

(a)　(b)　(c)　(d)

图8-10　Nike Human Chain 广告

由于甩镜头表现的不是同一视域区内的事物，因而拍摄时要求甩的部分（急摇的部分）一定要甩虚，否则从视觉上不能拉开各组事物的空间距离，就与间歇摇无区别了。拍摄时急摇的部分应注意选择纵向线条丰富、较密集的、有层次的景物，才容易得到好的效果。

斜摇即旋转摇，如果想使画面具有包含倾向性的张力，最有效和最基本的手段就是让画面倾斜。倾斜可以破坏观众欣赏画面时的心理平衡，造成一种不稳定感、不安全感。同时，倾斜也可以造成一种欢快、活跃的气氛。倾斜的画面不稳定、不平衡的因素更为强烈。例如迪奥午夜毒药（Dior Midnight Poison）香水广告中就用了接连两组很成功的倾斜式环摇。第一组摇镜头好莱坞女星爱娃格林（Eva Green）化身午夜妖姬像舞者般挥动修长双臂展开蓝色裙裾；接下来的一组摇镜头描绘她拖着长长的裙摆从旋转楼梯自下而上的奔跑，画面随着爱娃的运动带有一定角度的追摇过去，只见天旋地转、衣裙翩翩，仿佛她已化身为毒药香水缓缓注入香水瓶中，与之融为一体，抽象地表现了那种刺激、诱惑而又略带危险性的氛围，突出了产品的特性，令观众的心也中了毒似的随着画面旋转起来。影视广告中，这样大胆的、造型新颖独特的旋转摇摄镜头，会帮助画面获取视觉上的冲击力和吸引力（见图8-11）。

使用摇镜头拍摄手法，首先要处理好起幅和落幅画面。起幅和落幅画面不仅要有比较完美的景别和构图，而且在拍摄时一般要有3～5秒的停留；其次，镜头的摇动要匀速，时快时慢会给人不流畅的视觉感。运动的速度就是画面的节奏和韵律，应与画面内在的情绪和节奏相对应，并且有明确的目的性。再次，拍摄摇镜头时，还要讲究摇动的方向，横摇一般自左向右摇，这样比较符合人们横向观察的习惯；竖摇通常根据自上而下和自下而上摇动的不同心理感受作出决定。但不管是横摇还是竖摇，摇镜头不能连续使用。

2. 推摄

推摄是指通过摄像机（光轴）向被摄主体推进，或者将镜头焦距从短逐渐变长，使拍摄画面范围不断缩小，最后集中到主体的拍摄方法。用这种方法拍摄的运动画面，称作推镜头。推镜头是主观视点镜头中常用的手法，用来强调兴趣点，表现中心视点的特征。

推摄是为跟踪镜头主体或探索空间而展开的镜头运动；它可以是一个简单的画面主体镜头，也可以是一个复杂的长镜头。在一个连续流动的运动拍摄中，随着摄像机或镜头的向前推进，场景和构图发生变化，被摄主体的形象逐渐由小变大，而其周围环境则由大逐渐变小，随着次要部分被移出画面。从大景别起幅不间断地向小景别发生变化，至落幅，保持了画面时空的连续和统一。这种匀速的推进过程给观众一个等待的时间，影视广告经常运用这种拍摄手段表现商品由整体到细节的变化，使观众的视觉注意力随着画面景别的逐渐缩小而集中到特

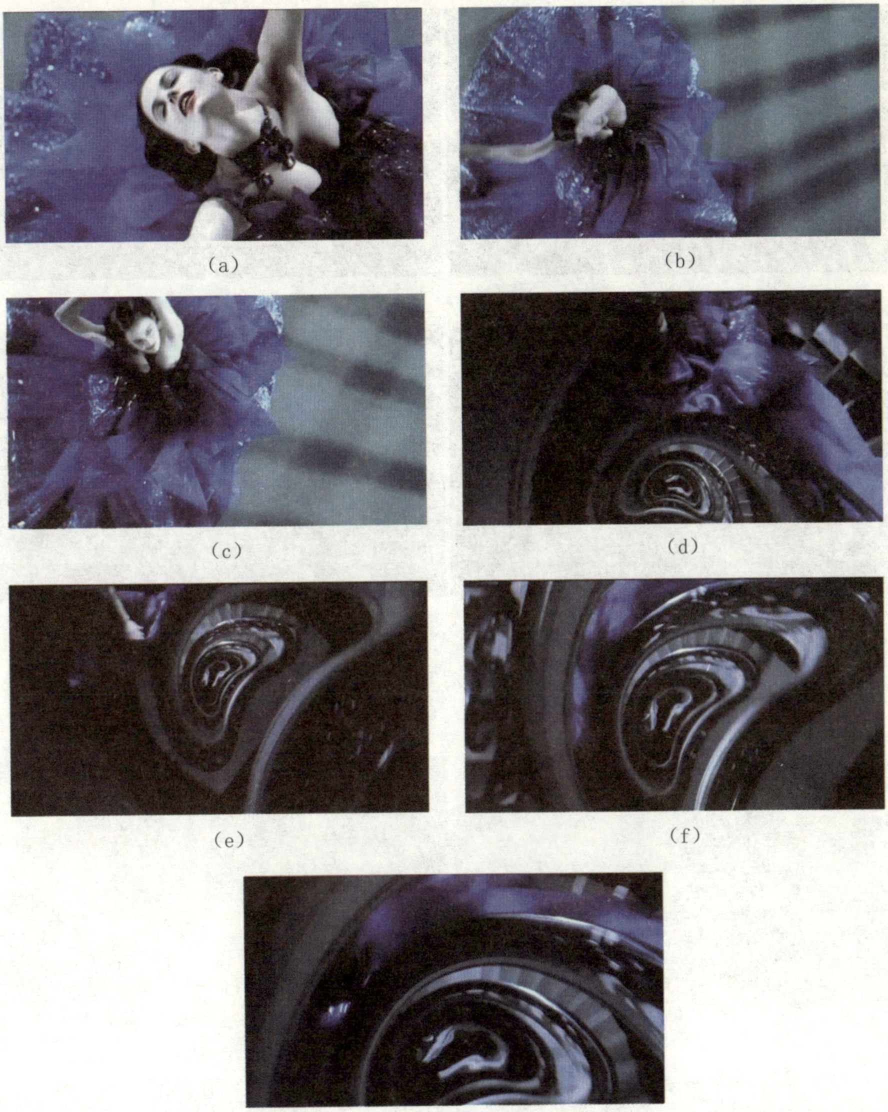

图8-11 Dior Midnight Poison 香水广告

定的品牌上，给观众留下较深的印象,起到强记品牌的作用。在莲娜丽姿（Nina Ricci）香水广告中，两组推摄画面强调了产品的梦幻和浪漫。图8-12的水晶球推摄画面首先将观众带入了一个童话般的世界。接下来的推摄镜头表现了女主角进入到童话里的房子，推开门后脸上惊讶的表情（见图8-13）。这两组镜头虽然并没有直接表现产品，却唤起了观众的好奇心，从侧面反映当女人看到这款香水时的欣喜感受,起到宣传产品的作用。

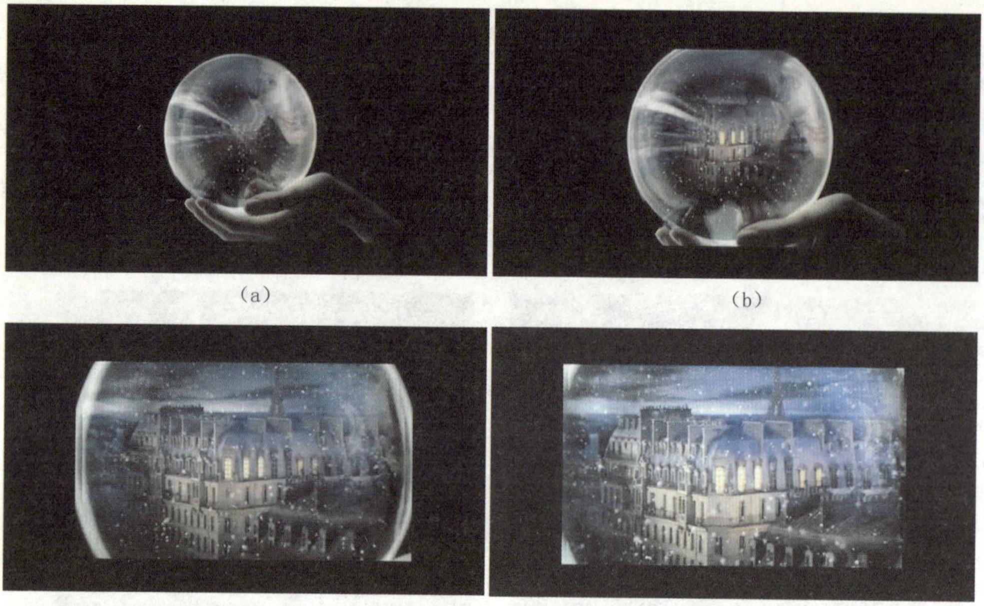

(a) (b) (c) (d)

图8-12 Nina Ricci 香水广告（一）

(a) (b) (c) (d)

图8-13 Nina Ricci 香水广告（二）

推镜头始终处于运动中，推的速度，对画面效果产生直接影响，形成不同的运动节奏，带有强烈的主观性。特别是急推时，被摄主体被急剧拉近镜头，由远景急速推成近景，造成强烈的视觉冲击力，把观众的注意力集中到特定的较小的画面上，产生震惊、急促、紧张、兴奋、强悍之感觉，在叙事上起强调作用。而缓慢的推镜头是使被摄主体悄悄被接近。被摄主体画面在缓慢中逐渐发生变化，表现出画面平稳、宁静的感觉，这种主观镜头常常用做对情绪渗透的表达。

推镜头可以加强或减弱主体的速度感，当摄像机迎着运动的被摄主体推摄时，画面效果动感强烈，加快了主体的运动速度，可用来拍摄运动产品广告。而当镜头推向逐渐远去的背向主体时，由于是同向运动而减缓了主体远离的速度，可用这种拍摄手法获得渐行渐远的结束镜头。

推镜头在推进时要平稳，焦点要准确，画面景别要恰当，速度要均匀，并与画面内在的情绪和节奏相一致。

3.拉摄

拉摄是指摄影（像）机光轴逐渐远离被摄主体，或者镜头焦距从长逐渐变短，被摄主体由近至远，画面取景范围不断扩展，形成一种纵向空间变化。用这种方法拍摄的画面称拉镜头。

拉镜头拍摄镜头向后运动，银幕空间不断展开,画外信息不断进入的过程，随着镜头的拉开，被摄主体从局部到整体，从不完整到完整，给人产生“原来如此”豁然开朗的心理感受。这种调动观众思维，引导观众主动参与的画面，也是影视广告经常使用的拍摄手法。此外，由于拉镜头所表现的空间扩展会反衬出被摄主体的远离和缩小，形成空间上的远离感。从视觉感受上讲，有一种退出和终结感，所以经常用作退场镜头。

拉镜头时要目的明确，选择好起幅和落幅,镜头在拉开的过程中要平稳。缓慢的拉镜头会使画面在不易察觉中达到新的组合，观众的视线渐渐被带入新的情节中，这种镜头运动形成一种舒缓的氛围。急速的拉镜头则表达的是突然跃出的感觉。所以拉镜头的速度应与画面内在的情绪和节奏相一致。图8-14圣罗兰（Yves Saint Laurent）香水广告中用一个拉镜头的画面表现了女主角陶醉在犹如巴黎朝阳清新味道的香水产品中。

二、摄像机机位运动

1.移摄

是指摄像机随其机位运动变化而进行的拍摄，用移动方式拍摄的影视画面称为移镜头。移动镜头从拍摄技术上分为：轨道车移动拍摄、摇臂移动拍摄、手持摄像机移动拍摄、航空拍摄等。

移动摄像,使摄像机摆脱了定点拍摄方式。摄像机可以在所能进入的空间里随意运动并通过运动形成多角度、多景别、多构图的画面。有时只要稍稍改变一下

图8-14 YSL香水广告

摄像机的位置或角度就能形成一个全新的、引人注目的构图。移动拍摄最大的优点在于对复杂空间表现上的完整性和连贯性，不仅对画面空间进行立体的多层次的表现，同时还可以有控制地逐一展现景物。

移镜头在表现大场面、多层次的复杂场景时具有气势恢宏的造型效果。比如在拍摄游行或团体操表演等一些大型活动时，为表现列队方阵内部的队形变化或众多参与者的表情及动作，常常会需要进入列队的人群中拍摄一些移动镜头，这样拍摄能够表现强烈的运动感和纵深感。在影视广告中大量的航拍镜头都是用移镜拍摄，将观众视点带入居高临下、极目远望中，辽阔无垠的壮美河山尽收眼底，扩大了画面表现空间的容量，形成了浩大的气势。

横移（truck）是指摄影机与支撑系统一起向左或向右运动拍摄，这时，摄影机与支架是相对固定不动的。这种拍摄方式用来对主体运动进行跟随拍摄。横移镜头打破了画面两边的框架限制在视觉上拓展了画面的横向空间。例如将摄影机放在轨道车上作水平移动，摄影机在空间范围内按照运动轨迹进行运动拍摄。画面内的物体不论是出于运动状态还是处于静止状态都会呈现出画面的视觉变化。使观众跟随连续变化的视点，产生运动视觉体验，如同身临其境的感受。斯米诺夫伏特加酒(Smirnoff Vodka) 广告中，摄像机跟随男主角在白雪茫茫的白桦林中奔跑，表现出产品“纯粹即是所有”的主题意境（见图8-15）。

(a) (b) (c) (d) (e) (f)

图8-15 Smirnoff Vodka 广告

纵移（dolly）是指摄影机与支撑系统一起前后移动拍摄。纵移拍摄时，可以使用有轮子的三脚架，还可以坐在铺设轨道的台车上进行拍摄。这种拍摄方式常用来表现视野的变化、交代背景信息以及情节的引述。例如，用纵移拍摄来跟随主体的移动，交代画面中人物探索某一环境的过程。向前或向后移动镜头就使画面向纵深空间得到延续，增强了画面的空间立体感。特别是在表现纵深的大场面时更能获得气势宏伟的效果。例如，古驰（Gucci）香水广告中，纵移拍摄跟随女主角喷着火焰的豪华座驾在栉比鳞次的高楼大厦中穿梭，令画面恢宏、气势磅礴，衬托了产品高档的形象（见图8-16）。

(a)

(b)

(c)

图8-16 Gucci 香水广告

运用移摄，在拍摄过程中还应注意保持摄影机的稳定，力求画面平稳。不管是什么方向、什么形式的移动拍摄，用广角镜头来拍摄均会取得较好的画面效果。移动拍摄使摄影机与被摄主体之间的物距处在变化之中，拍摄时应注意随时调整焦点以保证被摄主体始终在景深范围之中。

2.跟摄

是摄影（像）机始终跟随运动的被摄主体一起运动而进行的拍摄。用这种方式拍摄的影视画面称为跟镜头。跟镜头大致可以分为前跟、背跟、侧跟三种情况。跟镜头是要记录主体的运动过程和状态，具有下列特点。

首先，跟镜头的摄像机运动是以运动的被摄对象为依据和契机，由于摄影（像）机运动的速度与被摄对象的运动速度相一致，这个运动着的被摄对象在画框中处于一个相对稳定的位置上，而被摄主体以外的陪体、背景和环境则始终处在变化中，表述主体的运动方向和速度并根据主体的运动速度来决定跟镜头的运动速度。

其次，被摄主体在镜头的开始至结束时均呈现为一个相对稳定的景别。目的是通过稳定的景别形式，使观众与被摄主体的视点、视距相对稳定，对被摄主体的运动表现保持连贯，进而有利于展示主体在运动中的动态、动姿和动势。

背跟镜头，由于观众与被摄人物视点的“合一”，表现出一种主观性镜头。跟镜头表现的视向就是被摄人物的视向，画面表现的空间也就是被摄人物看到的视觉空间。这种视向的合一，将观众的视点调度到画面内跟着被摄人物走，从而表现出一种强烈的现场感和参与感。在影视广告拍摄中，背跟方式是导演将观众直接引入剧情，使观众产生与剧中人物相似的主观感受的有力手段之一。例如，索尼T100型（Sony Cybershot T100）数码相机广告是手持拍摄的跟拍镜头，导演先运用了图8-17（a）、（b）的中景前跟镜头和图8-17（c）、（d）的特写背跟镜头穿插拍摄，最后落在图8-17（e）、（f）的过肩特写背跟镜头上，在此越过女主角的肩头，将观众引入剧情中，使其追随着女主角一起“观看”了一场热闹的嘉年华。

跟镜头拍摄基本要求要注意跟上、追准被摄对象，应力求将他（它）稳定在画面的某个位置上。画面的平稳运动是保证观众稳定观看的先决条件。跟镜头是

(a)　(b)　(c)　(d)　(e)　(f)

图8-17　Sony Cybershot T100 数码相机广告

通过机位运动完成的一种拍摄方式，焦点的变化、拍摄角度的变化、光线入射角的变化，也是跟镜头拍摄时应考虑和注意到的问题。

3. 升降拍摄

摄影（像）机借助升降装置，一边升降一边拍摄的方式叫升降（crane）拍摄。用这种方法拍到的影视画面叫升降镜头。升降拍摄是一种较为特殊的运动拍摄方式，我们在日常生活中除了乘坐飞机、乘坐建筑工地的升降电梯等情况外，很难找到一种与之相对应的视觉感受。它的画面造型效果突破了现实平凡的视线约束，表现了一种释放心灵和轻松随意的生活态度，很容易把观众带入新奇、独特的情境之中。

升降拍摄通常需在升降车或专用升降机上才能很好地完成。我们有时候也可肩扛或怀抱摄像机，采用身体的蹲立转换来升降拍摄，但这种升降镜头幅度较小，画面效果并不明显。升降镜头在作上下运动的过程中也形成多视点的表现特点，其具体运动方式可分为垂直升降、斜向升降、不规则升降等。

升降镜头的升降运动使画面视域扩展和收缩；所谓“登高而望远”，当摄像机的机位升高之后，视野由近及远向纵深逐渐展开，拍摄鸟瞰场景。而当摄像机的机位降低时，镜头距离地面越来越近，所能展示的画面范围也逐渐变窄，从全景镜头进入场景的细节。升降镜头视点的连续变化形成了多角度、多方位的构图效果，给观众以丰富多样的视觉感受。

升降镜头用在段落的开头，不但能强调现场感，同时也交代了地点和环境，由升降镜头介绍场景，如同叙述历史故事，感觉遥远、悠久，升降镜头就是借着穿越空间，让观众领略空阔、深邃，并任凭幻觉去感受现实。图8-18的哈根达斯（Häagen Dazs）冰淇淋广告开场以一个升降镜头交代了剧院环境并将男女主角带入场景中。镜头先放在舞台上天鹅湖芭蕾舞剧中主要舞者的身上，然后逐渐上升，观众随着摄像机视线看到了整个舞台和剧院场景，至最高点时镜头落在了广告中男女主角的身上，令观众期待接下来将要发生的故事。

(a)　(b)　(c)　(d)　(e)

图8-18 Häagen Dazs 冰淇淋广告

升降镜头也有利于表现高大物体的各个局部，升降镜头在垂直地展现高大物体时不同于垂直的摇镜头：垂直的摇镜头由于机位固定、透视变化，高处的局部可能会发生变形；而升降镜头则可以在一个镜头中用固定的焦距和固定的景别对各个局部进行准确的再现。以拍摄同一幅悬挂起来的巨型竖幅标语为例，用竖摇镜头从最上一个字摇到最下一个字，本来一样大的字体会在画面中呈现出由小到大的变化；而用升降镜头拍摄时，画面中的字从头至尾基本是一样大。法式连接（French Connection）服装品牌广告片中，导演用升降镜头拍摄男主角的面部表情和脚的动作，以此来生动表现爬杆的男主角的紧张心理（见图8-19）。在此，利用升降机拍摄的这两个画面并没有因为透视关系而产生变形。

升降镜头可以表现出画面内容中感情状态的变化：升降镜头视点升高时，镜头呈现俯角效果，表现对象变得低矮、渺小，有蔑视之意；当其视点下降时，镜

(a)

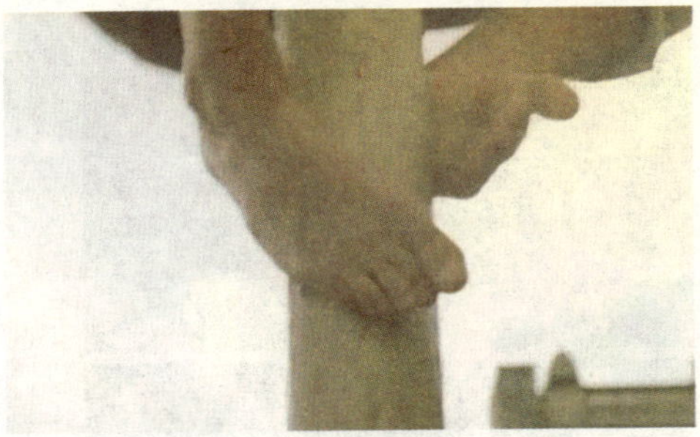

(b)

图8-19 French Connection 服装广告

头呈现仰角效果，表现对象有居高临下之势，造型本身带有敬仰之感。这种俯仰角度的情感效应与固定的俯仰镜头是一致的，而升降镜头感情状态的变化却是在连续的升降运动中得以表现出来的，因此又与前者有很大程度的不同。此外，镜头的升降运动还可以起到深化画面意境、发挥情感余韵等造型作用，常在影片的段落结尾或全片结束时得到运用，但它也让观众产生一种“距离感”，会影响影片内容的真实感和客观性。

三、综合运动拍摄

综合运动拍摄是指摄影（像）机在一个镜头中把推、拉、摇、移、跟、升降及变焦距镜头运动等多种运动摄像方式结合使用，构成一种更加复杂多样、更为流畅活跃的表现形式，能在复杂的空间场面和场景中取得收放自如、变化多端的视觉效果，用这种方式拍摄的影视画面叫综合运动镜头。

综合运动拍摄呈现出多种形式，大致可分为三种情况：第一种是先后方式，诸如推摇镜头（先推后摇）、拉摇镜头（先拉后摇）等；第二种是包容方式，即多种运动摄像方式同时进行，比如移中带推、边移边摇等；第三种是前两种情况的混合运用。运动拍摄方式不论是先后出现还是同时进行，都在一个镜头中形成了多景别、多角度的构图画面和视点效果。在约翰·路易斯（John Lewis）英国百货公司广告宣传片开篇以综合运动镜头来表现一个小女孩的成长（见图8-20）。镜头先是由远推进母亲的手,将襁褓中的小婴儿抱起来；然后摇低镜头显示妈妈将已是蹒跚学步的小宝宝放在地上，一个平摇镜头跟随着宝宝爬过玩具隧道；玩具隧道另一头爬出已是小学生的女孩，接下来的纵摇加推进镜头描绘小女孩拣起地板上的纸飞机坐到教室里的课桌旁；最后旋转摇镜头从小女孩正面摇至侧面，将其置于一个绚烂的逆光画面中。在此，运用综合运动拍摄描绘了小女孩由婴儿成长为一名小学生的过程，表现出约翰·路易斯百货公司为顾客全心服务的宗旨。

以上由镜头的综合运动所形成的影视画面，其运动轨迹是多方向、多方式运动合一后的结果。它开拓了再现生活、表现生活及观察和认识自然景物的新的造

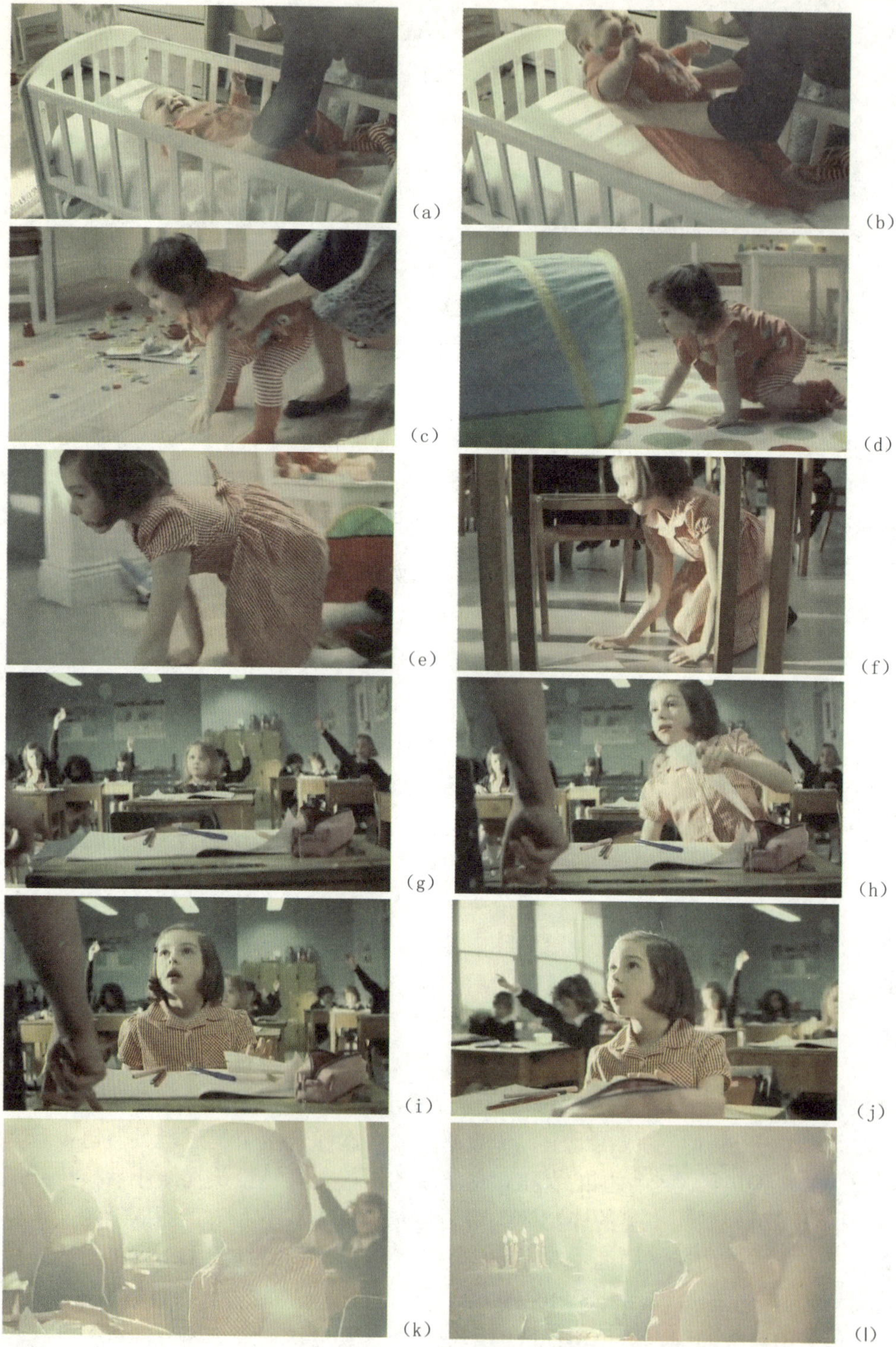

图8-20　John Lewis 百货公司广告

型形式。

综合运动镜头有利于在一个镜头中记录和表现一个场景中一段相对完整的情节。通过综合调度镜头的各种运动形式，随着情节中心的转移不断变换着画面的表现空间和形象内容，把多样的形式有秩序地统一在整体的形式美之中，构成一种活跃而流畅、连贯而富有变化的表现形式，使得画面中仿佛流动着一种富有意蕴的旋律，从而引发了观众的视觉关注和审美感受，显示了其独特的艺术表现力。

综合运动镜头在表现时空时是连贯而完整的，尽管景别、角度、画面节奏等因素不断变化，但画面在对时间、空间的表现上并没有中断，它使画面空间在一个完整的时间段落上展开，保证了纪实性影片过程的连续和真实。

综合运动镜头的拍摄是一种比较复杂的拍摄，由于镜头内变化的因素较多，在影视广告拍摄中需要考虑和注意的地方也较多，归纳起来有以下四点。第一，除对画面的特殊效果要求外，综合运动镜头的运用应力求保持画面平稳，画面大幅度的倾斜和晃动，都会令观众产生一种不安和眩晕，破坏画面的观赏性。第二，在综合运动拍摄时应尽量做到完美结合画面外部的变化与画面内部的变化。镜头运动的每次转换需力求与被摄主体动作和方向转换一致，与故事情节和情绪发展的转换一致。第三，拍摄时要始终将主体形象处理在景深范围之内，注意机位运动时的焦点变化，同时也要注意到拍摄角度的变化对造型的影响。因综合运动拍摄的情况复杂，容易出现穿帮镜头，所以需谨防拍摄中工作人员的影子入画等低级错误。第四，综合运动拍摄对拍摄团队的默契配合要求较高，应尽量使工作人员做到协同工作，步调一致。否则会影响升降机的控制，造成移、跟过程镜头运动不到位，甚至会发生话筒线绊倒摄影师等重大失误，造成严重后果。

第三节　长　镜　头

长镜头（long take）理论形成于20世纪50年代，法国影评人巴赞根据他“电影的照相本性”理论，首先创立了长镜头理论。巴赞认为：“摄影机摆脱陈旧的偏见，清除了我们的感觉在客体上的精神锈斑，唯有用这种冷眼旁观的镜头能够还世界纯真的原貌，吸引我的注意，从而激起我的眷恋”。他认为电影具有任何艺术都不具备的反映现实的优势。因此，电影应成为最现实主义的影像表现，为人们展示平时容易被忽视的真实景象。在电影发明之初，剪辑技巧还没成为专门的制作手段时，电影画面大多是采用长镜头拍摄的。长镜头是指在一个镜头里不间断地表现一个事件的过程甚至一个段落，它通过连续的时空运动把真实的现实自然地呈现在屏幕上，形成一种独特的纪实风格。在拍摄长镜头时，通过摄像机的运动，形成多角度、多机位的效果，造成画面空间的真实感和一气呵成的整体感。因为不用切割空间，能保持运动画面的整体性，故有人把长镜头称作“镜头内部的蒙太奇”。这种运动画面在节奏上比较缓慢，故抒情气氛较浓，这也就是我们常说的长镜头表现的叙事手法。

因长镜头本身带有技术上的客观性，拍摄出的影像是对外在世界的记录，这种真实的透明感，更能打动观众，不妨借用这种手段拍摄某种环境下的产品广告，也许更能获得消费者的信任。

蒙太奇与长镜头作为两种各具特色的视听表达语言，其在实践中展现出不少相同与不同之处：在长镜头中，创作者往往以观察者的旁观姿态出现，保持冷静客观，力求把自己的主观倾向，包括自己的美学追求、对造型的欲望隐蔽在客观记录的事实影像后面，用一种策略的、非直接的表现形式，尽量不让观众感觉到人工强化的痕迹，使之更接近生活，避免蒙太奇所惯用的对素材的浓缩和整合。而在蒙太奇的叙事中，创作者常以事件参与者的姿态出现，表现出对事件和人物的明显主观反应，主张通过直接的造型、剪辑手段来影响观众。

长镜头讲究的是维持真实时空的连续性，可在同一个画框内，运用运动镜头如摇镜、升降镜头或移镜用长时间连续不断的记录画面的变化过程。维持真实时空的连续性，使画面形成丰富的戏剧变化。这种时空完整的镜头形成的缓慢抒情气氛，带给观众的是真实感、信任感。让观众发挥自己对影片中某一事物的思考和评价的主动性，蒙太奇是将简单的结构强加于多种变化的真实世界，追求的是将一个完整的景打碎成若干镜头，剪辑师替我们从真实生活中做选择，然后构成新的镜头，他代表的是个人的想法。

长镜头的叙事是一种非强制性的、开放型的叙事。由于它的记录接近现实生活，采用的是平实简洁的摄影，开放式的构图使场景内的任何景物、任何细节都清晰可见，这种戏剧效果的场面对维持空间的延续最为有效。长镜头常用在表现远景、深焦距的拍摄，它将现实视为一个整体，这种容纳事物的客观性呈现给观众的是更亲密的参与感和多义性的选择空间。蒙太奇叙事是一种强制性的封闭叙事，创作者会调动一切造型手段和剪辑手法来营造一个明确的观念，呈现出来的是一种单向性的思维状态。

长镜头拍摄手法借助电影技术的革新使画面更接近真实：不仅注重从观众的视角出发，多采用自然光效，同时还注意同期声音的采集，以保证再现真实的生活环境。同期声的对白及音效不仅提高了真实性，还省去了冗长的场景说明，几句对白就可以向观众交待清楚剧情。蒙太奇则经常采用变速、虚焦点、人工光效方法，并通过剪辑技巧等各种艺术化处理的环节，来达到一种艺术化虚构的效果。

长镜头的叙事可以说是一种偏重摄影的叙事，因为长镜头通常是用变化拍摄角度和调整景别距离，以达到用一个镜头来完成蒙太奇叙事中一组镜头所担负的任务，因此许多思想观念的表达就是一个段落。而蒙太奇是一种侧重剪辑的叙事，它的单个镜头不是一个整体，只有通过剪辑，对它们按剧本形式进行排列组合，才能形成一种时间连续和真实的感觉。

蒙太奇叙事方法的主要特色是时空的跳跃性。长镜头的局限性在于它只能描述同时（相对而言）同地的故事，而不能像蒙太奇镜头那样实现时空的跳跃。所以，有时蒙太奇所表现出的优势是长镜头无法企及的。比如交叉蒙太奇，这是永远无法用“同时同地”的长镜头表达的。但是，正因为长镜头没有中断，则使观众不得不相信镜头所描绘的事物的真实性，这种手法一般在纪录片里经常使用。

长镜头以表现电影人物心理层次和变化过程见长，利用一条时间线将情绪逐渐推进，以达到宣泄情绪的效果，能够更好的渲染、烘托人物情绪和电影中的环境和气氛。而在表达情绪上，蒙太奇多采用将同样的情绪归拢在一起来展现，抒情蒙太奇在保证对叙事和描写的连贯性的同时，从不同侧面和角度捕捉事物的本质含义、渲染事物的体征，以达到表现思想和情感。对于表达情绪而言，长镜头和蒙太奇镜头可以达到同样的效果。长镜头拓展着情绪孕育的整个过程，而蒙太奇则通过堆积同类情绪达到烘托感情的目的。

图8-21是为反对家庭暴力热线（National Domestic Violence）拍摄的广告。这则广告看似平静，实则惊心动魄。长镜头在这里发挥其能够保存客观存在的时空连续性的作用，反映现实生活纪录片式的拍摄手法充分体现了演员的内心情感。女主角一边流泪一边用粉底遮盖面部和颈上的伤痕，整个镜头画面仿佛时时刻刻都在诉说着女主角的痛苦，广告结尾处门外传来喊叫声，女主角的蕴含了深意的惊恐一瞥构成整段影片的高潮，在此，连贯的长镜头令观众真切地感受到被害人内心的痛楚，抨击了家庭暴力所带来的伤害。

总而言之，长镜头与蒙太奇分别代表着两种美学观念：蒙太奇的叙事是主观的、表现的，而长镜头则是客观的、再现的；蒙太奇强调形象对列，而长镜头重

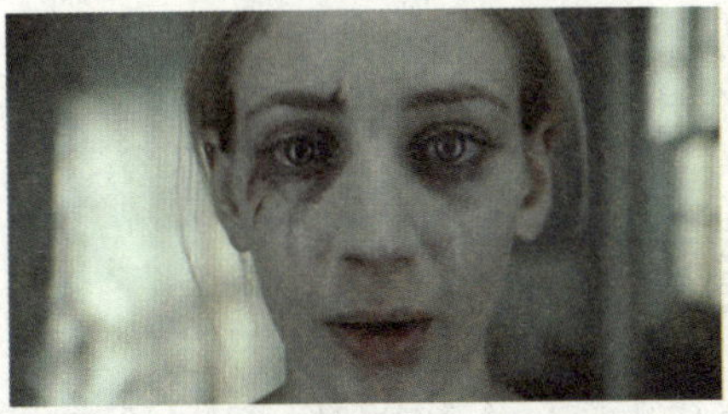

(a)

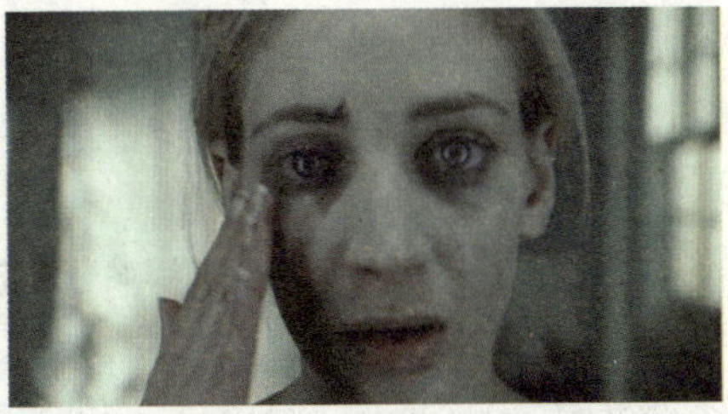

(b)

(c)

(d)

图8-21

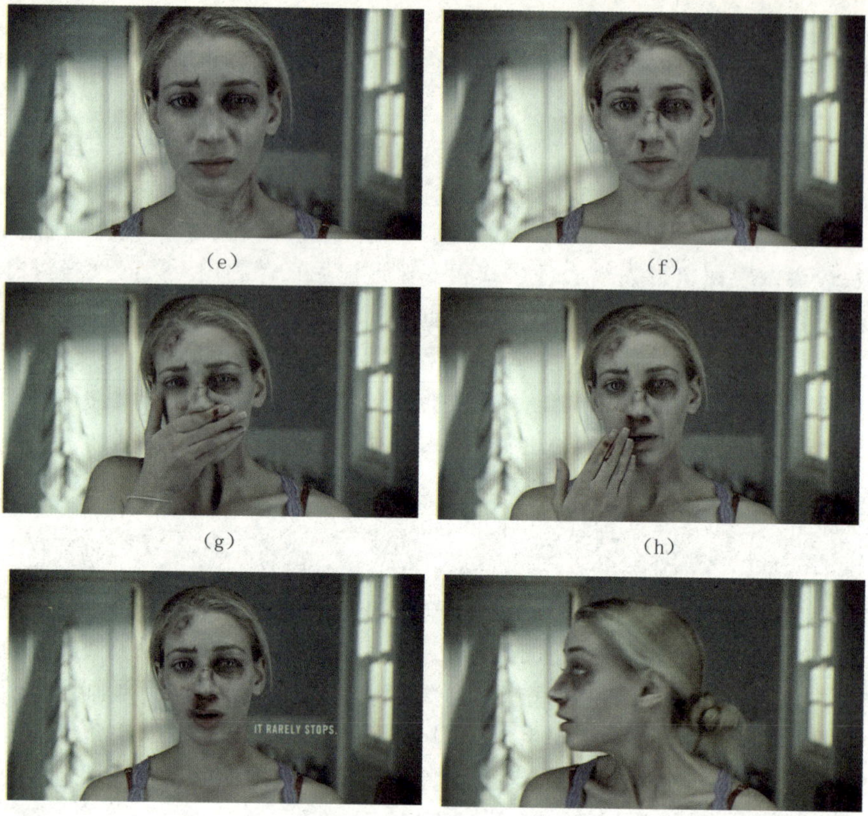

(e) (f) (g) (h) (i) (j)

图8-21　反对家庭暴力热线广告

视场面调度和时空连续；蒙太奇是剪辑的艺术，而长镜头是摄影的艺术；蒙太奇是强制、封闭的叙事，而长镜头是非强制性、开放型的叙事。

第四节　空　镜　头

空镜头（scenery shot）又称“景物镜头”，是指影视作品中对自然景物或场面描写而不出现人物（主要指与剧情有关的人物）的镜头。空镜头是用来介绍环境、交代时间空间、抒发感情、延伸意境、叙述故事情节、转换时空、调节剧情节奏、推进故事情节、表达作者态度的重要手段，是影视艺术诸多表现形式之一。空镜头又分主观空镜头和客观空镜头两大类。主观空镜头是人物眼中的、心理的和被刻意渲染的景物和感觉。客观空镜头是客观表现的环境景物以及过场性景物等，空镜头有写景与写物之分，只有景物没有人物的镜头，又称景物镜头。如画面上只有高山、流云、海浪、湖水、青松、雄鹰、鸳鸯等，这种画面往往用全景或远景表现。而用来表现物的镜头，多采用近景或特写拍摄，以达到对细节的描写。其实空镜头并不空，王国维在《人间词话》中："昔人论诗词有景语，情语之别，不知一切景语，皆情语也"是对空镜头最好的诠释。

空镜头是电影艺术特有的表现手段，它的主要表现功能有以下五方面。

其一，作为对周围环境忠实记录的客观空镜头，常常被摄像师以推、拉、摇、移及定格等格式，用来交代事件发生的时间、地点、环境。以此衬托人物情绪或表达对事物的看法、观点。图8-22自然保护组织Quercus全球变暖公益广告开场用了一个推进的空镜头，由远及近的描绘出大自然遭到破坏，树木枯萎、黑云遮日的场面。

(a)　　(b)　　(c)

图8-22　自然保护组织Quercus全球变暖公益广告

其二，空镜头的运用，不只是单纯描写景物，而是把客观的景物与主观情绪结合起来运用。如用于揭示人物心理的主观空镜头，在表达人物内心世界、渲染情绪氛围时都有很好的作用。对于某些特定的物或景来说，虽然是用空镜头来表现，但由于人们已经赋予了它特定的意义，人们只要看到这种物或景就能够联想到某种特定的东西。运用比喻、象征功能，唤起观众的联想，借景抒情，进而烘托和揭示人物心理变化，升华人物情感，增强艺术表现力和情节感染力。法式连接（French Connection）女装广告的结尾，导演用一个老式钢琴特写键盘的定格镜头来表现了产品的朴实与古典气质，唤起观众在自己心目中对这一品牌的联想（见图8-23）。

图8-23　French Connection 女装广告

其三，空镜头可用来调节影片的节奏，衬托环境、渲染情绪，创造作品意境美和节奏感。空镜头可以通过不同速度的运动来烘托和表现相应的情绪和氛围。速度快的空镜头给人以热烈紧张、欢快豪迈、急切躁动之感，如飞驰的列车、紧密的锣鼓等。短促、动荡的空镜头给人心里上造成某种紧迫感。而慢速度、慢节奏、平稳的空镜头，不仅能使节奏变的舒缓，还带来具有伤感、凝重、沉静的视觉效果。在香奈尔五号（Chanel No.5）香水广告中，导演用固定机位拍摄的火车缓缓在桥上行驶过的镜头预示着香水的味道带来的“列车奇缘”在片尾铸成的永恒回忆，突出了5号香水令人难忘的气息（见图8-24）。

图8-24 运用空气镜头的 Chanel No.5 香水广告

其四，运用空镜头实现镜头间的过渡转场是一种常用的艺术手法。在影视作品中，它作为时空转换的手段实现空间的过渡转场，使观众把握情节的段落层次，通过空镜头使观众对前一段落的思考、回味逐渐停下来，获得一个短暂缓冲之后，调整情绪，接着再翻开新的段落。在迪奥花漾甜心香水（Miss Dior Cherie）广告中运用几个空镜头来过渡转场表现了甜心小姐娜塔莉·波特曼（Natalie Portman）浪漫、甜蜜的生活。例如，阳光洒满枝头的空镜头描绘了甜心小姐愉悦的心情[见图8-25（a）]；美丽的玫瑰花预示着女主角甜蜜的爱情[见图8-25（b）]；游过湖面的天鹅代表着女主角高贵优雅的生活情趣[见图8-25（c）]。空镜头的运用在此给整个广告增添了一种渐进式的浪漫情绪，令蜜糖般的气氛越来越浓，衬托出产品的特性。

(a) (b) (c)

图8-25 Miss Dior Cherie 广告

其五，在影片结尾使用空镜头能给观众留下无尽的思索，善用政治和性题材做文章的牛仔品牌李维斯（Levi's）在它的广告结尾用了一个烟火背景下LED灯拼出的英文“美国”（America）的空镜头，意蕴深远令观众回味不尽（见图8-26）。

图8-26　Levi's 广告

总的来说，空镜头在未来影视广告创作中的潜力是很大的，空镜头的运用已经成为了影视作品里必不可少的镜头。但是在运用空镜头时，要力避晦涩难懂、牵强附会，凡是与主题思想和画面表现无关的空镜头坚决不用，那种“画面不够空镜凑”的思想和做法是不可取的。

第五节　时间和空间的表达方式

影视时间与空间是构成影视画面的重要手段，时空表达方式即是影视独特的叙事方式。时间随着空间的伸缩而流动,空间随着时间的延续而变化，人与物的活动、变迁只有在时空变化中才能被感知和呈现。从时空关系来看，它侧重的就是时间的调度，通过时间来组织空间。

一、时间表达

在现实生活中人们只能感觉到时间的流逝，而谁也不能去改变它。在影视屏幕上的时间任凭空间的组合，打破现实时间的连续性，使时间概念演绎为非连续的连续感。影视作品的“时间”至少包括三种内含：故事的时间——即影视作品故事内容本身所占有的时间，播放的时间——在屏幕上占有的时间，心理的时间——即观众观看影视作品时所感受到的时间长度。影视广告播出的时间是以秒为单位计算的，一般有5秒、15秒、30秒、60秒等。

影视广告片作为一种极富魅力的诉求语言，　如果屏幕没有吸引人的视觉效果，观众是不会停下来观看的。所以广告片必须从视觉快感来吸引观众，做到画面美、构图巧、创意新，才会引起观众对它的兴趣和注意力。一部优秀的影视广告片必须立足于有限的时间篇幅内去调动拍摄手段对画面进行强调、夸张，并用各种技术手段来创造广告背景的气氛和意境，使观众百看不厌，从而在不知不觉中达到目熟能详的地步。如何在有限的时间内表达丰富的内涵？这就要把握好对时间的表达。时间表达的时序通常有顺时序、倒时序和平行交叉三种形式。时间表达方式有复现式、压缩（省略）式、延长（扩展）式。

1.复现式

复现式是影视时间最基本的表达方式，是指屏幕上的视像运动表达与客观现实生活中感知相一致。例如，在利用“长镜头”拍摄手法的画面中可使“故事的时间”、“播放的时间”甚至“心理的时间”三者达到均等分布。但是节目中的实时完全不同于现实生活中的实时。因为即使在单个镜头里，不同的焦距、视点、机位及其运动，以及镜头的空间调度等，也会影响改变观众的心理时间感。这种实时的时间表达在纪录片惯用的长镜头中表现得最为明显。

2.压缩（省略）式

压缩式是影视中最常使用的一种时间处理方式。时间的省略和压缩是叙事的需要，影视作品由于播出时间和篇幅所限，不可能将漫长的“现实时间”全部容纳于其中，它必须“择其善者”——选择最能强化矛盾冲突的段落、最能打动观众内心的段落加以表现和刻画。省略并不是作简单的减法就行了，而是浓缩在原有的时间序列中选择对创作主题有用的片断，组建成一个连贯的完整的时间结构，一般是指把在同一时间或空间拍摄的前一个镜头与后一个镜头恰到好处的连接在一起，也可把两个不同空间同时发生的事情并列在一起。还可以利用空镜头对时空的转换来压缩时间，简化叙事的过程，给人造成一种真实时间感。如观众透过前一个镜头看到的是烈日炎炎的夏日，下一个镜头则已是白雪皑皑的冬天景致，这种通过景物将叙事时间加以压缩的方式就形成了电影时间。这种压缩式时间表达，经常用在叙事性较强的题材中。虽然是带有主观性，但表现出的却是客观的可靠性，在影视广告中不乏使用。

3.延长（扩展）式

在影视中为了特殊目的或艺术表现力也时常用延长时间来达到所需效果。一般会通过把不同景别的镜头有序地组织在一起构成一个连续的完整的空间，这是将叙事时间加以扩大和延长的一种表达方式。它在某种程度上决定着怎样在影视作品中创造引人入胜的精彩段落。

影视中延长时间的方法很多，例如，在事件过程中穿插反映细节的特写镜头或在故事结尾时通过摄影机运动拍摄推出一个特写或大特写以达到提示作用；或先对同一动作用不同机位、不同景别来拍摄，然后通过剪辑连接在一起，这即是平行蒙太奇使用时最常见的手法之一。另外，影视拍摄中升格拍摄和慢镜头处理也是延长时间的有效方法。

二、空间表达

电影是什么？电影的观念是什么？其实就是电影的时空观念。从蒙太奇到长镜头，再到现代的意识流电影，无数的电影艺术家致力于探索电影艺术的时空表现，不断丰富电影表现时空的手法。影视艺术是时间艺术与空间艺术的复合体，它既像时间艺术那样，在延续时间中展示画面，构成完整的银幕形象，又像空间艺术那样，在画面空间上展开形象，使作品获得多手段、多方式的表现力。

影视广告画面并不只是以再现真实的空间为目的。创作者们为了表现某种主观情绪，为了创造视觉意象，就会利用各种摄影技巧改变人们对真实空间的印象，通过一系列不同角度、不同景别的拍摄，形成多重空间的画面组合，以达到艺术创作的目的。一则广告作品，在不同的镜头组合中，由于连续运动拍摄会产生空间上的逻辑问题、空间结构的连贯问题、事物运动的对应问题、方向问题或交流问题，这些无形的方向线、对应线和交流线反映到拍摄当中就表现为轴线关系。为了解决逻辑问题，20世纪20年代的好莱坞制片工业就创造了“轴线”规律。所谓轴线，是影片中表现人物（或物体）的行动方向、人物的视线方向和人物之间交流而产生的一条无形的线，是拍摄中为保证空间统一感而形成的一条假象线。轴线直接影响着镜头调度，保持轴线的统一才能使画面的空间感保持一致。有关轴线问题详细介绍请参照第十一章 。

思考题

(1) 何为“固定画面”？应该如何拍摄“固定画面”？

(2) 简述运动拍摄的类型、特点、要领。

(3) 镜头运动和摄像机机位运动拍摄有何不同？请以1~2则广告为例具体分析。

(4) 请举广告实例分析综合运动拍摄及拍摄时需注意哪些方面的问题？

(5) 何为长镜头？分析长镜头与蒙太奇的区别。

(6) 何为空镜头？尝试用数码摄像机拍摄空镜头画面。

(7) 时间表达的方式有哪几种？

(8) 何为空间表达？

第九章 影视灯光设备

电影不仅仅是艺术，它首先是一种技术。要能将想象中的光与影在现实中创造出来，才能最终使电影完整的呈现在观众面前。光是将影像记录下来的关键，影视广告中，作为摄影师首先要考虑的就是发现和创造足够的光线来录制影像，之后才能考虑如何利用光线实现广告画面中的艺术效果。工欲善其事，必先利其器。作为一名合格的摄影师，首先要掌握如何正确的测量和控制光线，本章将详细介绍完成光线造型任务所需要的各种工具。

第一节　光线的测量

一、测量工具

想要获取正确的曝光，就必须对投射到胶片感光乳剂或电子成像元件上的光量加以严格掌控。如前面章节提到过通过调整镜头的光圈可以获得正确的曝光量。但是，如何测量并计算所使用的曝光数值呢？这时，测光表（light meter）就发挥了极大的作用，它可以用来测量照射到被摄主体上，或是被摄主体反射的光量，再根据测光表的数值来设定光圈，适当调试摄影（像）机。测光表的类型包括入射式和反射式两种，现在许多数码摄像机内部也设有自动测光系统。

（1）入射式测光表（incident light meter）　可测量照射在场景中特定的被摄主体或区域的光线亮度，不会轻易被反射后的光线误导，容易获得比较客观的光线测量。入射式测光表的感光器件上有一个形似半个乒乓球的塑料半球体，测量光线时，将测光表放置在被摄主体前面，把这个集光半球朝向摄影（像）机镜头，这时照射在半球体上的光的亮度也就是被摄主体或特定区域的亮度就被测量出来了。通常入射式测光表的上半部分可以旋转，测量人员可以方便的读取数据。

（2）反射式测光表（reflected light meter）　顾名思义就是通过测量从被摄主体反射出来的光的亮度来显示整个场景的亮度。操作时，影视广告拍摄人员需将这种测光表靠近摄影机镜头，指向被拍摄的主体或特定区域，测量从被摄主体反射到摄影机镜头的光线亮度。反射式测光是以比较广的角度来收集光线，首先测得整个场景的亮度然后取其光亮度的平均值。另外，点式测光表（spot meter）也是一种反射式测光表。

目前，很多专业人士也使用兼具入射式与反射式测光的测光表（如图9-1）。

（a）入射式测光表

（b）点式测光表

（c）兼具反射式和入射式功能的测光表

图9-1　测光表

21世纪是数码时代，许多数码摄像机内部都设有自动测光系统。这种测光系统能够测量通过镜头的光线，帮助摄影师调整光圈，设定适当的曝光量。自动测光系统具有反射式测光表的功能，它使拍摄变得更加方便，这就是目前所有的新型数码摄像机无论是家用机型还是专业机型基本都具备这种功能的原因。不过，在专业的影视广告拍摄中还是要多依靠测光表来测取准确的数据，以摄像机内的自动测光系统为辅。

二、光线测量的数据

1. 英尺烛光

国际标准照度单位是英尺烛光（footcandle），在欧洲使用的单位为勒克斯（lux）也称米烛光。1英尺烛光是指距离1英尺远距离的一根蜡烛的光源的光照度，简写为lftc。1英尺烛光相当于10.76勒克斯。测光表上读取的英尺烛光数指的是光线强度测量的数据。

2. 光圈系数

通常，大多数测光表都可以读取英尺烛光数或光圈系数，或是两者皆有。光圈系数（f-stop）是指将镜头焦距除以光圈的直径所得的值。测光表提供的光圈系数表示它已经将光线强度准确转换成适用于摄像机镜头的光圈系数。

3. 曝光指数

用电影摄影机拍摄需考虑合适曝光，作为胶片光感度目标的数字为曝光指数（exposure index）或是ASA感光度。测光时，必须按照曝光指数来测量。拍摄胶片广告时，设定正确的光圈值不仅取决于合适的光量度还要同时考虑胶片的感光度。

三、反差范围

反差（contrast）是指在某个特定场景内不同的明暗对比的差异程度。正常的反差是反映场景中由明至暗有着丰富、完整的亮度层次。通过分别测量场景中明、暗部分的数值就可以计算出其反差范围（contrast range），即最明亮区域的数值和最暗区域的数值之间的比率。

胶片和电子成像元件能够准确再现亮度的范围限度称为曝光宽容度（exposure latitude）。胶片的宽容度通常比电子成像系统大，它的反差比可以在冲洗过程中改变。胶片中，负片的宽容度又大于反转片的宽容度。影视广告拍摄中如果超过了胶片或成像系统的宽容度，就会损失画面的细节。因此，测量场景内的反差范围，不仅有助于获得准确的曝光，同时也对于操控场景内的光线照明意义重大。

第二节　光线的颜色

在实际影视广告拍摄中，不同的光线来源会令光线产生不同的颜色。摄影师和灯光师不仅要懂得如何测量和监控光线的强度，并且要考虑和适时调整校正光线的颜色。

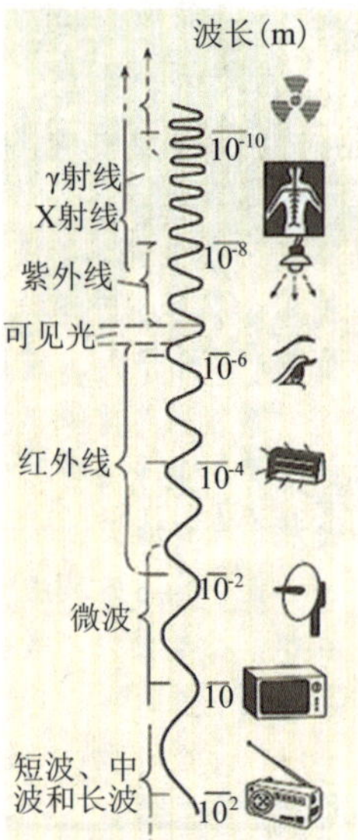

图9-2　电磁波谱

一、电磁波谱

光是一种电磁波谱（electromagnetic spectrum）。电磁波谱的本意是专指一个物体所发射或吸收的电磁辐射（也称电磁波）的特征频率分布。在电磁波谱中，人们能够看到的可见光仅仅只是电磁辐射其中的一小部分（见图9-2）。电磁波是以波长来衡量的，可包括的范围有极微小的宇宙射线波长到数公里长的电力波场。可见光只是电磁波谱家族中极小的一员，包括波长比较短的紫外线和波长比较长的蓝色、绿色、黄色、红色光波。像X光或红外线这些在可见光范围前后的波长，肉眼虽然无法看见，但仍然可以用特殊的胶片记录下来。人类感知颜色的方法，取决于光线照射在物体上的特定波长和该物体所吸收的波长。对于摄影来说这种认知方式有着重要意义，它意味着可以使用滤色镜，吸收某些颜色并让其它颜色通过，以此来调整改变光的颜色。

二、色温

色温（color temperature）是专门用来量度和计算光线的颜色成分的方法，一般用ra表示。色温指数是精确测量光线的一个标准，它是由19世纪英国科学家开尔文（Kelvin）创立，为了纪念他，色温以开氏温度来表示。

光源的色温通过对比它的色彩和理论的热黑体辐射体来确定的。界定的标准是将一标准黑体加热，当温度升高至某一程度时颜色开始逐渐改变，利用这种光色变化的特性，来定位该光源的颜色。此时黑体的色温就成此光源的色温。太阳光并非是我们所感知的白色光，它实际上是由比例为59%的绿色、30%的红色和11%的蓝色三种颜色组合而成的。一天中太阳光的颜色会随时间的变化或云层的反射而改变。日出和日落太阳接近地平线时，光线经过云层反射呈现出比较红的颜色，红辐射相对说要多些，通常称为“暖色”而日照最强的正午色温提高后，能量分布集中，蓝辐射的比例增加，通常称为“冷色”。举例来说，日出时的色温约1800K，到了正午时分则升至约5500K，到下午日落时分又降至约1800K（见图9-3）。色温越高光线越偏蓝色，色温越低则偏红色。

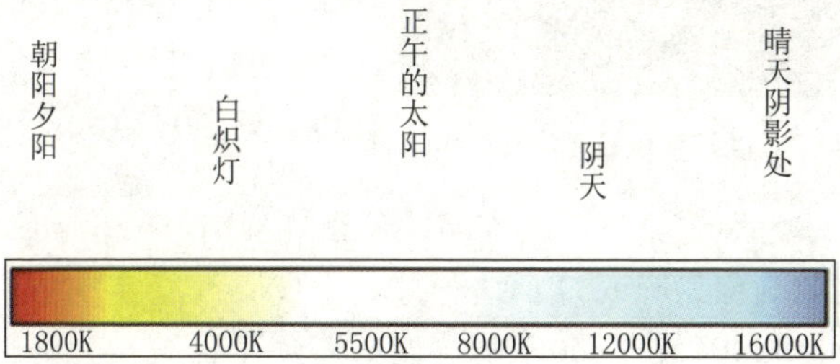

图9-3　日常色温

第三节　灯光设备

一、灯具种类

影视灯光的设备琳琅满目、种类繁多。按照灯泡种类、灯具的基本功能和光线的强度、质感等可将影视灯具作不同的分类。

1. 按灯泡分类

不论是使用胶片摄影机或数码摄像机，在影视广告制作中，以灯泡的种类可分为卤钨灯（tungsten-halogen lamp）、HMI灯（hydrogen medium-arc-length iodide）和高频荧光灯（high-frequency fluorescent）。

卤钨灯又称为钨丝灯或石英灯，这种灯具使用的灯泡是用钨丝做灯丝、以石英玻璃做灯罩来抵抗高温度，灯泡内充满卤素气体有助于制造和修复灯丝中的钨，使灯泡可以长时间的维持亮度输出和色温（见图9-4）。卤钨灯的灯丝电阻越强，它的光线就越亮同时消耗的电量就越多。卤钨灯的功率一般比较大，而且普遍有着很高的聚热性，使用寿命比较短。特别要注意在更换灯泡时需使用手套等保护措施以防受伤。

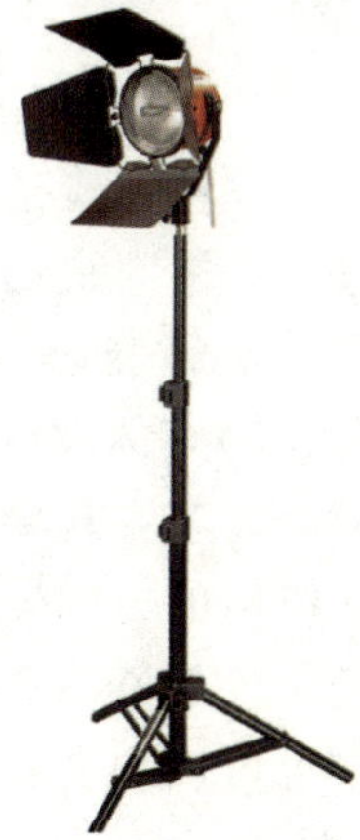

图9-4　卤钨灯

卤钨灯的色温普遍偏低，大部分都是3200K左右，如果需要大约5600K的室外日光平衡照明光线的话，卤钨灯显然是不实用的，即使通过滤色片提高色温，也会影响灯光的光线强度。这时兼备持续光照能力和5600K色温的HMI灯就成为不错的

图9-5　HMI灯以及变压设备

选择。HMI灯可以保持长时间的色温和亮度不变，在户外拍摄需要补光或室内需要大面积照明时都可以使用HMI灯。这种灯相对于卤钨灯来讲功率更大，一般比较昂贵，并且需要高伏特电力设备供电以保证其产生持续、稳定的光线，因此在某些场景中，HMI灯不够实用并且使用成本太高（见图9-5）。

还有一类灯称为高频荧光灯或称高速荧光灯（high-speed fluorescent），也被影视专业人员统称为Kino灯。这种灯具不仅具有稳定的色温，并且可以通过更换灯管任意选择3200K或者5600K的色温；避免了传统荧光灯闪烁、不稳定的缺点。并且它的功率小、寿命长（能够使用10000个小时），可以有效节省90%能源，在拍摄一些相对较小的场景和人物使用照明时是非常实用的（见图9-6）。

除以上三种灯具，有些影视拍摄中也使用LED灯，这种灯使用发光二极管技术。发光二极管是一种固态的半导体器件，可以直接将电转化为光（见图9-7）。LED灯因为独特的优势使得它在现代影视照明中的应用越来越多。首先，LED灯的发光二极管是被完全的封装在环氧树脂里面，撞击和震动对于它的影响相对较小，所以它比灯泡和荧光灯管都更加耐用、坚固；其次，LED灯的体积一般较小，耗电量低，使用的寿命也是很长的；同时，LED灯兼具高亮度、低热量的特点。这些优势都使得LED灯在诸多影视照明场合中具有先天的优势和实用性。

图9-6　Kino灯

2. 按光线性质分类

最常用来形容光的性质的影视术语是硬光（hard light）也称为直射光和软光（soft light）又称为散射光。硬光照明的角度小，因而会产生轮廓清晰明显的阴影；而软光因其投射的方向较分散，角度更宽广，所以光线比较柔和。卤钨灯和HMI灯即可制造硬光效果也可以制造软光效果。Kino灯比较适合作为柔和的软光照明。

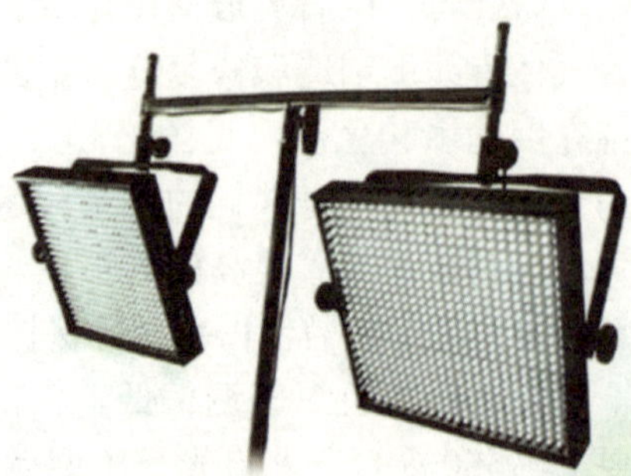

图9-7　LED灯

3.按光线控制分类

按照光线的控制，灯具可分为聚光灯（spot light）和散光灯（flood light）。前者通常是用来照明较小、较集中的区域；后者则可以在较大的范围使用，得到较分散、均匀的扩散光线。

4.按灯具的基本功能分类

灯具制造厂商经常根据灯具的主要功能来划分类型。传统的三点式布光将灯光分成主光、辅助光和背景光，因此灯具也可以按这种方式来分类。主光灯是拍摄时的主要照明来源，多数情况下为明亮、方向性强并且聚焦的硬光。主光灯具主要采取封闭型，偶尔也有开放式的设计。辅助光是对主光的补充，起到减少主光造成的阴影和大对比度的作用；它通常是柔和的散射光。辅助光大多是开放式的，因此照明角度上比较受限制。背景光灯具用来增加主体和背景间的深度 并有效控制两者之间的反差；它通常也是散射光， 为一个较大范围内的区域提供平均的照明。下面就来详细介绍一些在影视广告拍摄中的常用灯具。

专业影视广告拍摄中使用最为广泛的灯具是菲涅尔聚光灯（Fresnel Spotlight）。菲涅尔聚光灯由菲涅尔透镜、球面反光镜以及可前后移动的灯泡组成， 光源的发光体中心位于球面反射镜的球心位置（图9-8）。通过调整灯座后面的控制钮或把手来变换灯管反光面和聚光透镜之间的距离得到角度大小变化的光束，从而获得比较集中或扩散的光线照明效果。菲涅尔聚光灯常被用做主光灯或提供场景中主要区域的照明。因其具有任意调节光束的功能并有各种不同的瓦数和灯泡可选择，适用于任何场合拍摄的照明。

泛光灯（scoop）也称为杓灯，它属于一种没有聚光透镜的可以向四面八方均匀照射的灯具。这种无镜片、开放式的灯具种类很多， 绝大多数属于散光灯的范畴。比较旧型号的一种泛光灯，是由一个白炽灯泡和一个碗状的金属反射器组成，它会发出覆盖面较广的散射光，一般用做补光（见图9-9）。

方灯（broad）是一种典型的长方形散光灯（floodlight），它通常是开放式装置的石英灯。这种灯具常用做辅助光的照明，光线柔和分散（见图9-10）。

图9-8 菲涅尔聚光灯

图9-9 泛光灯

柔光灯（softlight）产生的光线比方灯更为柔和、分散和均匀。这种灯的灯泡在大型柔光灯上通常隐藏在灯具底部或者安置在小型便携式柔光灯具前端下方的灯罩后面，因此它投射出来的光线几乎没有阴影（见图9-11）。柔光灯的光线是从灯具后面的反射器发出来的，基本不会直接照射到被摄主体上，因此光线非常柔和，常用于降低反差和辅助光的照明。

图9-10　方灯

图9-11　柔光灯

二、灯具的装置设备

前面介绍了各式各样在影视广告拍摄中常用的灯具，接下来谈谈固定灯具所需的装置设备。在摄影棚中，灯具通常是悬吊于天花板的铁架上。

在其他内景或外拍场合中利用最普遍的设备是灯架（light stand）。灯架由金属制成，形似三脚架，可选择的尺寸从轻便灯具组中的合金灯架到有脚轮的负重型灯架，种类繁多。这些灯架一般可以伸长至6～8英尺的高度（见图9-12和图9-13）。

吊杆（boom arm）和可伸缩灯杆（extendable lighting poles）通常用来支撑悬吊较轻巧和便携的灯具（见图9-14）。高空夹（space clamp）可以把灯具

图9-12　灯架

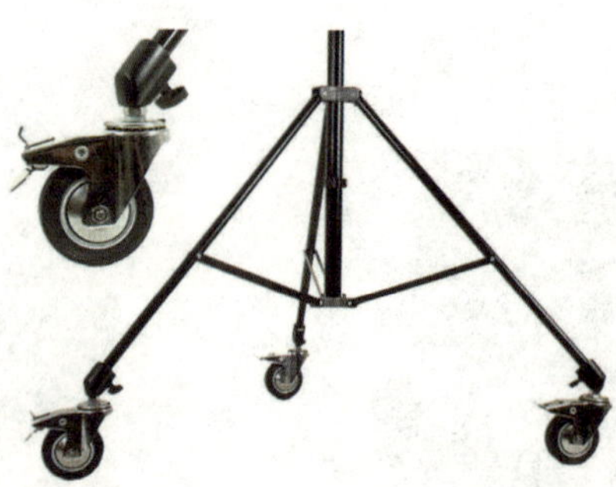

图9-13　负重型灯架的轮子

图9-14　吊杆

夹在隔板或类似的物体上。有时候也可以利用墙座（wall plate）或底座（base plate）将灯具固定在垂直或水平的平面上。

鳄鱼夹（alligator clamp）也称为灯光夹（gaffer grip），是一种弹簧夹，可以在任何地方把轻巧的灯具吊挂起来（见图9-15）。另外还有一种被广泛使用在便携式灯具组的安全装置称为C形夹（C-clamp），这种夹子上镶有螺丝可以把灯具固定在手柄或者灯柱上（图9-16）。

图9-15　鳄鱼夹

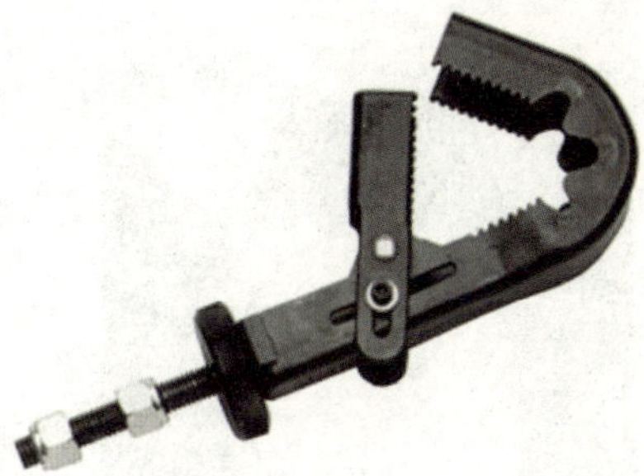

图9-16　C形夹

三、控制灯光的道具

灯光在影视广告拍摄中是一种造型的艺术手段，只提供足够照明和正确曝光是远远不够的，还应该控制好光线求得光影的艺术造型。因此，可以利用像反光板、反光伞、遮扉等辅助设备来控制引导光线。

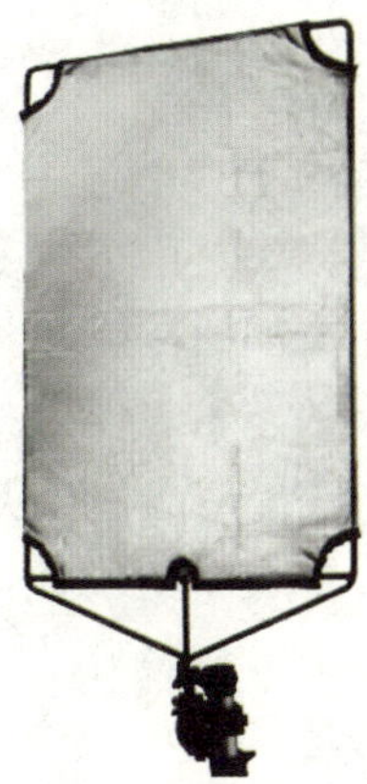

图9-17　固定于架子上的反光板

反光板（reflector）是影视拍摄中主要的辅助工具。可以把比较强的主光光线反射回拍摄区域并进行补光。它是由锡箔纸、白布或米布罗等材料制成。反光板分很多种形状，其特点是轻便有效，不同的反光表面可产生软硬不同的光线。常用的有银反光板和米布罗反光板（白色反光板）。在拍摄时，可以由人工手持或者安装在架子上（见图9-17）。

图9-18　反光伞

反光伞（umbrella reflector）是一种专门用于便携式灯具设备上的反光设备。它安装在灯架上且灯泡是朝向反光伞，光线由伞的内面反射回来形成极为柔和和扩散的照明光线。反光伞也有不同的颜色：常用的银色和白色伞面不改变灯光的色温（见图9-18）。

还有一种控制灯光的道具叫遮扉（barndoor），它是安装在灯头前方的薄金属片，有两片式和四片式两种（见图9-19）。遮扉是用来阻挡光线造成的不必要的阴影并防止光线直接照到镜头上。聚光罩（snoot）也有着与遮扉同样的功能，它安装在灯头上用来将光线汇聚成一道定向的圆形光束。聚光罩可以使光线精确照射到被摄物体很小的区域上，通常作为辅助光来加强眼神光和发迹光。另外，用来遮挡多余光线的道具还有旗形挡光板（flag）（见图9-20）、圆形光罩（dot）和狭长挡光板（finger）等。

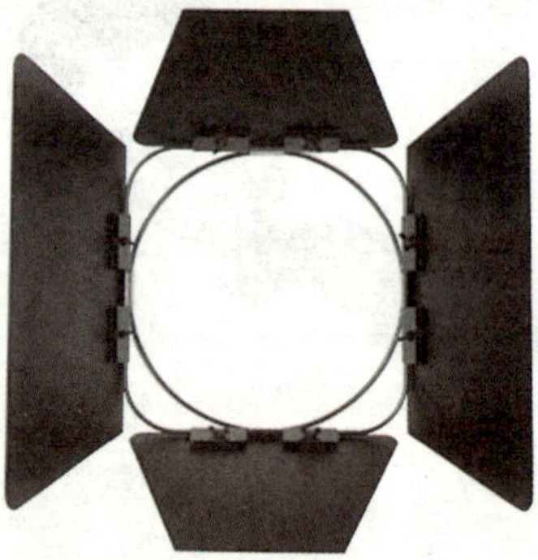

图9-19　遮扉

图9-20　旗形挡光板

四、滤光镜

滤光镜是用来改变光的色温、强度、色调的光学工具，它具有过滤光线的作用。通常加插在摄影（像）机的镜头前面。如果能灵活的使用滤光镜，可以提高影视作品的艺术表现力。滤镜的正确使用可提高胶片的反差，改变景物的影调，还原色彩，提高饱和度获得画面柔和效果。常用的滤光镜主要有以下几种。

1. 中灰渐变滤镜（graduated neutral density filter）

这是一种特殊的滤光镜，可以减少镜头光线的摄入量，可使画面中的局部（通常是在上方）变暗。当晴天天色太亮，前景无法得到准确曝光的时候，这种滤光镜特别有用。中灰滤光镜等量地削减掉了所有光线的波长，所以不会改变光线的色温。而且因为它中性无色，因此可以和许多其他滤光镜合而为一。

2. 偏振滤光镜（polarizing filter）

在彩色摄影时，物体表面的反光，常常会使照片的色彩饱和度降低，使用偏振滤镜可以减少物体的反光和眩光，提高色彩饱和度，平衡天空的色调，调节蓝天与白云、蓝天与建筑之间的反差。尤其是适用于减少水面或玻璃等物体的反光，使用时要选择合适的位置，其效果取决于镜头与水面或镜面之间光线的角度，因其阻光率较大，拍摄时应相应地增加曝光量。

3. 低反差滤光镜（low-contrast filter）

这种滤光镜可以降低对比和色彩饱和度，是外景拍摄中最有用的滤光镜之一。可以有目的地改变影调、加强画面的艺术效果。

4. 软调反差滤光镜(soft-contrast filter)

软调反差滤光镜可以降低景物之间的反差,减弱亮部的光线强度，而不是增亮暗部，低反差滤镜和软调反差滤镜的功能都在于缩减反差范围，将反差缩减到摄像机的成像系统能够正常工作的范围之内。

思考题

(1) 光线测量需从几方面入手?

(2) 何为“电磁波谱”？何为“色温”？

(3) 灯具设备是从哪些方面分类的?

(4) 滤光镜的种类有哪些，它们有何特色?

第十章 影视广告用光技法

合理的照明是一种艺术行为。虽然照明设计带有技术性和实用性，但是照明本身可以说是影视制作中最具艺术性的部分。艺术家通过利用不同的光线来形成不同程度的影调，在二维平面上完成对视觉现实存在的再现与重组，从而实现预期的创作构思。在影视广告拍摄中，布光不仅仅是为了取得适当的曝光，它更是一种吸引观众视线、塑造产品角色和质感的重要方法和途径，拍摄者只有在熟练的掌握了布光的方法，才能在不同的广告拍摄场合面对各种复杂因素从容地应用光线，以达到影视广告的创作效果。

第一节 光的作用

一、曝光的作用

在影视广告拍摄中，曝光是光的基本技术作用，它是影视广告拍摄时的首要任务，胶片或摄像器件唯有获得准确的曝光量才能够得到优质的图像。摄像机的作用就是把景物聚焦成像，经CCD的光电转换作用，把光像变成随时间变化的电视信号。电视信号经过传输和接收就可变成可视图像。这个由光电转换到电光转换的整个过程，都离不开光的作用，这就是光的曝光作用。作为影视广告摄制人员，了解和掌握光的技术作用固然重要，但更为重要的还在于了解和掌握光的造型作用。一部影视广告作品，做到正确曝光、色彩还原好、影调层次丰富、表达不同物体外部特征，是拍摄时用光的基本任务。但仅仅做到这些还不够，还需用光体现对作品的艺术构思，完成光的艺术表现作用。

二、光的造型作用

光是揭示被摄对象的重要手段。不同的光线照明形式可使被摄对象的形、体、质、色产生丰富的变化：侧光照明易描绘被摄主体的体积；平光照明易描绘被摄主体的固有色彩；逆光照明则易描绘被摄主体的轮廓形态。光还能使具有二维空间的画面造成三维空间效果，利用光的分布和明暗对比表现画面空间，利用大气透视表现画面空间深度关系。光还可以建立时间性，摄影师通过对光的选择和布置，利用光影表现特定的颜色，真实地再现时间概念。

三、光的投射方向

光线的角度和方向决定了不同的光位，影视广告镜头中光的方向是指光线由光源到被摄主体或景物所走的路线。当被摄主体和摄影（像）机的位置分别确定后，根据光源的投射角度，光线可分为正面光（frontal lighting）、侧面光（side lighting）、逆光（back lighting）、顶光（top lighting）、底光（under lighting）。

正面光亦称顺光，是光源位于摄影（像）机后方投射时产生的光照效果。此时，被摄物体处于均匀照明的光线下。正面起消除阴影的作用，但它的造型空间感不强。

侧面光简称侧光，指光源与摄影（像）机呈90°角时所投射的光线。侧光的特质是明暗对比鲜明，帮助制造阴影效果。图10-1中，侧光将女主角的影子投射在正被推开的门上，这与画面左方的大面积阴影形成呼应，带给观众神秘感。

逆光顾名思义是光线来自被摄主体的背后。在没有其他辅助光源的帮助下，被摄主体的正面是全部置于黑暗中，逆光会造成剪影效果（见图10-2 ）。

图10-1 侧光的应用

图10-2 逆光的应用

从被摄主体上方投来的光线为顶光，当光源的高度超过60°以上时就成了顶光光效。顶光照明下的环境，水平面照度较大，垂直面照度较小，形成较大明暗反差，画面缺少明暗过渡的中间层次，造成硬调效果；拍摄肖像时，头顶、眉弓骨、鼻梁、颚骨、上颧骨等部分明亮，而眼窝、鼻下、两颊处等较暗，眼窝下陷，颧骨突出，形成骷髅形象，丑化人物，造成异常感觉。除非有特定的造型要求，一般要避免使用顶光拍摄人物肖像。用顶光拍摄人物肖像时，多半都是为表现特定的光效，或烘托某种特定气氛。

脚光是从被摄主体下方投来的光线。光影结构与顶光相反，能使被摄体造成异常效果，常被用作表现特定光效，丑化人物造型或用于渲染特殊气氛，如恐怖、惊险等。在自然光效中，多用于表现油灯、炉火、烛光等。脚光也可用于作修饰光使用，修饰眼神、衣服或头发等。在拍摄玻璃柜、水池等对象时，脚光可增强被摄体的立体感和空间感。在纪梵希

（Givenchy）广告中，脚光投射出的使人惊疑的强光将女主角怀抱的皮包变成了“潘多拉的盒子”，这不失为利用禁忌脚光拍摄广告的好例子（见图10-3）。

图10-3 纪梵希广告作品

四、光的表现作用

在写实主义（Realism）风格摄影的影片中，摄影师普遍采用自然光：像阳光、路灯、室内吊灯、台灯等。这些光线通常称为有源光线（source lighting），对人物和环境进行真实还原。而在表现主义（Expressionistic）风格的影片中，注重的是情感性、模糊性，多用于挖掘人物内心情绪，影视中的人物情感始终处于流动的、不断变化的过程中，着重于探索人物情感流动、情绪细腻微妙的转变，因此摄影师要结合具体情景，运用光影以及其他造型手段的表现功能，达到刻画人物、渲染情绪、创造特定气氛的效果。

第二节 影视广告基础三点式布光

传统的三点式布光就是在影视创作中为满足影视画面的需求而设定的照明方式，以此达到在二维空间的影视画面中，以均衡、有造型的影像来塑造三维空间的目的。这不仅在摄影棚中对光线能达到完全控制，同时也适用于对外景灯光的处理。

三点式布光是指能够满足画面亮度级别的三种照明设备，即主光（key Light）、补光（fill Light）和轮廓光（backlight）灯。

（1）主光　是拍摄场景中最主要的光线来源，例如太阳光或拍摄场所的路灯、吊灯及安装好的照明灯具。主光灯一般情况下会被安置在由摄影（像）机到被摄主体间轴线的30°～45°的位置。主光是被摄体的主要或者主导光线，它不一定是最亮的，但它能够赋予被摄体轮廓、形状和清晰度。如果只给被摄体一种灯光，这种灯光应该就是主光。主光还能决定某个镜头或场景的主要色温，并可以决定拍摄所使用的基本光圈挡数。主光不仅指来自被摄体前面的光源，它也可以来自其他方位，像侧主光、侧后主光、交叉主光等。

（2）补光　即辅助光，是用来平衡主光的灯光。补光类似于云层、天空、建筑物的反射光以及建筑内多种光源。在拍摄过程中补光灯会被放置在主光的另外一侧比较接近45°的位置，用来冲淡主光所造成的阴影，将反差比降低到摄像机能够接受的范围。补光灯绝对不可以超过主光，它的亮度如果太强会产生对比单调扁平的影像，因此补光灯多使用较柔和、较扩散的光源。

（3）轮廓光　是指来自被摄体后面的光，位于被摄体的背后高角度处，为被摄主体塑造轮廓，特别是肩部以上的位置，使其可以与背景隔离开来。由于此灯正对着摄影（像）机，所以要架设在高处并且角度要在45°～55°，并使用挡光板或遮光罩来避免此灯光线直接射入摄影（像）机的镜头。

在确定了基本照明方式后，有时还需要更多的辅助光源才能达到更理想的照明效果，即修饰灯光（separation Light），起加强三点式布光的作用：例如用来照亮背景的背景光（background Light），可区隔被摄主体和背景；在拍摄面部时仅靠主光和补光是无法为眼睛提供充分照明的，如不想看到眼部过于黯淡可用较小的可聚焦的光源放置在摄影（像）机旁且在眼睛高度，以此增加眼部的亮度，这种用于眼部的补光称为眼神光（eye Light）。环境光（ambient Light）、是指总体环境的补光。如在室内场景中，将光线投射到白色天花板上，就可获得一种总体的无方向的补光。在室外，环境光可以是从天空或者周围反射的日光。

第三节　室内影视广告光线处理

室内光线布光，所用照明设备是以灯光为主，也称为人工光源。人工光源由于所用灯具种类不同，色温也不一样，不同的环境使得室内布光技法变得更为复杂，所以对于一个成功的影视广告摄影师来说，除了必须掌握三点式布光技法，还要深刻领会创作意图，设计布光方案，具有灵活应变的能力来适时调整布光角度，利用光影体现对作品的艺术构思。

一、人工光源

通常在室内或摄影棚内拍摄的影片主要依靠人工光源（artificial light source），人工光便于对场景光线加以控制，在光的方向、高度、强度以及明暗对比的处理上，能够不受时间和地点的限制自由发挥。相对自然光而言人工光源更便于发挥创作意图，运用光的造型手段创作出比较满意的影视画面。

二、混合光

在拍摄场地同时具有日光和人工光源时就是混合光（mix Light）。由于不同的光源、不同的色温，不论是以胶片摄影机还是数码摄像机拍摄，都会面对平衡色彩的难题，拍摄出的画面都会偏色，因此正常情况下应尽量避免两种光源混用。

但是白天在室内拍摄时，自然光是必不可少的。设想当光线从门窗照射到室内，室内的自然光普遍高于5500K,而此时照在演员脸上的主光和辅助光大约只有3200K的色温，在这种混合照明的情况下，色彩平衡就是大问题。如何把两种光线的色温平衡起来可以，使用如下方法。

第一，可以在3200K低色温的灯前加一张蓝色滤镜纸，使灯光的色温接近于5500K自然光的色温，也可以使用高色温灯（如镝灯），这是拍电影电视剧经常用的方法。

第二，将室内自然光的色温向灯光靠拢，在窗户上贴上橙黄透明纸（例如橘色85滤镜纸），这种方法在窗户面积较小的情况下较适用，其优点是加透明纸后会降低灯的亮度，提高灯光的效率。另外一个优点是减弱了窗户的亮度有利于亮度平衡。其缺点是费时费事，并且容易出现穿帮现象。

第三，配合日光色温，改用类似HMI 或 Kino这种5500K的日光平衡灯具。

三、反射光线

在影视广告拍摄中，室内或者摄影棚拍摄时如何隐藏灯具（特别是轮廓光灯）不被摄影（像）机拍到是一个非常普遍的问题。在场地受限的室内如果想要拥有良好的轮廓光或辅助光应该想办法利用反射光线（bounce light）。通常情况下，可以尝试把灯具调节到正确的角度，朝向天花板或者墙壁，光线就可以反射到需要照明的区域，以此获得扩散、均匀的照明亮度。天花板或墙壁是白色或浅色效果最好，反射光会在反射时吸收到反射表面的颜色，与此同时再利用数码摄像机上的白平衡功能即可获得正确的光线。当然，在一些特殊的情况下，例如天花板太高或者太暗就无法取得良好的反射效果；此时，可以尝试加大布景中的真实光源的亮度，如场景中的台灯、壁灯等或可以适当安排合理出现在画面中的灯具来辅助。总之，科学利用反射光对影视广告的室内拍摄照明有很大帮助。

四、影视广告中不同质感的拍摄对象布光技法

影视广告制作人员要学会充分利用光对产品进行视觉再创造；布光不仅能对

产品做客观记录，光得调整还会使作品的影调层次更加丰富，使产品更加生动，更具表现力，加深消费者的印象。

（1）玻璃制品拍摄—采用逆光或侧逆光，光源可穿透透明体，使物体的轮廓线有较好的表现。光源不可过多，否则出现过多光斑，损坏画面效果。在暗背景下，用侧逆光可使玻璃制品的边缘出现亮线条（见图10-4）；在亮背景下，用逆光可使玻璃制品的边缘出现暗线条（见图10-5）。

图10-4 暗背景逆光表现玻璃制品

图10-5 亮背景逆光表现玻璃制品

（2）纺织品—对丝绸、锦缎等纺织品，采用侧软光，以显示光滑质地。表面粗糙的纺织品，如毛料，采用侧硬光。半透明的纺织品，如薄纱，采用较强的逆光显示透明效果，正面加以顺侧软光（见图10-6）。

（3）金属制品—强反光材质的拍摄对象，易采用较宽的软光全包围式拍摄。例如首饰、不锈钢炊具等（见图10-7）。

（4）水果—表面光滑的水果，如苹果，宜采用软光进行照明，光位可采用侧光位和逆光位并适当加以辅光（见图10-8）。表面粗糙的水果，如菠萝，宜采用

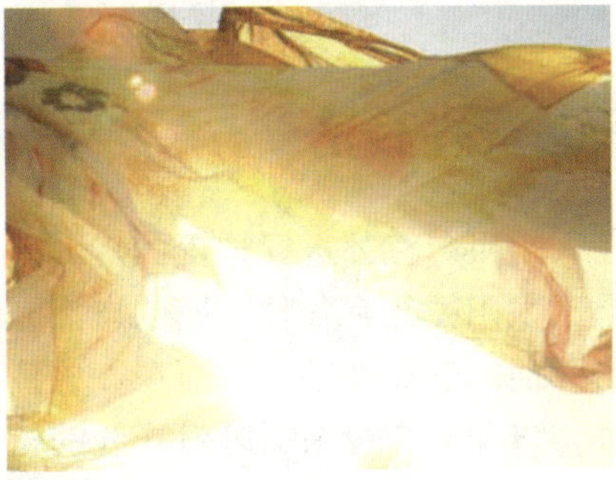

图10-6 用强逆光表现透明纺织品

图10-7 软光拍摄不锈钢

图10-8 侧逆光拍摄的苹果

侧硬光，正面辅助软光（见图10-9）。

（5）蔬菜—主光可采用顺侧硬光，并辅助软光进行照明。拍摄时可适当喷水以增加新鲜感（见图10-10）。

（6）花朵—可采用较强的逆光或侧逆光以表现花瓣的透明性，正面再辅助软光进行照明（见图10-11）。

（7）塑料制品—正面采用软光作为主光和辅光以体现质感，背面采用逆光以表现透明性和结构（见图10-12）。

图10-9　硬光拍摄菠萝表现质感

图10-10　侧硬光表现蔬菜的新鲜感

图10-11　逆光表现花瓣的透明

图10-12　逆光表现塑料制品的结构

第四节　室外影视广告的采光技法

影视广告的外景拍摄是指在自然光条件下在人工摄影棚外进行拍摄的，太阳光就是此时的唯一光源。我们知道，照到地面上的太阳光具有各种不同的自然光效，这些光效并不一定都能完全满足我们对广告画面的创作要求，因而在一些情况下就需要灯光师对自然光进行一定的技术处理，以便能符合拍摄时对光线的技术要求。

一、影视广告中外景拍摄用光原则

确定影视画面视觉基调：影视广告画面内容是一定生活形象的反映，画面中人物表现的场景必然具有时间、地点等特征。恰当地为画面中人或物选择环境特定的光线效果，是渲染气氛、创造现场感、增加艺术感染力的重要因素。摄影师必须根据广告创意所要表达的环境状态，选择出相应的环境自然光效来。

正确选择自然光投射的时间方向和角度：当外景地确定之后，摄影师首先要进行拍摄时间的选择，即太阳在哪个位置时（高度、方向）进行拍摄为最佳时间并能获取最佳光效。

当自然光线不够充足时，应选择便捷的人工光源适当补光，以满足影视广告拍摄技术条件的需要和艺术上的追求。图10-13中的室外拍摄，光线来自模特的后侧方，此时人物的面部置于阴影中，反光板在此代替人工光源为主体充分补光。

图10-13 反光板代替人工光源为主体补光

二、影视广告外拍中光线的特性

在室外拍摄，一般是以阳光做主光，它是场景和人物的主要塑形光。当外拍的地点确定好后，摄影师和灯光师要着重于外拍时间的考量，简单来讲即是正确选择阳光照射方向，这不仅决定了画面主光方向，而且也决定了画面影调构成，对影视广告中画面的气氛具有重要意义。在大多数外景拍摄用光中以自然光为主，了解和掌握自然光的特性及其变化规律，是影视创作的基本功之一。

（1）阳光按性质　分为直射光、漫射光、反射光。

日光直接照射在物体上，称为直射光，物体受光面较亮，背光面较暗，其特点是只有一个光源和照射方向。随着时间的变化直射光的射向、强弱、物体的投影也会跟着变化。直射光是广告摄影运用自然光的常用光线。

日光透过云雾照射在物体上，称为漫射光。 漫射光是阳光经过云层、尘埃等的吸收、反射后所形成，是阴雨天、下雪、雾天或多云天气下的阳光，其特点是投影不明确，光比反差小。

日光照射到物体上反射出的光线，称为反射光。起辅助光的作用。

（2）阳光按照投射方向　分为顺光、侧光、侧逆光、逆光。

阳光位于摄影机后方时会产生顺光效果，此时画面中的景物会获得足够的亮度，均匀的光线，一般情况下不需要使用人工光辅助就可拍摄出符合光照条件的效果。但是，顺光画面缺少暗调部分，空间立体感比较弱。

侧光照亮被摄主体的侧面，其明暗反差大，缺乏明暗过渡的影调层次，可用反光板、人工光进行局部补光。侧光可用来拍摄某些特殊光效，创造特定的光线气氛，渲染画面效果。

侧逆光中被摄主体大部分背向光源，受光面呈现为一个较小的亮面。使之与背景分离，有利于表现多层景物和透视，使画面具有一定的空间感和立体感。表现人物时，一般需要加正面辅助光。若用侧逆光做主光，辅助光不可超过它的亮度，否则会造成虚假的人工痕迹。

逆光是指阳光由被摄物体的背后投射，在逆光条件下，缺乏立体感和质感表现，但物体有明亮的轮廓光照明，可勾勒景物的轮廓。在造型中，逆光能使主体从背景中分离出来，突出主体，使画面空间感加强。在实际拍摄中，有时要使用较大功率的人工光源来辅助拍摄，并适当的对产生光线影响的太阳光进行柔光遮挡，以期达到最好的拍摄效果。

三、影视广告拍摄光线时间的选择

自然光的强弱随季节、时间、气候、地理条件的变化而变化。一天之内由于地球的自转形成黎明、日出、上午、中午、下午、日落、黄昏、夜晚等各种不同的光线照射情况，不同时期太阳光的特征也各不相同。

日出和日落时刻，光线特征基本相似，因此拍摄技术手段也相似，是拍摄彩色片的黄金时间，但是这个时间段比较短，光线变化较快（亮度和色温）不易掌握，一般只能拍摄一、二个表现气氛镜头。所以这一时刻被称作效果光时刻，也被国外一些大师称为“黄金小时”。

上午和下午时刻，光线穿透大气层的行程较短，光线变化缓慢，直射阳光色温较高，色温大约在5600K左右。这段时间较长，照度和色温几乎不变，景物中垂直面和水平面都受到均匀的照明，对人物面孔和产品的细节有良好的表现力，不会歪曲被摄主体的形象，因此在外景拍摄中把这一时期作为主要拍摄期或叫做正常照明时刻。

中午时间，阳光近似垂直照射地面，水平面较亮，垂直面较暗，形成强烈的反差。此时人物处于顶光照明，容易歪曲形象。一般情况下，这时不宜拍摄人物近景镜头。全景镜头只要景物合适，画面有良好的层次，选择逆光拍摄还是可以的。比如，拍摄大面积的麦田，此时可以得到良好的层次感，但要注意处理好反差。

四、影视广告夜景的拍摄方法

在影视广告中出现的夜景场面很多时候并非是真正在夜幕降临、万家灯火的时候拍摄的，有时要在非夜晚的时段制造夜晚的氛围。夜景的拍摄手法可以分为夜间拍摄夜景（night-for-night）、黄昏拍摄夜景（dusk-for-night）和白天拍摄夜景（day-for-night）。

当夜间拍摄因光线照度无法满足拍摄需求时，需要运用人工光源来补足，如何处理夜晚的人工光照明是个很大的挑战。通常，可以利用人工光源来模拟街灯、商店橱窗灯光等有说服力的可信光源来照明场景。在演员的服饰上应避免运用大面积的黑色，这样人物就会和背景有区隔，突出了拍摄主体。

黄昏拍摄夜景是指在黄昏的时刻利用暮光和人工光结合来拍摄的夜景。黄昏拍摄时天空还没有完全暗沉下去，微光中还有些蓝色在，此时可利用人工光源作为主光来照明。这个时段的光线情况变化迅速，拍摄时需密切监看并适当跟随光线的变化调整灯光。

白天拍摄夜景即是在白天拍摄夜晚的镜头，它是影视拍摄中广为使用的拍摄技术。为了使天空变得像夜晚，通常会在摄影机镜头前加上深蓝色滤镜来制造效果。有时也在灯具上加淡蓝色的滤纸来模仿月光，使白天拍摄的镜头看起来像夜晚。数码摄像机因其受限的对比度范围在这方面比胶片摄影机更难操作，因此在白天拍摄夜景时要经过严格的测试，以期达到较为满意的效果。

五、不同天气室外光应用

在影视广告外景拍摄中，经常遇到天气原因造成的整体光效果比较满意，但局部光却不尽如人意的情况，如在晴天中午时刻拍摄，环境光效较好，人物光有时则不太满意，这时就可把人物的阳光先挡掉，然后用人工光进行重新处理。

晴天顺光拍摄，人物穿浅色衣服且较亮时，可以利用各种挡光设备，把画面局部遮挡出阴影，制造画面的暗调，增加层次感。

阴天拍摄由于光线较散，投影弱，画面往往显得平淡，色彩偏灰，层次和反差较小，此时要注意选择固有色色相和明度差别较大的景物来组织画面，并且尽量多采用小场景，必要时用人工光源补光在主体人物或广告中主要诉求的产品上，使其得到一个充足的光照度，以便能拍摄到光线恰当的画面。

还有一种薄云遮日的假阴天。这种天气下太阳被一层薄云遮挡，直射的阳光会被云层扩散形成散射光，此时光线反差比较柔和。在拍摄时一般都可采用现有自然光拍摄，不需要额外的人工光照明。

雪天拍摄时，地面反光强，亮度高，景物反差大。在直射阳光的雪景中拍摄，摄像机前需加中灰滤镜，同时尽可能采用侧光、侧逆光角度来表现画面层次。

雾天拍摄时，空气中有较多水气，能见度差，被摄主体应置于前景和中景位置，色相反差要大，采用小景别，必要情况下对画面暗部进行辅助补光。

六、保持拍摄的连续性

在影视广告拍摄中，如果阳光是主要光线来源，就要尽量避免因光线所引起的潜在连续性上的错误。因为地点、器材、人员等方面的限制，广告影片通常是不按照顺序拍摄的，这就会出现在时间上有连续性的众多画面，很可能是在不同时间、不同天气、不同地点所拍摄的。为了不给后期剪辑带来不必要的麻烦，实现影片完美无瑕的影像品质，每个画面中的光线必须要严格记录，做到保持持续性。在影视广告拍摄中，无论是外景还是内景，首先要确定每场戏中主光的性质和方位。因为，同一场戏中的各个镜头，不论景距怎样变化、实际拍摄时间和地点如何不同，主光的性质和方位是统一的，不能随意变化。首先，光线的性质要保持连贯。如果前一个画面是在日光直接照射下拍摄，接下来同一场景中的的画面却突然变成柔和光线的话，就会令观众感到奇怪和突兀。其次，光线的照射方向也要保持一致。比如说在正午拍摄的画面几乎不会有影子出现，但如果接下来的画面转成下午拍摄的话，影子就会明显地出现在画面中，这样就犯了光线方向连续性的大忌。另外，太阳在一天中自然色温上的变化也可能造成连续性上的错误。不同时间段的色温也是有差异的，此时就要使用摄像机上的自动白平衡功能。如果使用胶片摄影机的话，在镜头前加装彩色补偿滤镜也是好办法，这些都可以用来修正色温上的细小改变。但是无论如何也是很难做到将阴影和总体光线品质中的全部变化消除殆尽的。因此要极度谨慎地安排拍摄进度，避免因光线所引起的连续性问题，应尽量不要在光线变化很快时拍摄又长又复杂的场景，还可以把相同光线的场景聚在一起拍摄，并尽量避免在一天不同时间拍摄相同场景的不同段落。

第五节　运动摄影的光线处理

演员或摄影（像）机移动的画面中灯光的处理比固定画面困难很多。如果在条件允许的范围内应尽量避免人工打光，采用现场光线拍摄。可以运用全面布光、连续布光和分区布光等几种方法来实现运动摄影的照明。

（1）全面布光法　是指在被摄主体运动的全程路线上每个点都布置上人工光，给予被摄主体连续不断的照明。全面布光法使被摄主体自始至终保持统一光效，达到满意的照明效果。此照明方式的缺点是需要大量的照明器材来达到布光要求，比较费时费力。

（2）连续布光法　是把灯光、反光板等器材放在安置了摄影（像）机的移动车上，跟随被摄主体的运动路线一起移动。这是一种比较节省照明器材同时也能够获得足够光效的方法。

（3）分区布光法　是将需要打光的重点区域给予人工光细致处理，一般运用三点式打光方法，并在区域之间加上辅助光。在这种布光方式下，入射式测光表是一个很好的帮手，它可以检测整个场景的光亮度，尤其要注意区域中间的部分。分区布光法让相同的灯光在不同区域起到不同的作用，比如说主光本来在这个场景中是照射被摄主体的主要光源，但当主体移动后原来的主光就变成了轮廓光。

运动拍摄时的布光比较复杂，需要的灯光设备也较多，所以在开拍前应多排练几遍，让演员熟练走位，在应定位的地点做标记，为了避免穿帮镜头，有时可以运用旗形挡光板或遮扉来屏蔽掉可能造成不必要阴影的光线。

第六节　光线氛围

灯光的运用即是一门艺术又有其科学性，布光讲求明暗、层次、色彩的对比，它通过从不同角度投影，不同方向构画，产生了不同的气氛。在影视广告拍摄中灯光所制造的氛围决定着影片的基调。拍摄时，我们应调动灯光特有的能动作用，借助灯光颜色的冷暖、明暗，位置的变化、流动，结合广告创意成功地运用光线来完成视觉和情感的相互转换，带给观众强烈的视觉震撼和全新的艺术享受，同时令产品的形象深入人心。光比是决定灯光所创造出来的气氛的重要因素之一，它是指高光区与阴暗区所受光的照度之比，通常是主光和辅助光的总和与辅助光之间的亮度比例。光比大的时候造型效果强烈，对画面反差有直接影响。在影视广告拍摄中可以利用光比的大小来烘托主题渲染气氛，根据不同的对象和内容采用不同的光比。

光线的氛围也由高调照明和低调照明来决定。高调照明的主光和辅助光的比例比较低，通常是明亮均匀的光线，在影视中用于表现轻松愉快、幽默诙谐或是浪漫色彩浓郁的主题。低调照明恰恰相反，主光和辅助光的光线比例较高，因此低调光线容易制造阴暗、忧愁、冷酷的画面，在恐怖电影或惊悚片中经常出现。

光线的方向（顺光、侧光或逆光），角度（脚光或底光）和质感（柔和或强烈）决定了光线的情绪冲击力，确定了光线的氛围。

总之，要使灯光的语言如画如乐，就应当像美术作品那样来设计灯光在舞台上的线条、明暗、色彩。像音乐作品那样，使整个节目的灯光有完整的布局，有铺垫、有繁简、有起伏、有高潮。追求艺术上的整体感、和谐美，不仅仅从视觉层面上描绘，更要延伸到心理层面上，走向对人物内心世界的塑造，更深层面去挖掘作品的内在精神实质，营造出画面独特的意境。

思考题

(1) 光的投射方向有几种，请举例说明。

(2) 在摄影棚中尝试架设三点式布光。

(3) 简述影视广告中不同质感的拍摄对象布光技法。

(4) 分析影视广告中外景拍摄用光原则。

(5) 光线的性质是如何分类的？请举例说明。

(6) 运动拍摄时的光线该如何处理？

第十一章 影视后期剪辑概述

第一节　影视后期剪辑的基本原则方法

影视后期剪辑作为影视制作重要的一个环节，在整个影视制作过程中有着举足轻重的作用。影视的节奏、风格、表现力和感染力很大一部分取决于后期剪辑的成败，因此后期剪辑在整个影视广告制作中的意义也就显而易见了。

剪辑在整个后期制作过程中的具体工作主要有以下几个方面：①选择最佳镜头；②截取适宜的动作部分；③保证统一、流畅的造型衔接；④确立准确的时空关系。

影视前期拍摄的过程中，为了达到最好的拍摄效果，可能一个镜头要拍摄好几遍，或者会使用好几种不同的方式来拍摄，以保证在后期剪辑过程中能有更大的余地和空间来选择一种最佳的镜头组合。这就要求剪辑工作者在后期剪辑工作过程中首先要具备成熟、准确的判断取舍能力，将最优的镜头或者拍摄方式组合遴选出来，从而保证剪辑工作的顺利、高质量地完成。

人物形体动作在影视中通常会使用分镜头的方式进行拍摄，这就要求在使用两个或更多的镜头多角度展现一个人物动作时，每个镜头都要准确留用合适的动作部分，才能保证几个镜头组接起来的流畅效果，并将动作所涉及的情绪、情感进一步传递出来。

影视的时空虽不同于真实世界的时空，但是也要符合生活的逻辑，反映真实的生活，这就要求影视通过镜头组接所创造出来的场景、空间在整体上浑然一体、自然合理，在细节上也要严谨准确、没有纰漏。同时要求影视剪辑在镜头衔接过程中的造型匹配方面要做到严格、细致，无论是光线、构图、色彩，还是布景、道具、细节等方面都要尽量衔接流畅、自然并合乎生活的逻辑。

影视剪辑要尤为重视逻辑的准确把握，无论是从时间上来讲的叙事线索逻辑，还是空间上来讲的方向位置关系逻辑，只有保证这两个方面的准确、合理，才能将正常的叙事、表意继续下去，否则，如果连基本的逻辑都无法保证的话，那么影视的叙事能力和表现能力也就无从谈起了。

总之，通过影视后期剪辑，为的就是将影视作品最终组合成一部叙事结构严谨、叙事语言流畅、叙事节奏明快，并能够逼真、贴切的反映生活、传达情感的有血有肉的艺术作品。这个最终目的的达到和完成，与后期剪辑的工作是密不可分的。

以下我们从几个方面简单讲解一下影视后期剪辑的具体方法。

一、找准剪接点

1. 动作剪接点

所谓动作剪接点是以人物形体动作为基础，以具体剧情和人物在特定情境中的行为（情绪、节奏）为依据，结合实际人体运动规律所选择出的连接镜头的剪接点。当要对一个人物动作使用分解法进行剪辑时，镜头之间的动作剪接点的选择准确与否直接决定了剪辑后的流畅程度。影视当中的人物动作比比皆是，具有代表性的比如转身、回头、起坐、走路等等，如何找到这些动作的准确剪接点，从而使得动作剪接流畅、自然，便成为影视剪辑很重要的一个课题。

动作剪接点的把握首先需要对人物动作的运动规律有一个准确的了解。一个人物动作看似连续不间断的运动过程中，实际上是存在一个短暂的停顿的，这一瞬间的暂停虽不明显，但是它的存在恰恰就为我们剪接点的选择提供了一个重要的参照和标准，并保证了由此点分切、连接后的镜头在动作上的流畅性。在具体剪辑中，以一个动作对应两个分镜头为例，前一个镜头的剪接点应该在中间暂停彻底结束处，后一个镜头的剪接点应该在暂停结束后运动开始处。当然，这只是一般常规的剪接点确立方法，当人物动作建立在某种情绪基础之上，比如愤怒、生气等等，这个时候为了强化动作的运动幅度，以匹配相应的情绪，剪接点会在原有的基础之上做部分改动，比如后一个镜头剪接点省略一部分时间，再退后几帧，这样衔接起来的动作跨度就比较大，力度感当然也就更强，和情绪的呼应也就更好（需要指出的是，这种省略只能用在后一个镜头上，如果在前一个镜头剪接点往前省略的话，两个镜头剪接后的流畅感就荡然无存了）。

例如，在法国影片《天使艾美莉》中有这样一个场景，咖啡店里卖香烟的女售货员因为对一位女顾客态度不好，女顾客愤然离去，前一个镜头的内容是女顾客转身离开柜台，后一个镜头摔门而出。其实按照正常的逻辑来讲，柜台离门是有一段距离的，从柜台转身要走两三秒才能到门口，但是此处导演为了强调女顾客的愤怒之情，在第一个镜头从柜台位置转身之后，下一个镜头直接就接在门口位置摔门而出的画面，这种通过省略而确立的新的剪接点也就有了更强的情绪表现力和感染力(如图11-1)。

2. 情绪剪接点

情绪剪接点是对和心理活动密切相关的动作、表情等画面造型的取舍点。影视中为了突出、贴切的表现某种情绪、情感和心理活动，往往在某一人物动作、表情等画面造型上留用更长的时间，以符合情感、意蕴的延伸。如表现一个人物看到难忘的情景后的表情镜头，会留用比常规叙事镜头更长的时间，尽管此时画面中没有语言、动作，但是心理活动仍然是很丰富的，情绪也在不断延伸，这时如果镜头留用时间太短，就很难将人物的情绪表现到位。因此，情绪剪接点是一

(a)　(b)　(c)　(d)　(e)　(f)

图11-1　《天使艾美莉》中镜头的剪接

种更难把握的剪辑能力，它的选择取决于剪辑人员对剧情、人物以及影视主旨的精确把握和理解，需要经过长时间的实践、探索、思考才能逐渐领悟这种内在剪辑规律。

例如法国导演特吕弗的影片《四百下》，在影片的最后，主人公安托万从感化院逃出，一个人跑到海边，在一阵犹豫之后终于停下了脚步，脸上露出了复杂的表情，此时影片结束，导演并没有马上把这个主人公的表情镜头切出，而是以这个人物表情镜头的定格方式持续了一段时间，这一剪接点的延长就把主人公不知所措的表情更加突出而印象深刻的表现了出来，从而很好地体现出了主人公对未来的不确定与迷茫（如图11-2）。

3. 节奏剪接点

节奏剪接点的使用更多地体现在声画组合中，特别是在有配乐的影视段落中。影视广告由于时长的限制，叙事、表现手段有限，所以历来也特别重视音乐在广告中的表现作用，那么节奏剪接点的选择在影视广告的剪辑中也就成为很普遍的一种剪辑方法。

(a)　　(b)　　(c)

图11-2　《四百下》中的情绪剪接点

节奏剪接点的选择要综合画面和声音两方面的因素整体考量，声音的抑扬顿挫、画面的造型匹配在剪接点的选择中都要有所体现。只有这样我们才能将影视的节奏流畅的传达出来，给观众一种美好的视听感受。

例如，根据配乐的节奏和重音位置，画面的剪接点的选择都会以此为重要的依据和参考（如图11-3）。

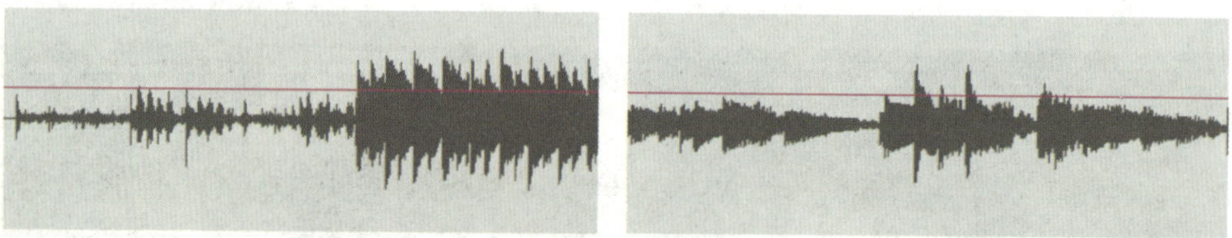

图11-3　根据配乐的节奏和重音位置选择剪接点

4. 声音剪接点

声音剪接点主要包括对白剪辑和音乐剪辑两方面的内容。对白剪辑体现为声画同时切换和声画交错切换两种方式，前者比较传统，后者则比较生动、自然。

声画同时切换又有几种具体的类型。一种是两个镜头声画同时切换，并且在前一镜头声音结束后和后一镜头声音开始前都留有一定的声音空白时段，传统的聊天以及会议发言场景常用此种声音剪辑方式。另外一种是两个镜头声画同时切换，前一镜头声音结束后立即切出，后一镜头声音开始前仍然保留一块声音空白时段，这种剪辑方式比前一种更加灵活、生动，前一镜头讲话完毕后，后一镜头是先有人物的反应，而后是对白，是现在影视对白剪辑种较为普遍的一种处理方式。还有一种是两个镜头声画同时切换，并且前一镜头声音结束后和后一镜头声音开始前都没有保留声音空白时段，声画直接切换，这是一种较为特别的对白剪辑方式，常用在一些特定情境下的对白剪辑中，比如吵架、争论，或者带有对白的快节奏的段落当中。

声画交错切换也存在两种不同的类型。一种是前一镜头的画面结束切出后，声音不切出，而是延伸到后一镜头画面切入开始后，经过这段声音延伸时段后，后一镜头的声音再开始切入。另外一种是前一镜头的声音结束切出后，画面不切出，而是延伸到后一镜头声音切入开始后，经过这段画面延伸时段后，后一镜头的画面再开始切入。这两种交错切换的方式较之声画同时切换显得更加灵活、自然，是现在最为普遍的一种对白剪辑方式。

当然我们在此仅仅列举了具体的剪接点不同的选择类型，对于剪接点具体的位置并没有详细阐述，具体的剪接点位置根据剧情、情绪、节奏等诸多方面的因素不同有着千差万别，所以具体的剪辑过程还要具体问题具体分析，根据不同的条件做出不同的剪辑处理方式。

声音剪接点当然还包括音乐剪接点，这类剪接点的选择主要是根据乐曲的旋律、节奏等基本要素确定合适的剪接位置，比如将一首歌曲剪短，就可能需要去掉一部分，如何在剪掉一部分乐曲之后，依然保证乐曲的流畅性，并且没有破绽，就务必要精确的定位剪接点位置。这就需要在剪接的过程当中反复实验、推敲，当然如果非常熟悉这种剪辑，并有着很好的乐感的话，剪辑这类对象应该会比较顺手。一个很好的方法是，在一般的后期剪辑软件中，音频轨道上都可以将音频片段的音频波形显示模式打开，有了这种可视的音频波形参照，剪辑的过程中也许会相对容易一些（如图11-4）。

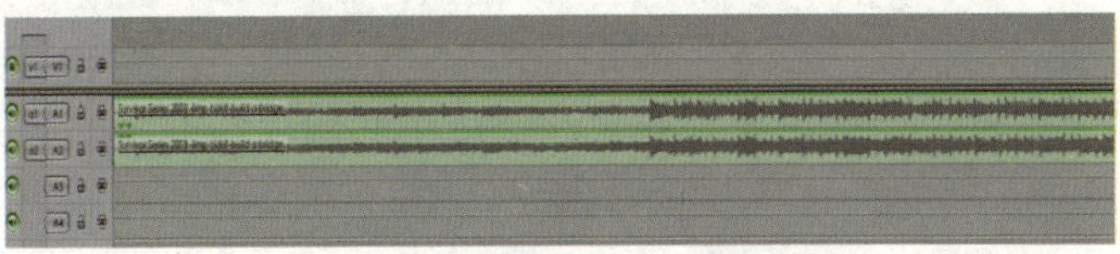

图11-4　音频片段的音频波

二、正确处理时空

影视中的空间不同于现实世界的空间，现实世界的空间是一个客观、明确的空间，因为人可以动态的观察所处的空间环境，以此做出始终如一的准确定位与判断；而影视中的空间是通过蒙太奇的方式创造的空间，对于这一空间的理解、判断有赖于对镜头语法的把握和运用是否得当。如果没有考虑到影视时空的特殊性，在剪辑过程中随意、主观的组接镜头，则很容易造成影视空间的混乱和表意不清。为了保证影视中始终明确、统一的空间关系，无论是在前期拍摄阶段还是后期剪辑阶段，都要根据轴线原理进行适当的镜头调度和镜头组接。

（1）轴线　可以分为关系轴线、运动轴线、视线轴线三种类型(如图11-5)。这三种轴线都是影视拍摄和剪辑过程中最常见的轴线类型，如果在机位调度和后期镜头剪辑中出现违背这三种轴线原理的情况，会造成空间表达的混乱和误区，这种问题我们把它叫做“跳轴”（如图11-6）。

（a）关系轴线　　（b）运动轴线

图11-5　轴线

轴线原理要求机位都要保持在轴线一侧180°的范围内，以此来保持方向的始终统一。比如要表现一辆车始终朝向画面的左侧前进，那就要保持所有表现车的镜头都在180°的范围之内，超出180°的范围，车的运动方向就变成了向右；要表现两个人面对面的交流，轴线内的机位调度与剪辑会始终保持一人在左、视线朝右，一人在右、视线朝左的面对面的空间关系，如果硬插进一个轴线外的机位，原来的左右及朝向关系马上就会因为反转造成空间混淆（如图11-7）。

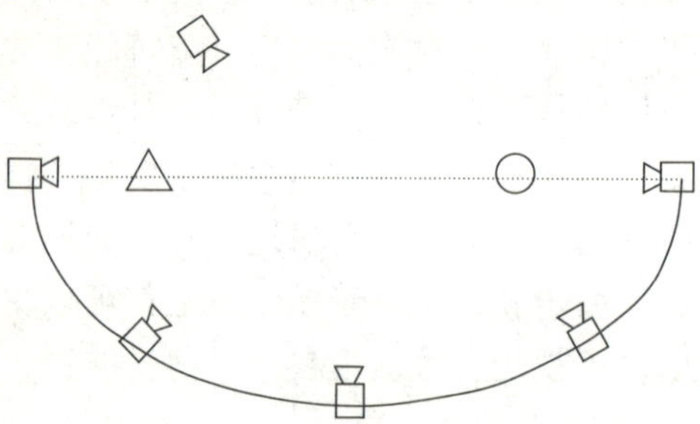

图11-6　跳轴

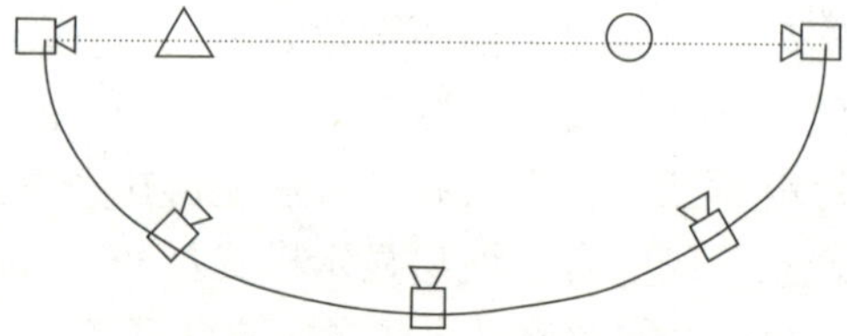

图11-7　轴线机位调度范围

（2）轴线剪接原理　轴线原理要求一组镜头的调度与剪接要始终保持在轴线一侧180°的范围内，如果一组镜头中其中一个镜头在没有任何铺垫和过渡的情况下跳出这个180°的范围，那整个这一组镜头对于空间的表现就会出现混淆。为了避免这个问题，我们通过简单的总结、归纳，将轴线的机位调度方式整理为如下的“三角形原理”。以最简单的人物对话场景为例，轴线调度的三角形原理主要分为三种类型。

图11-8　平行三角形

① 平行三角形：即处理人物对话时始终是以两个正侧面机位和一个顶角全景机位进行调度、组接，这种方式对于空间的表现简单、明晰，但略显生硬、古板（如图11-8）。

② 内反拍三角形：即以正反打两个机位和一个顶角机位进行调度、组接，这种方法包括一个特殊的情况，即两个和轴线方向完全重合的机位与顶角机位的组合方式（如图11-9）。

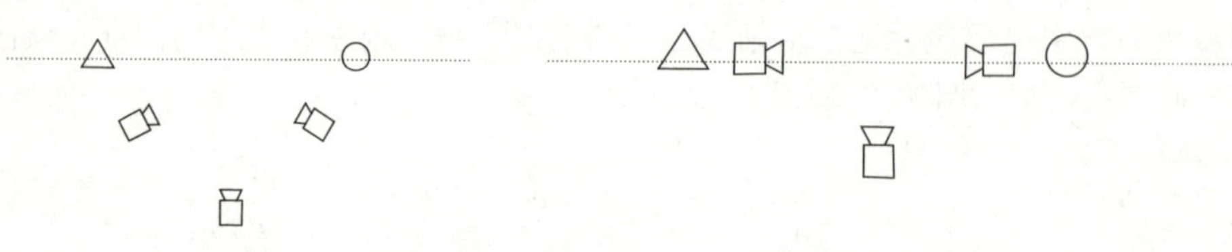

（a）　　　　（b）

图11-9　内反拍三角形

③ 外反拍三角形：即以两个过肩镜头和一个顶角全景机位进行调度、组接（如图11-10）。

当然，这三种方法并不是完全独立的镜头调度、组接公式，影视拍摄和剪辑中更多的是综合这三种方法进行创作的。下面我们可以将这三种方法组合为一个更大的镜头轴线调度公式，以此更为全面的交待镜头轴线处理的标准方法（如图11-11）。

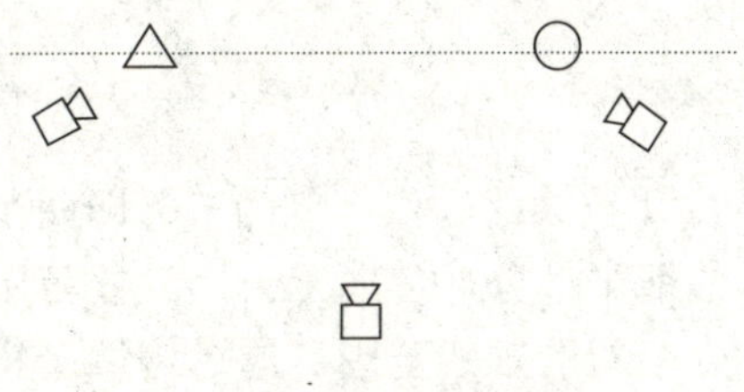

图11-10　外反拍三角形

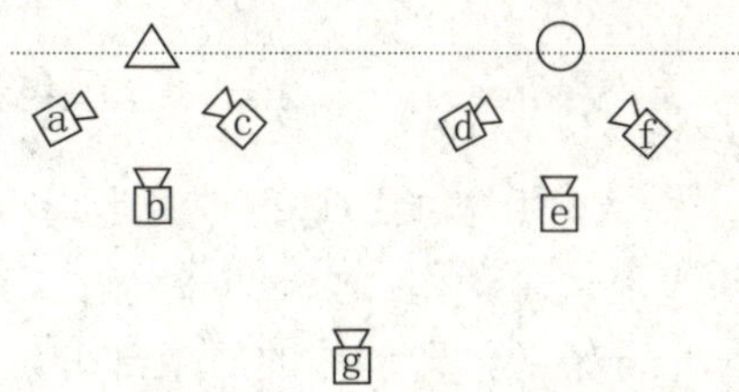

图11-11　三种方法组合

上图中我们把三个三角形组合为一个大的三角形，这七个机位中，除去平行机位和内反拍机位不能在剪辑过程中直接组接外（机位b与机位c，机位e与机位d），其它任意两个镜头都是可以相互组接，并保证镜头准确、流畅的。可见，它不仅为我们概括了轴线机位的调度方法，更为我们提供了一个完整的标准。

（3）合理越轴　轴线原理的180°范围，并不是要求所有镜头都要局限在这个范围之内，有时根据一些具体的表现需要，机位会随时跳出原来180°的范围，从一个新的角度进行表现。合理的越轴不仅增强了对于空间的立体、全方位展示，更能够加强影片的表现力。但是在机位跳出180°的范围之前，是需要有必要的铺垫的，这里就涉及了合理越轴的几种方式。

① 镜头运动：即上一组镜头的最后一个镜头通过镜头运动由轴线一侧的180°范围运动到新的范围之内，因为这时由于镜头机位变化而引起的空间变化过程是可以循序渐进的完整的展现在镜头之内的，所以观众也不会对空间的理解产生混淆（如图11-12）。

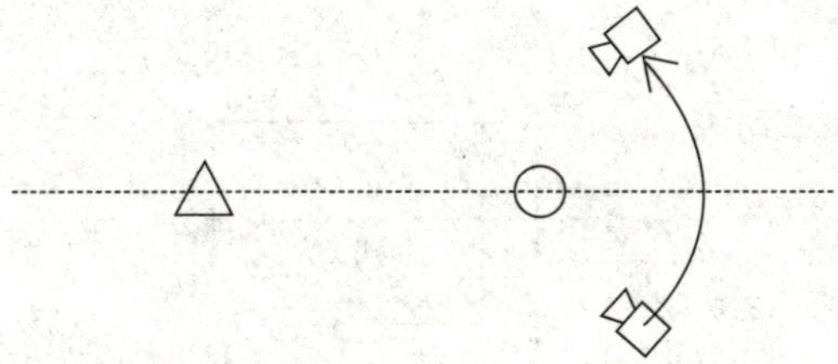

图11-12　镜头运动

② 插入镜头：有时在越轴之前，影片会故意插入一个方向性不明确的中性镜头，比如特写镜头，通过这个镜头的过渡，下一组镜头开始在新的轴线范围内进行调度、组接。

③ 中性镜头：即越轴之前插入一个完全切在轴线上的中性镜头作为过渡，实现合理越轴（如图11-13）。

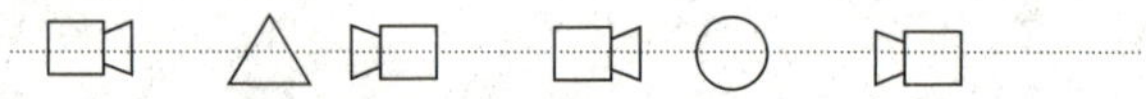

图11-13　中性镜头

④ 大动作剪接：这种方法是指将一个幅度比较大的动作一分为二，即两个分镜头表现一个动作，上一个分镜头，即动作的前半部分，从属于一个轴线范围，下一个分镜头，即动作的后半部分，从属于一个新的轴线范围。通过这两个镜头的组接，虽然空间产生了大反转，但是这时观众的注意力都在人物动作上，所以合理越轴也就在不知不觉中实现了。

(4) 轴线的特殊情况　轴线也存在诸多比较复杂的情况，比如一个多人对话的场景中，由于人物不是两个，而是四五个，甚至更多，那么轴线就存在多条，这时通过对于轴线的把握合理完成机位调度与组接就变得尤为重要。下面是一些具体的多轴线处理方法。

① 简化轴线：即可以将轴线简化，从而减少机位调度的范围，比如在一组三人对话的场景中，就可以将其中两个距离相对比较近的人物作为一个点来处理，这两个人和第三个人组成一条轴线，在这个基础之上的轴线机位调度就会变得相对比较容易一些。

② 分清主次：有时一个场景中的轴线与轴线之间会存在冲突，比如坐在汽车驾驶室的两个人一边聊天，一边行进，这时会有一条两人之间的关系轴线，还有一条汽车行驶的方向轴线。这两条轴线相互垂直交叉，于是就造成了一个非常棘手的问题，如果兼顾两条轴线的话，那么机位的可调度范围就只能在一个两条轴线的一个90°的夹角之内，这严重限制了镜头的空间表现力，所以这种情况下就只能根据表现重点有所舍弃了（如图11-14）。

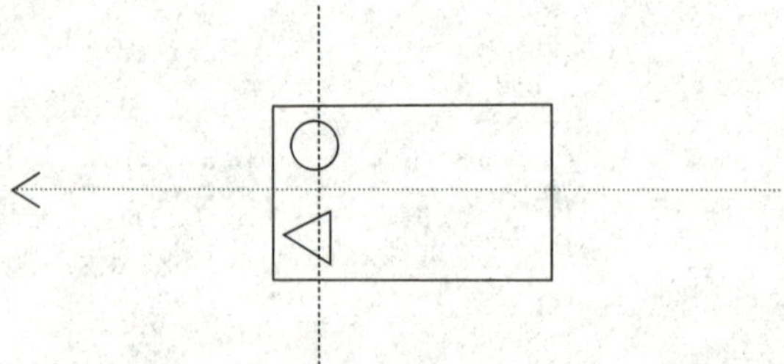

图11-14　分清主次

比如，如果要重点表现汽车的行进和运动，就以方向轴线为主进行机位调度和剪接；如果重点表现两个人之间的交流，就以两个人之间的关系轴线为主进行机位调度和剪接，这种情况下虽然会存在两个人的车窗外景物运动方向不统一的现象，但是由于关系轴线的突出地位，观众也会自然的忽略这些问题（如图11-15与图11-16）。

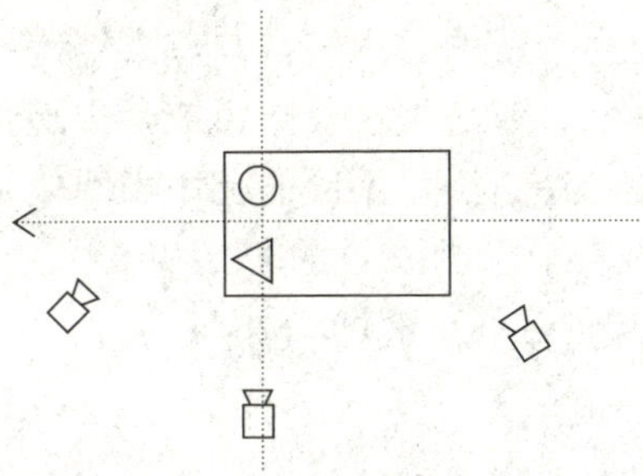

图11-15　方向轴线为主的机位调度

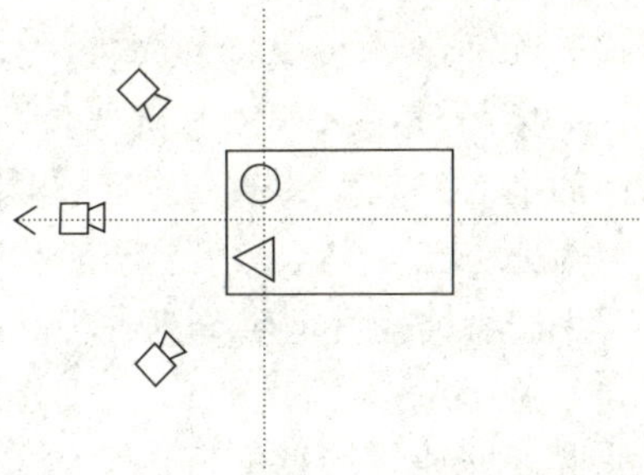

图11-16　关系轴线为主的机位调度

（5）影视作品中的“跳轴”　常规叙事中是不允许跳轴的，但是影视作为一门艺术，很多原理、方法都有相对性。在一些特殊的情况下，为了达到特殊的艺术表现效果，有时导演会刻意突破常规语法的限制，通过一种反常规的方式去表现一些主题或者情绪。比如，早期好莱坞的著名导演约翰·福特的电影《关山飞渡》中有一场海边追逐戏，为了增强节奏感，导演就在多处通过故意跳轴的方式来进行拍摄和镜头剪接。

可见，轴线原理也不是绝对的公式，根据具体的表现需要，影视创作过程中随时会有一些突破常规的应用，我们要理解、把握轴线原理，保证影视对于空间的准确反映和表现，但是也不能将其绝对化。

三、合理运用逻辑

合乎情理、富有戏剧性的逻辑是影视叙事的两个基本要求，剪辑同样也要遵循这两个原则，通过镜头安排，使得叙事合乎生活的正常规律，从而说服观众；又能体现出一定的戏剧性，通过跌宕起伏、饶有趣味的镜头剪辑感染观众，引起观众的关注。

关于此方面的内容，在下一章节的部分会有较多以实例形式的阐述，在此不做赘述。

第二节　影视及影视广告后期剪辑的具体技巧实例解读

根据影视作品及影视广告中不同的镜头剪辑手法，我们把剪辑技巧大致分为两种基本类型，即结构性剪辑、心理性剪辑。

一、结构性剪辑

结构性在人们日常的观察、感受与思维中具有普遍和先验的地位。任何一种形都是一种空间结构；任何一种声音都是一种波形结构；形与形之间的大小、高下、虚实等各种关系，都会产生更大的空间结构；声音与声音之间的高低、强弱、音色、节奏等，都会产生各种各样的旋律结构及时间结构；在视听艺术中，声音与画面的同步、对位、分立等，又会产生丰富的时空结构与叙事结构；我们在欣赏艺术作品时，又会体验到或是紧张惊悚、或是恢宏壮丽、或是委婉含蓄等各种各样的情感结构。影视镜头的剪辑也是一种结构，不同的艺术表现效果和感染力其实就是通过镜头与镜头之间的一些特殊结构安排实现的。

以下我们将结构性剪辑分为七种具体模式进行逐一解读。

1.复线嵌套

复线嵌套即通过段落之间的“勾结”、牵制和互动，整体上架构起强烈的悬念。一般是将上一段落中“悬而未决”的一个情节元素嵌入下一段落的发展主线中，通过两者之间的各种关系制造悬念、强化冲突。

影视广告剪辑中常常用这种方法增加悬念，比如第50届戛纳广告节中的一则酒类广告中，广告中的人物主体是一群在轮船上受尽欺凌的劳工，其中有个劳工无意捡到一瓶红酒，于是偷偷藏了起来以便有机会享用，为了在整体叙事中突出这瓶被藏起的酒引发的悬念，广告中在整体镜头剪辑中插入了好几个“酒瓶”的镜头，于是一个嵌套在故事框架中的新的悬念被加强、突显了（如图11-17）。

(a) (b) (c) (d) (e) (f)

图11-17 复线嵌套在酒广告中的运用

2.顺向强化

顺向强化即顺着情节发展的自然趋势，不断补充某些结构要素的能量，使既定的情绪或情感向同一方向累积、强化。也就是通过对各种元素的并列的、趋向一致的整体结构安排来达到强化的效果。这种强化、张扬和强调本身就能创造一种扑面而来之势，从而产生强烈的艺术震撼力和感染力。

对于情绪、情感的张扬和强化表现，创造一种强烈的临场感和紧张感，从而使观众在这种情绪的渐进中逐步参与其中，受到一种强烈气势的感染，这在电影的镜头剪辑中也是一种惯常模式，表现方式多种多样。下面主要以景别渐进强化、空间指向强化、剪接节奏强化（速度强化）以及交叉强化为例来说明。

（1）景别渐进强化　通过镜头景别的逐渐变化，从而达到对人的某种情绪的强调表现。这种方式可以使观众逐步进入主人公的内心世界，从而使得人物情绪的张扬表现对观众产生巨大的冲击之势。

一个明显的例子就是吕克·贝松的经典影片《这个杀手不太冷》。影片中里昂在天台教玛蒂尔达射击的情节就是用到了这种景别处理方式。当玛蒂尔达瞄准远处要“猎杀”的一个议员之时，在即将要开枪的一瞬间，为了充分表现玛蒂尔达那一瞬间的真切感受，影片突然放慢了节奏。随着瞄准镜的进一步精确定位，影片对里昂和玛蒂尔达的表现采用了景别的渐进，用缓慢的推镜头逐渐由近景到特写，再到更大的特写，以致到人眼的超大特写。这种景别渐进其实就是对“即将射击的枪”这一剧情悬念的渲染强化，生动地表现出了当时人物的紧张情绪，从而使观众充分融入了当时的情境之中，并对射击的结果产生强烈的心理预期（如图11-18）。

图11-18　景别渐进强化在电影中的运用

影视广告中的剪辑也是同样的道理，戛纳广告节中的一则啤酒广告和一则糖果广告也体现出了这一剪辑策略的应用。为了表现人物愈加惊诧和激动的心态，导演就是巧妙运用了这种景别渐进的方式将人物的心态变化生动地表现了出来（如图11-19）。

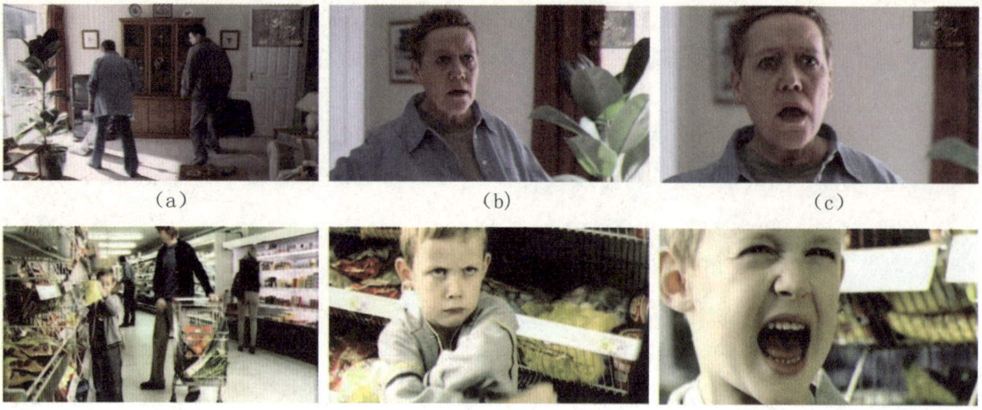
(a) (b) (c)
(d) (e) (f)

图11-19　景别渐进强化啤酒广告和糖果广告中的运用

（2）空间指向性强化　是对于某一事物的强调表现，进而通过这一事物去传达某种情绪或情感。空间指向强化通过组接各个镜头中人物的眼神、手势以及运动方向等具备明确指向性的视觉信息的镜头，整体上完成对某一事物的指向强化，从而通过对这一事物的突出表现去传达情绪、情感。

第50届戛纳广告节中一则阿根廷航空的宣传广告中，身为飞行员的儿子骄傲的在信中告诉母亲及乡亲们他驾驶的飞机将从家乡飞过，于是乡亲们在飞机飞过的时间都聚集在一块空地上等待飞机的来临，这时为了突出大家的期盼之情和强化“飞机即将来临”这一戏剧性元素，导演就是利用了一系列的指向性镜头来表现的（如图11-20）。

(a) (b)
(c) (d)

(e)

(f)

(g)

(h)

图11-20　阿根廷航空广告

（3）交叉强化　是通过两个时空场景的交替叙述，从而在对比和交互的关系中进一步去强化情绪、情感，也就是蒙太奇中的交叉蒙太奇。这种强化方式既是线性的又是并列的，当然所达到的效果也就愈加强烈、明显。在格里菲斯的影片《一个国家的诞生》中，就有一处经典运用，即“最后一分钟营救”。

（4）重复　通过重复也能加强对某人或某物的渲染，从而达到突出表现的效果。希区柯克的影片《天真与无知》中，当主人公找到老威尔的住处时，为了表现主人公寻找老威尔的焦急之情，影片通过对老威尔的床的镜头的多次重复表现突出了主人公当时的心态。主人公每一次主观镜头之后都接了“床”的空镜头，对这一镜头的连续重复，其实就是对主人公焦急心情的渲染和强化（如图11-21）。

图11-21　连续重复镜头在电影中的运用

还是以前面提到过的戛纳广告节中的那一则糖果广告为例，广告中儿子因为爸爸不给买喜欢的糖果而“大发雷霆”，歇斯底里的在超市中大哭大闹，在对这一情绪的表现中，导演在剪辑中就是利用了不断的“儿子哭闹”表情镜头的重复去展现的（如图11-22）。

（5）速度强化　这里的速度指的是镜头的剪接速度，即通过镜头剪接速度的逐渐加快来完成情绪的渲染和张扬。随着镜头剪接的加快，镜头以越来越快的速度和频率在观众面前闪现，很自然就通过这种速度的强化来达到了对情绪的强化表现。

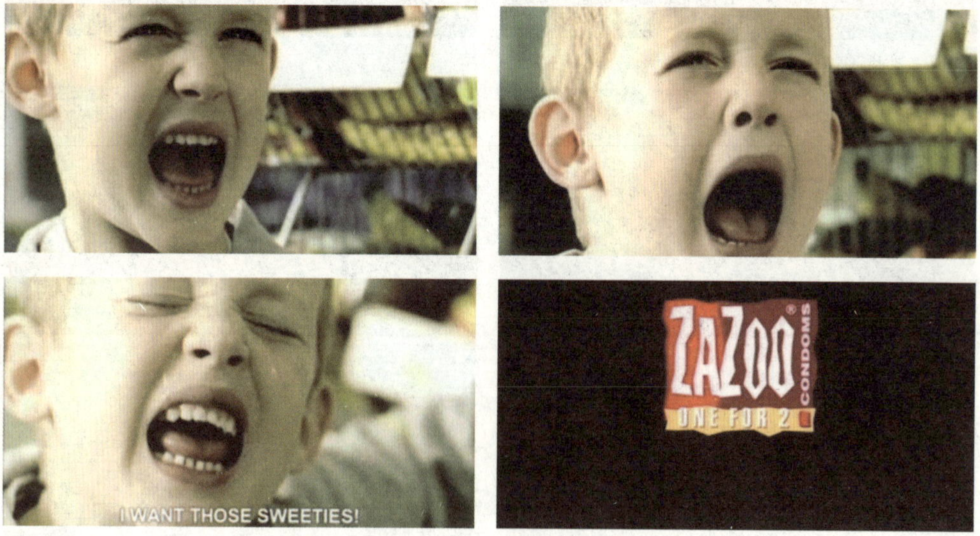

图11-22　重复镜头在糖果广告中的运用

戛纳广告节中一则米拉麦克斯公司的影片预告广告中有一处对这种手法的运用。广告中配音演员和导演发生了口角，进一步口角升级，两人针锋相对，情绪愈加激动，为了突出两人之间的对立矛盾，剪辑中就利用剪辑节奏的变化，在最后的阶段将镜头的长度剪短，通过快速的镜头组接将两人的“针锋相对”生动地表现了出来（如图11-23）。

3.对比落差

对比落差即利用两个元素之间的对比关系造成落差，通过相反的方面更加衬托被表现物，从而达到反向强化的效果。对比越明显，落差越大，所产生的艺术表现效果也就愈加强烈。这种方式具体到电影镜头剪辑中主要有三种形式，即景别对比、内容对比和速度对比。

（1）景别对比　《勇敢的心》中的一个段落，华莱士的妻子被英格兰贵族残忍的杀害，悲愤交加的华莱士即将要单枪匹马闯入英格兰贵族的领地为妻子报仇。影片为了表现华莱士孤身闯虎穴的英雄气概，对华莱士这一人物形象做了出场的特殊处理，即通过景别的对比落差来完成对人物的“最终出场”的表现。当华莱士逐渐接近英格兰贵族的领地时，所有的英格兰士兵都屏住了呼吸，他们都为华莱士的英勇所震慑，紧张而不安的注视着华莱士的一举一动。这时影片对华

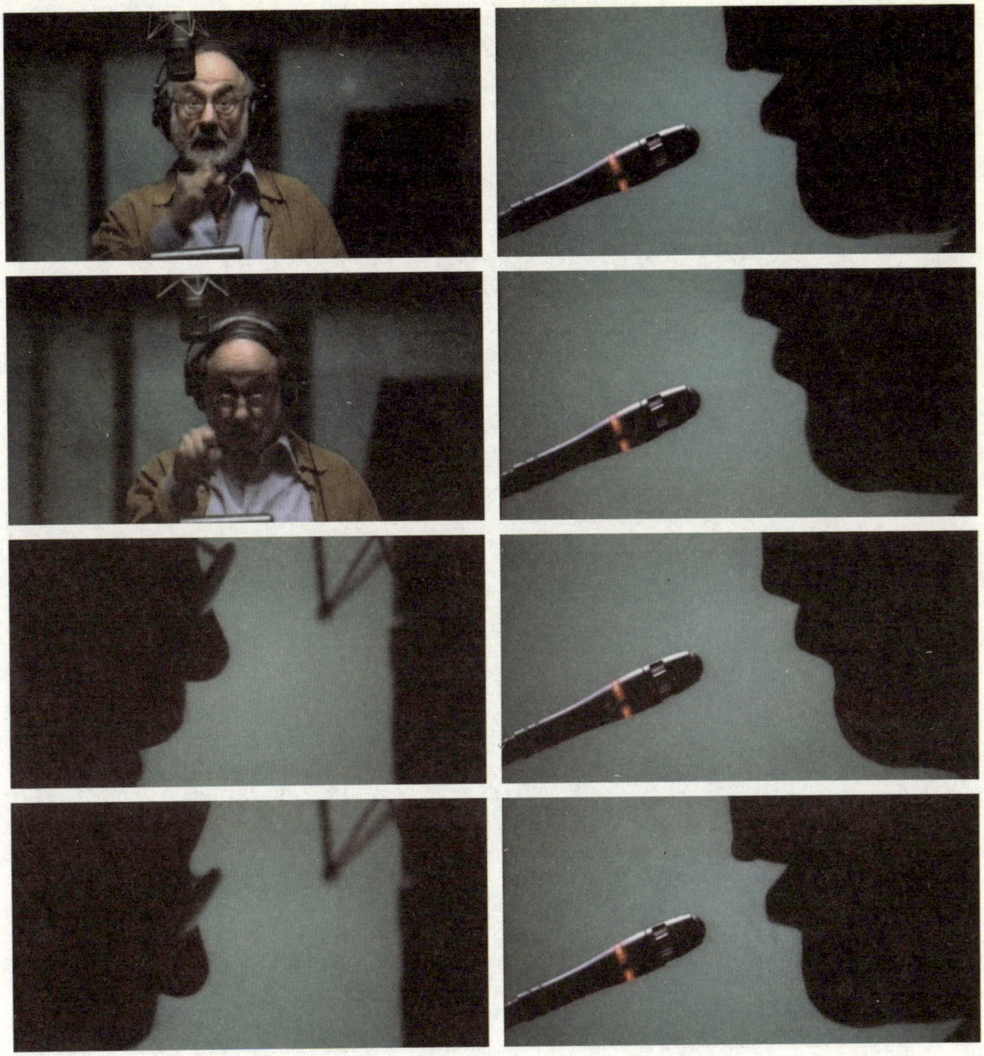

图11-23　速度强化在广告中的运用

莱士的表现全是模糊不清的中全景和全景，而且华莱士总是处于镜头的纵深处，前景物象的阻隔也使华莱士的形象“残缺不全”，所有镜头都没有给出人物十分明确的形象。在这一系列的大景别铺垫之后，最后影片终于给出了华莱士正面的近景形象镜头，这种前后对比关系就是通过前半部分造势，在后半部分呈现最终的明确人物形象，从而以对比落差的方式来反向强化表现效果。这种铺垫之后的近景形象无疑要比没有任何铺垫直接出现近景的方式好得多，而且也更加具有冲击力（如图11-24）。

（2）内容对比　即通过镜头内容方面的对比，强调突显某一方面的意义。戛纳广告节中一则大众甲壳虫汽车广告的剪辑就运用了这一方式。为了突出甲壳虫

图11-24 《勇敢的心》中的景别对比

汽车与众不同的设计外形，广告中在大部分的镜头剪辑中累积了一大堆形式呆板的方形物件镜头，在这些镜头的铺垫之下，广告中最后一个镜头出现了甲壳虫汽车，这样，甲壳虫独特的流线型设计就在前面一系列方形物件中得到了对比性的强调（如图11-25）。

（3）速度对比　即通过速度的前后对比落差强调一种速度感或是某种紧张情绪，一般影片中为了表现超快的速度以及由这种速度造成的紧张压迫感时，会用到这种处理方式。从而通过一种“欲快先慢”、“欲扬先抑”的方式用大的落差更加突出速度和情绪。

(a)　(b)　(c)　(d)　(e)　(f)

图11-25　戛纳广告节中大众甲壳虫汽车广告

戛纳广告节中一则绿色和平组织的宣传广告中，为了强调现代人类处处紧张、压抑的城市喧嚣生活，以及充满生机的大自然能够带给人类的惬意、放松生活的理念，广告中前半部分在剪辑中全部使用了快速的逐格镜头，并附加以快速、不间断的解说以及快速的镜头切换，以此来表现现代城市生活的高压氛围，广告最后突然解说的语速放慢，声音上是一种惬意、舒服的语气，画面上则带出了一片绿意、充满生机的大自然镜头，并使用节奏舒缓的慢镜头表现，在前半部分的对比下，绿色的大自然马上被突显了出来（如图11-26）。

4. 省略

通过对某种信息的特殊省略处理，以一种不完整的结构反而能更为简约、凝练的达到突出表现的效果。正是因为它的“不见”，它的“无”，反而愈加充分的调动起了欣赏者的欣赏兴趣。这种对于艺术作品中某些元素的缺省处理，能充分调动起欣赏者的联想能力，造成一种“缺席的存在”，从而产生一种“此时无声胜有声”的审美效果。电影剪辑中会通过镜头的省略，反而达到对人物或事件

图11 26　甲壳虫广告中的内容对比

的简约并且强调性的表现，这种省略主要表现在时间上的缺省和空间上的缺省。

（1）时间缺省　还是以《勇敢的心》中那一段战斗情节中“战马飞腾”的细节为例。为了表现英格兰铁骑越过战壕时战马飞腾的气势，影片把马的运动分解成了两个镜头，一个是飞腾，另外一个则是下落。在第一个镜头中，战马越过战壕腾空而起，等到达最高点后，接着切入第二个下落的镜头。这时战马的运动轨迹是一条很明显的抛物线，等到达最高点时，按常规处理另外一个镜头会紧接着第一个镜头的运动顶点，从顶点开始下落的运动。但是影片没有这样处理两个镜头之间的剪辑，而是在下落的镜头中，故意省略了从顶点往下的一段距离。也就是说，第二个镜头中的运动没有紧接着第一个镜头末尾的运动点，而是从运动点之后的位置开始。这种时间上的省略处理，无疑为“战马冲锋”营造了一种更为强烈的气势，使得战马冲锋的运动感更加突出的表现在了镜头组接之间，从而很好的得到了表现。当然影片在对这一细节的表现上，综合运用了慢动作和快动作的对比落差和省略这两种处理方式，于是达到了更好的效果（如图11-27）。

（a）

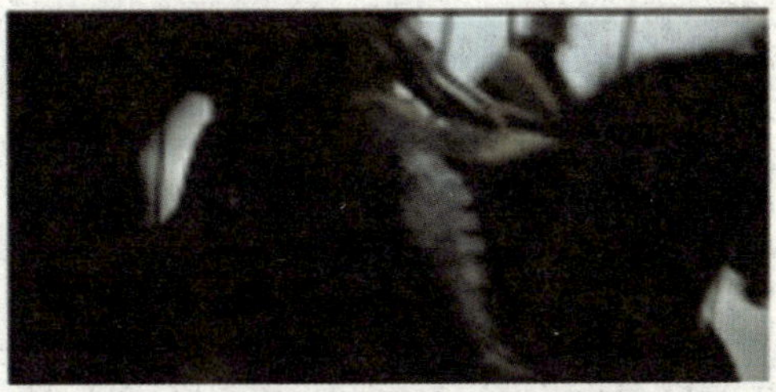

（b）

图11-27　《勇敢的心》中战马飞腾的处理技巧

戛纳广告节中的一则大众甲壳虫敞篷汽车广告中为了传达“呆板、一成不变的生活需要新鲜的事物”这一理念，广告前半部分使用了跳接的方法将主人公不同时间、相同空间的镜头连续组接，以此表现主人公日复一日、周而复始的乏味工作和生活，这样的剪辑方法不仅简化了叙事语言，而且更加凸显了主人公的枯燥生活状态，为广告最后的主题作了很好的铺垫（如图11-28）。

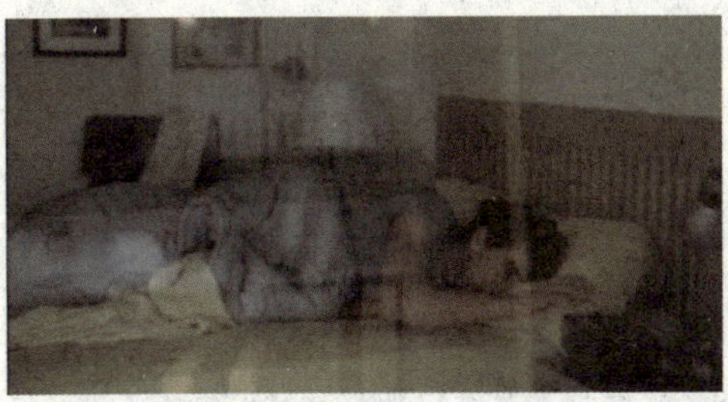

（a）

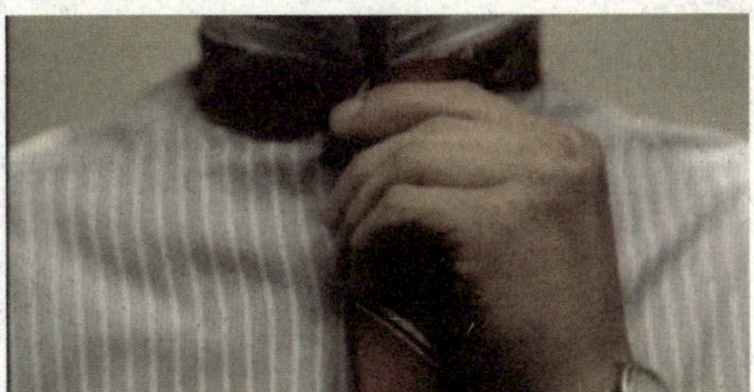

（b）

（c）

（d）

图11-28

图11-28　甲壳虫广告中对时间缺省的运用

（2）空间缺省　美国影片《驿车》中，在表现大街上一个年轻的小伙子同三个歹徒的枪斗时，影片完全省略了这个搏斗的场景，不给出这一场面的任何画面，而是给出了酒吧里一群顾客等待着格斗结果的镜头，这种省略使得这一悬念愈加的牵动人心，等到几声枪响过后，一个歹徒突然推门而入，但是踉跄几步便倒下了，这时小伙子慢慢走来，观众顿时豁然开朗。可见，这种故意省略某些空间的剪辑方法，反而能充分调动起观众的胃口，唤起他们主观想象的参与，从而也就起到了“此时无声胜有声”的巧妙效果。

戛纳广告节中的一则手机广告也使用了同样的剪辑方法。广告讲述了目击证人指认嫌犯的一个场景，在剪辑中省略掉了目击证人的镜头，取而代之以画外音的形式，最终目击证人通过嫌疑犯的手机铃声找到了答案，进而把广告的主题巧妙的表现出来。这种空间省略的手法使广告的叙事极为简洁，从而保证了主题的清晰传达（如图11-29）。

(a)　　(b)

图11-29　手机广告对空间缺省的运用

5. 非线逻辑

这种镜头剪辑结构的处理方式就是要打破常规叙事的线性时序，通过反常规叙事的镜头剪辑方式来加强戏剧效果。

例如希区柯克的影片《天真与无知》。影片的开始部分并没有按照一般影片的常规影像叙事规律来做，即按照景别由远景、全景到近景、特写的逐渐推进来逐步交待故事的开始，而是第一个镜头就给出一个特写，而且一开始就是一个对观众来说是“无缘无故”的两个人的激烈争吵场面。这种剪辑处理将一个没有头绪的悬念突然托出，这就为故事的进一步发展走向写下一个很强的“重音”，更加强烈的吸引观众继续关注下去（图11-30）。

影视广告由于时间一般非常短，要想呈现完整的叙事框架和逻辑是很困难的，广告中更多的是一些片段性的事件场景。这一特点就决定了影视广告在叙事策略选择上的特殊性，非线性逻辑也就成为影视广告比较常用的叙事和剪辑方法。

图11-30　非线逻辑在影片《天真与无知》中的运用

6.先叙事，后点题

先叙事、后点题的结构方式，即在一组镜头剪辑的末尾点明主题，以使得剧情在最后豁然开朗，留有余味。

影视广告对主题的呈现讲究的是创意，新颖独特的主题呈现方式更加容易感染观众，使观众印象深刻，并且回味无穷。“先叙事，后点题”的剪辑方式恰恰契合了这一创作要求，通过常规的叙事为广告奠定一个看似平凡、波澜不惊的“叙事”基调，最后又通过出其不意的“点题”一下子将广告的独特创意、新颖主题和盘托出，在一瞬间给观众以强烈的共鸣和冲击，从而强化广告效应。

戛纳广告节中一则主题游乐园的广告巧妙地运用了这一剪辑策略。广告中几个医生在手术台上正为主人公实施抢救，这时突然一只小鸟从主人公身体里飞出，令医生惊奇无比；随后的一个镜头揭开了谜底，原来是主人公在游乐园内玩过山车时由于兴奋过度，嘴巴一直夸张地张开，结果就因为一只与他的嘴巴不期而遇的小鸟让他进了手术室。这种构思巧妙的叙事剪辑策略，不仅让观众看后会心一笑，更让广告的效应深刻、长久的印记于观众的心中（如图11-31）。

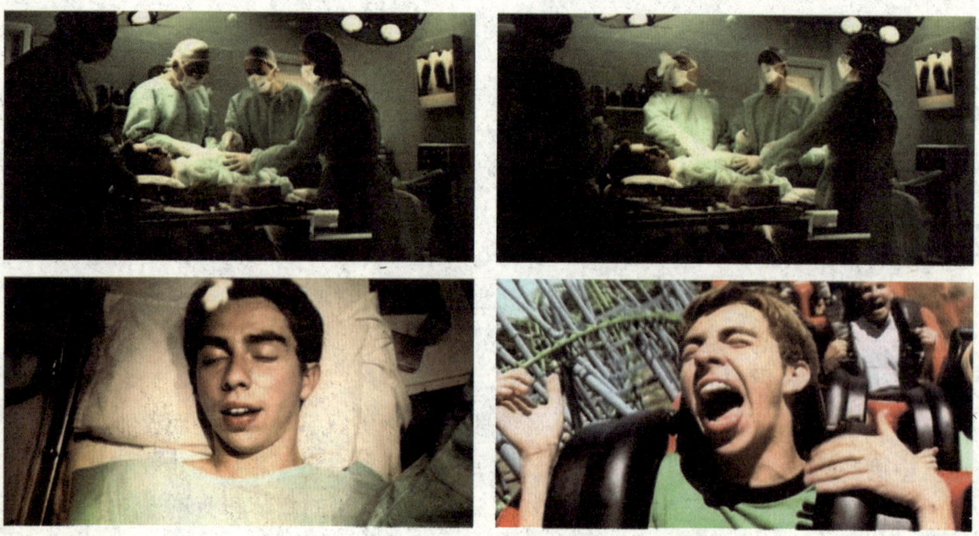

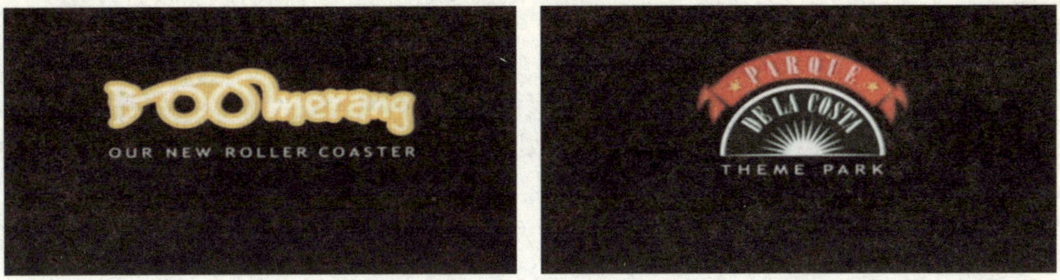

图11-31　先叙事、后点题在游乐园广告中的运用

7.修饰扩展

指的是运用不同角度、不同细节等多组镜头对一个主体或主题进行修饰性表现，使得主体或者主题在一系列陪体的修饰结构中被表现得丰满、生动，更加有意义。

戛纳广告节中的一则耐克广告运用了这种剪辑策略。为了表现耐克“Just do it”的品牌理念和主题，广告通过一系列运动员在比赛前的准备动作去修饰这一统一的主题，运动员认真、投入的表情、眼神、动作很好地把耐克“Just do it”的品牌理念映衬出来，使之在一系列的镜头修饰下显得生动、真切（如图11-32）。

图11-32

图11-32　修饰扩展手法在耐克广告中的运用

二、心理性剪辑

在影视作品剪辑中，除了外在叙事结构方面的剪辑方法外，还有诸多直接运用内在心理层面的剪辑方法，这种剪辑方法使得欣赏者调动内心想象直接参与，激起各种各样的心理变化和情感体验，这就是心理性剪辑。虽然，结构性剪辑同样多与心理有关，但这里所说的心理性剪辑是相对于结构性剪辑而言，是指直接调动观众心理反应的剪辑方法。具体的侧重点不再是多个镜头之间的组合方式，而是更加注重整体镜头结构中，对于某些画面内容具有特殊意义的镜头的使用所引起观众直接心理反应的剪辑方式。

1. 完形式

这是基于对作品中某一形象的不完整表现，引发欣赏者的心理参与，从而使作品的意义在欣赏者的补充和想象层面得以丰富和完善。“犹抱琵琶半遮面，千呼万唤始出来”的美感，正是对人的完形心理的巧妙调用。这种手法就是通过对一个完整形象的不完整或是局部表现，充分调动起观众的兴趣，引起观众的心理补足。

影片《这个杀手不太冷》的第一个场景的镜头剪辑就很好的运用到了观众的心理补足意识。影片开篇就是表现一桩杀人交易的场景，为了调动起观众的想象力和“胃口”，影片对正在交易的两个人，尤其是杀手里昂这一形象，全部采用一种局部表现手法，即全是大特写——黑墨镜的特写、手的特写、脸颊的局部特写……，这就使得这一人物形象更加充满神秘感，具备了很强的悬念。不完整的形象反而激起了观众一种强烈的补足的“完形”心理，将零碎的镜头画面在心中拼装组合，从而引起对影片的进一步关注（如图11-33）。

图11-33　《这个杀手不太冷》中对完形式的运用

2. 隐喻式

通过镜头中的可视形象来达到对某个人物、事件或是某种思想、精神等的象征或是暗示性表现，从而使观众在对这一隐喻的感知中产生联想，这种手法在电影中同样有较多的运用。

影视广告中也是一样的道理，通过具有象征性含义镜头的使用，不仅可以调动观众对于作品信息的主观能动想象，更能够以一种富有深意的方式将作品主题传达，从而达到更好的广告效果。比如2003年巴黎世界田径锦标赛的宣传广告中，为了表现人类对于世界纪录的不断打破和憧憬的主题，广告中使用了一系列“追求高度”的充满象征和隐喻意义的镜头，从而富有深意地展现了田径锦标赛的赛会精神（如图11-34）。

图11-34　2003年巴黎世界田径锦标赛宣传片中对隐喻式的运用

3. 惯性式

由于心理上的常规惯性思维，而使得欣赏者具备了一种思维定式，即使打破这种常规，欣赏者也会在这种惯性思维的作用下继续着某种心理预期。惯性式的主要表现方式为“心理惯性”和“视觉惯性”。

有这样一个故事，在一处公寓中楼上的人每天晚上回到家都要重重地把鞋子摔到地上，楼下的人因为这个经常被吵醒，于是楼下的人每次都一直等到听见楼上的人两只鞋子落地的声音后才会睡觉；但是有一天，楼上的人喝醉了，回到家只脱掉了一只鞋就睡着了，楼下的人因为在苦苦的等待第二只鞋子落地的声音而整夜未眠。心理性剪辑正是利用人的这种思维惯性，制造意外的审美效果。

心理惯性：下面介绍一组镜头剪辑，这组镜头就是先以一种常规的镜头叙事方式建立起观众的一种惯性思维，然后利用这种惯性思维来进一步调动观众、吸引观众的。

悬念大师希区柯克在他的电影中就非常善于运用这种思维惯性来架构故事、表现人物，比如《精神病患者》。故事的开端部分，银行女职员为了凑钱结婚，拿了银行的钱准备携款潜逃。当她回到家中收拾行李准备逃跑的时候，我们看到了这样的一组镜头剪辑。导演为了表现人物当时那种既恐惧又犹豫的矛盾的心理状态，多次的在这一情节中出现了女主人公看床上那一叠钱的细节。导演首先用女主人公的两次主观视线来造势，即“看”的镜头接“钱”的镜头（第一个“看”接“钱”是通过一个运动镜头实现的），使观众在这种模式下建立起了一种惯性的思维方式，即“看”的动作之后就是“钱”的形象。然后在后面的镜头中，女主人公向画框外看的镜头多次出现，但这多次的“看”却只有两个“钱”的镜头承接，其他的则只有“看”的动作，而没有“钱”的呼应。但是由这笔“钱”引发的悬疑之势并没有因此而削减，而是依然充斥于整段情节之中，这种效果正是在两次造势基础之上所形成的惯性心理影响下所达到的。尽管镜头剪辑中有省略处理，但是观众却没有因此而把那笔“钱”省略，每次“看”的动作总能在观众的心中能浮现那笔“钱”的意象，这组镜头剪辑很好地体现了惯性势能的应用。观众在建立起思维惯性的基础之上，会自然而然的把这个惯性运用到以后的欣赏过程中，而导演恰恰就是利用了观众心理上的这种惯性之势，巧妙地处理了镜头的组接，达到了一种类似“笔虽不周而意全”的效果（如图11-35）。

视觉惯性：法国导演特吕弗的影片《四百下》中有这样一组镜头剪辑。两个小主人公从一栋建筑物中走出，画面使用摇镜头拍摄，紧接着镜头猛地摇出去，等镜头落定后，两个小主人公出现在另外一个截然不同的场景中。这样的镜头剪接看上去如同时空穿梭，其实是导演利用了观众的视觉惯性造成的假象，两个镜头是通过同一方向的“摇”的动作连接起来的，因为摇的速度够快，所以看不到镜头组接的痕迹，于是就造成了两个镜头像是一个镜头的假象（如图11-36）。

如果把镜头播放放慢到逐格的状态，那么仍然是可以找到那个隐藏的很深的剪接点的。但是，不可否认，这是一种非常巧妙的剪接方式（如图11-37）。

视觉惯性的剪辑方法运用还有另外一个不太一样的例子，这组剪辑来自影片《亚瑟王》。影片中有一组交待圆桌骑士骑马去找亚瑟通风报信的镜头，这组剪

图11-35　心理惯性在影片《精神病患者》中的运用

图11-36　视觉惯性在影片《四百下》中的运用

图11-37　镜头放慢可以找到剪接点

接包括四个镜头，前两个镜头和第四个镜头都是圆桌骑士骑马的不同角度表现，第三个镜头却插入了另外一个场景的镜头。按照一般的逻辑，因为第三个镜头的插入会破坏镜头原有的流畅性，但是这组镜头的剪接处理中，第三个镜头的选择是非常巧妙的，即一个景深镜头的使用，画面前景是另外一个场景的信息，但是背景中依然存在圆桌骑士骑马的画面，这样，骑马的“动势”在第三个镜头中依然得到了延续和衔接，没有因为插入了额外的场景而断开，对视觉惯性的巧妙运用使得这组镜头的组接自然、流畅（如图11-38）。

图11-38　视觉惯性在影片《亚瑟王》中的运用

4.反应式

即通过单一视觉符号引发欣赏者一瞬间的突然反应，从而达到极强的情绪和情感感染力；影视镜头中对某些局部视觉细节的突然变动表现，也可引起心理反应，起到“于细微处见真情”的艺术效果。反应式在镜头剪辑中突出的表现包含为对方向反应镜头的应用和对表情反应镜头的应用两个方面。

方向反应：关于这一点有一个原始的例子，也就是卢米埃尔的《火车进站》。当时在放映的过程之中，随着火车由远及近的纵向运动，观众已经开始渐渐感受到纵向运动带来的方向冲击力，等到火车在镜头前呼啸而过时，很多观众在这种强烈的视觉冲击力之下都紧张得以致侧身后退，这正是观众对镜头内物体运动方向的反应使然，可见，这种方向之势在电影中的存在。再就是希区柯克的影片《爱德华大夫》中，影片最后莫庆森医生发现真相败露已无法挽回，情急之下拿出手枪，这时“开枪”的悬念马上呈现；通过他的一个主观镜头只见枪一开始指向镜头纵深处的褒曼，这一镜头牵动着观众的心，使观众对褒曼的命运产生关注；但是随后枪逐渐从她身上移开，这在化解了枪与褒曼的悬念后又呈现出一个新的悬念，即对枪的走向的关注；接着枪慢慢回转，最终指向自己，也就是直冲镜头，这时直冲镜头的枪马上会使观众感应到一种方向之势，刺激着观众的视觉神经。这组镜头剪接中很好地运用了镜头中的方向性视觉信息，通过枪的指向达到镜头内部空间与外部空间的联动，最终产生了极强的视觉效果和心理效果（如图11-39）。

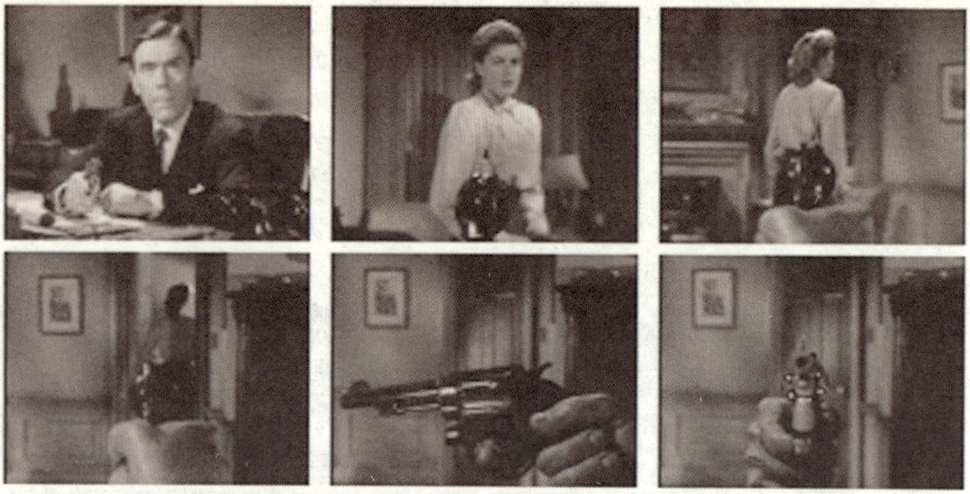

图11-39　方向反应在影片《爱德华大夫》中的运用

表情反应：电影镜头中，一个人物的细微表情，往往能蕴含一种极其丰富的含义和情感。那么，在影片的剪辑中，在恰当的地方，插入人的恰当的表情镜头，也就意味着更加丰富的情感表现和传达。这样的镜头剪辑不用人物语言、不用解说、不用内心独白，仅仅通过一个恰当的表情镜头就完完全全把情感很好的传达出来，这是纯粹的电影表现方式，是电影有别于其它艺术门类的独特的表意方式。

戛纳广告节中的一则明信片广告的剪接更是将表情镜头的丰富含义运用到了极致，整个广告中只有两句“嗨”、“谢谢”简单的语气词，除此之外没有使用一句台词，全部用丰富的表情镜头叙事表意，给了观众以最直接、最真切的情感体验和心理感触。广告中不善言谈的丈夫因为失约妻子表妹的婚礼而备感自责和歉意，于是用一张精美而又充满真情的卡片向妻子认错，最终妻子原谅了他（如图11-40）。

图11-40　表情反应在广告中的运用

思考题

(1) 影视剪辑中都有哪些需要注意到的剪接点？

(2) 简述轴线的类型，并给出几种合理越轴的方法。

(3) 以某一部电影为例或者结合一组广告，找出“结构性剪辑”和“心理性剪辑”中提到的多种剪辑法则实例，并简要说明。

第十二章 影视广告后期视觉设计与听觉设计

第一节 影视广告视觉设计

一、影视广告色彩的设计

影视广告突出的任务和功能就是将商品的形象、质感和特点逼真、生动，甚至有些夸张的展现出来；在这一过程中还要做到充分激发观众对商品的关注度，调动观众的主观情绪，以极强的感染力影响观众。在影视广告的表现体系中，色彩一直是一个不可忽视的重要组成部分。人们从外部接受信息，绝大部分都是通过可视的视觉符号来获得的，这其中色彩对人的关注力的吸引和调动作用是最为明显的。不同的色彩对于观众心理的影响不尽相同，巧妙、合理的运用色彩，通过色彩的不同配置和组合方案，不仅能够巧妙的传递商品信息，还能够在观众的心理层面通过调动情绪、情感和联想诱发其购买欲望。因此，影视广告中，如何利用好色彩，通过富有创意性的色彩设计吸引观众、感染观众，就成为影视广告制作的一个重要课题。

1. 色彩在影视广告中的作用

色彩在影视广告中起着确立广告基调、风格，调动观众情绪，完善商品形象，辅助节奏创造的作用。

每一部影视广告必须有鲜明的风格特征，只有这样才能引起观众的注意力，达到良好的传播效果。色彩在影视广告风格确立方面发挥着巨大的作用，活泼、欢快的主题风格、沉郁、厚重的主旨内含首先是通过一些直观的色彩来表现出来的。

比如宋慧乔主演的“步步高音乐手机”广告，为了突出音乐手机干净、美妙的音质，画面整体色彩风格也是以清亮、透彻的白色和蓝色为主基调，这种色彩设计方式其实就是潜意识中将观众注意力从视觉上的清亮、透彻引到听觉上的纯净而富有质感的层面上来，这种通过色彩强化、突出的广告风格也很好的契合了商品的特性，如图12-1所示。

影视广告必须在短时间内通过丰富、有趣的视听因素充分调动观众的情绪，引导观众的注意力，诱发观众对商品的丰富联想，只有这样才能保证广告的传播效果。通过合理的色彩设计可以调动观众的情绪，使观众对于广告的关注由被动的观看转为主动的联想，进而很好地保证广告的传播效果。

例如南非世界杯时期一则可口可乐的广告，除去标志性的“啵乐啵乐”大舌

图12-1　步步高音乐手机广告

音，还有就是整个广告五彩缤纷的视觉设计了，富有动感和激情的红色，穿插鲜亮的黄色、红色和绿色等跳跃的色彩，整体上为观众营造了一个快乐、激情的色彩氛围，很好地调动了观众的情绪，从而为广告的良好传播效果奠定了坚实的基础，如图12-2所示。

商品形象特质的塑造在整个影视广告中是综合运用多种视听手段来集体完成的，色彩作为其中一种重要的商品塑形手段是有着明显的作用的。比如前面讲到的两个例子，步步高音乐手机的音乐质感以及可口可乐所传达的欢乐、激情主题，都是通过色彩的相应烘托和渲染才有了更加完整和形象的表达，如果在色彩设计上不加注意，没有找出与商品特性密切相关的色彩方案，那么广告的整体效果可能会大打折扣。

图12-2　南非世界杯可口可乐广告

影视广告一般都有着鲜明的节奏特点，无论是紧张、快速的节奏，还是舒缓、慢速的节奏，都直接和商品的特性以及广告传达的主题密切相关。色彩的设计可以有效地辅助影视广告节奏的创造，从而使得商品特性和广告主题在一种流畅、自然、贴切的节奏中得以宣扬。

比如，早期的“南方黑芝麻糊”广告，广告的主题就是通过主人公小时候的温馨回忆，传递商品所带给人的浓浓的如亲情般的温暖，整体节奏十分舒缓，色彩的设计也是比较缓和、温馨的暖色调，很好的契合了广告的节奏风格。再比如，全智贤主演的“奥林巴斯相机”广告，整个广告都是在一种节奏很快的速度中进行的，再加上五颜六色的色彩搭配和五彩缤纷的画面效果，很好的将奥林巴斯“Focus on life”的主题突显出来，这种色彩与节奏的完美配合最终保证了广告的传播质量如图12-3。

图12-3　奥林巴斯相机广告

2.影视广告色彩设计原则

（1）不同颜色的心理暗示作用　要为一则广告设计合理的色彩方案，首先要搞清楚不同色彩所具有的不同暗示作用。

红色象征着热情、快乐、好运、吉祥，跳跃感极强的红色能够非常强的提高观众的关注程度；黄色象征着温暖、祥和，给人一种温馨之感；绿色象征着生机、希望，给人以一种清亮、顺畅之感；蓝色是冷色调，常常用来象征纯净、高雅给人以冷艳之感；白色象征着干净、纯洁，给人以一种纯粹、优雅之感。

还有一些介于上述几种色彩之间的中间色也有着自己独特的心理暗示作用，比如介于红色和黄色之间的橙色，介于红色和蓝色之间的紫色，都有着不同于以上几种色彩的特点。在具体进行色彩视觉设计时，这些都是需要首先考虑到的基本因素。

（2）色彩设计的整体走向　色彩设计一定要和影视广告的整体风格以及主题相吻合，只有这样才能起到相得益彰的表现效果。好的色彩设计会使得影视广告的整体风格和主旨内含更加富有感染力，如果不考虑影视广告的整体风格走向和主题，色彩设计的效果可能就会显得凌乱、无序，且没有任何意义，进而影响影视广告的整体表现效果。

比如，一款针对儿童群体的商品广告，广告整体的风格应该是积极向上、欢快愉悦的，那么在整体广告的色彩设计中就不能有太多的色调很浓重、很灰暗的色彩元素；一款充盈着浓浓的亲情主题的商品广告，色彩风格应该是整体偏暖色调的，偏冷色的蓝色色彩元素就不能出现太多。

（3）色彩搭配的对比性原则　色彩搭配过程中经常会通过对比的方法完成对一种主体色彩的突显，通过反衬和对照，主体色彩反而会变得更加突出。比如要表现温暖、温馨的场景，画面中的色彩搭配中常常会配上一些冷色调的光影区域；要表现清冷、凄凉的场景，画面中的色彩搭配中常常会配上一些暖色调的光影区域。为了突出广告画面中要重点强调的部分，也常常会通过色彩的一些对比搭配实现对于部分区域的突显。

比如，腾讯最近刚刚推出的广告就很好地利用了色彩的对比搭配完成了对广告主题的表现和突显。广告的主题是“腾讯联结亲情”，重点表现对象是家庭的温暖和亲人的浓浓关怀，为了突显这一主题，广告中对两个大的场景分别做了截然不同的色彩设计，家庭场景中都是充满温馨之感的暖色调，儿子在国外的场景都是相对比较清冷的冷色调为主，这一冷一暖的对比，就很好的将作品所充盈的浓浓亲情表现得淋漓尽致（如图12-4）。

二、影视广告字幕设计

影视广告的字幕是影视广告内容表达和画面构成的一个重要视觉元素，字幕较之画面有着更为清晰、明确的信息传递效果，好的字幕设计不仅可以丰富影视

图12-4　色彩在腾讯广告中的运用

广告的表现手段，更能对影视广告最终的传播效果起到画龙点睛的作用。

1.字幕在影视广告中的作用

（1）突出主题，强化印象　影视广告的视听表现手段中，字幕也是重要的一环。广告的主题，比如广告语的传递，除了使用旁白的方式之外，另外一个重要的方式就是字幕了。经过视听的综合表现之后，最后使用字幕和画外音结合的方式对广告语进行“点题”是现在影视广告中常用的表现方式，事实证明，这不仅能够对广告主题做一次简练而富有总结性的概括，同时又能很好的强化广告的主题，起到很好的传播效果。

比如运动品牌耐克、阿迪达斯、李宁的广告语“just do it”“impossible is nothing”“一切皆有可能”以及单反相机品牌佳能的广告语“感动常在佳能”等。它们的出现形式基本上都是以这种旁白加字幕的形式，在广告作品最后做最终的点题强化的（见图12-5）。

（2）作为画面构图的部分　字幕是影视广告视觉设计的一个重要的视觉元素，它的外观、位置，以及出现方式直接影响着画面整体的构图效果。好的字幕设计，不仅能够帮助画面完善信息，还可以使得画面在构图上具有更自由的选择空间，使得广告画面从形式上变得更加丰富、美观和生动（见图12-6）。

（3）辅助信息交待　有时，影视广告主题的表达是需要必要的字幕提示的，特别是概念性、抽象性，不是以表现直观形象为主的广告类型中，这一点变得尤为重要。必要的字幕信息提示，不仅能够交待一些基本的背景信息，更能够将作品的主题传达变得更加全面和完整，这一点在公益广告中体现的尤为明显如图12-7。

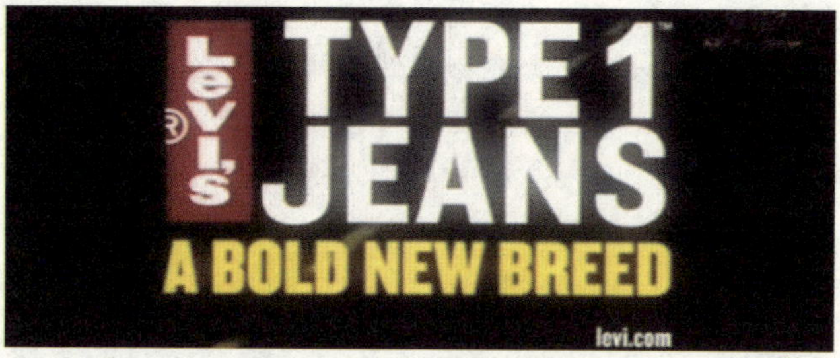

图12-5　字幕在广告中的运用（一）

（a）　　（b）

图12-6　字幕在广告中的运用（二）

图12-7　字幕在广告中的运用（三）

2.影视广告字幕设计原则

影视广告最重要的信息大部分是通过视觉元素来完成的，画面的造型表现力和感染力是影视广告获得良好传播效果的有力保证，字幕作为画面的构成元素，主要功能在于强化广告主题和强调广告品牌。因此，影视广告中的字幕在内容设计方面对广告主题以及商品品牌理念的描述务必要贴切、凝练、醒目，只有这样，才能起到画龙点睛的作用。

字幕既然作为画面构图的一个重要部分，它的外形设计也至关重要。好的字幕外观设计，不仅能够呼应整体的画面构图风格，还能充分引发观众的注意力，助推广告的传播效果。字幕设计的一个大的原则就是醒目、突出，并且美观、生动。具体来讲，字幕的外形设计要综合多个方面加以考虑。

（1）字幕的尺寸　字幕的尺寸当然要依据具体的画面构图要求，不同的构图方式都会直接影响字幕的尺寸大小。一般来讲，为了突出字幕醒目的特点，字幕的尺寸一般不能太小，比较偏重于大尺寸的字幕形式，太小的字幕是很难在短时间内就充分引起观众的注意力的。

（2）字幕的字体　字幕的字体使用要根据影视广告的整体风格和具体内容。汉字的字体形式很多，每一种字体都有截然不同的风格和表现力，根据影视广告不同的风格和内容，在具体字体的选择上肯定也会有很多不同。比如，假若是类似文房四宝的商品广告，在字体设计上肯定不会用美术字；假若是儿童玩具方面的商品广告，字体的设计上肯定也不会使用行书和魏碑。总之，字幕字体的选择尽量要贴切影视广告的整体风格，避免风格相悖，影响影视广告的整体传达。

（3）字幕的颜色　字幕的颜色当然也要符合影视广告的整体风格，除此之外，字幕的颜色设计还需要考虑到更多具体的方面。字幕与画面既要协调呼应，又要有所区别，否则观众就很难从繁多的画面元素中快速捕捉到字幕信息，所以，字幕与背景图像必须有一定的对比，这种对比可以是色相的对比，也可以是亮度和纯度等方面的对比。

（4）字幕的排列　字幕的排列包括字幕本身的文字排列方式，以及字幕在画面中的整体位置。字幕本身的排列方式要尽量简洁、明了，因为影视广告字幕所包含的文字数量一般不会太多，太花哨、复杂的排列方式不仅会破坏字幕的整体性，还会造成画面信息的凌乱。字幕的位置习惯上还是安排在整个画面的视觉中心位置，因为观众对于画面范围内不同区域的关注程度是不同的，为了引起观众的注意力，强化字幕的信息传递作用，字幕的位置一般还是会放在画面中心附近的区域。

为了增强影视广告作品的动态性，强化视觉效果，影视广告有时会为字幕设计一些运动方式，即字幕的出现方式或者隐去方式都会采用一些运动的特技，而不是直接切入和切出。这种运动字幕对于一些特定的商品来讲是非常适合的，比如说一些运动服饰品牌商品的广告，年轻时尚的电子游戏产品的广告，都会倾向于这种运动感极强的字幕设计方案。

字幕的运动方式要尽量简洁，并且还要保证有一定的“视觉炫动”效果，以进一步通过动感的方式强化字幕印象。具体的运动形式要根据影视广告整体的情况进行具体考虑和设定。

三、影视广告动画

当今影视后期技术飞速发展，各种后期特效软件和动画软件，在形象创建方面已经做到了无所不及的程度。它们的出现也极大丰富了影视广告的表现手段和方式，很多影视广告为了更加直观的表现商品特性，往往会采用一些后期特效和动画方式去创建一些实拍不能完成的形象和影像效果，最终为更加直观和生动的广告意图表达提供更多的选择和创作空间。影视广告的动画可以说是一种艺术与技术的结合，以动画形式制作的影视广告已经成为时下影视广告行业的一个重要广告形式类型。

传统的影视广告都是以实拍的形式去呈现广告场景和广告形象的，这种方式虽然可以真实的反映商品的客观状态，但是很难实现商品销售者所想要达到的那种带有夸张、强调、突显意味的影像效果。随着影视技术的日新月异，电脑动画打破了这一局面，电脑动画在影视广告中的应用，不仅丰富了影视广告的传统表现手段，为广告创意与创作提供了更为广阔的空间，而且还通过自身的表现优势和特点，以更加生动、形象的方式将一些带有抽象性质、不够直观的商品信息作很好的传达，给观众带来一种全新的视听感官体验。因此动画在当今影视广告行业内的应用变得愈加广泛和普遍。

1.动画在影视广告中的作用

（1）对于商品的表现更加生动、形象　影视广告中的有些商品特性，用实拍的方式是很难表现的，比如要表现汽车广告中动力更强的发动机设计，化妆品广告中皮肤对化妆品会更好的吸收效果等等。这些形象本来都不是直观的、可视的视觉形象，如果用实拍的方式表现就非常困难。通过动画很容易就会实现对抽象性形象的可视化表现，将它们以更加生动和直观的方式进行完美的诠释。可见，相对于实拍广告不可避免的“纪实性”弱点，动画在影视广告中的应用在表现力方面是有着先天的优势的。

（2）对于商品的强调更加直接、有效　前面讲到，实拍广告虽然真实、客观，但是其难以避免的“纪实性”是不利于商品形象的强化的。动画可以使得商品形象的表现更加富有想象力和创造力，并且很容易会用一种夸张的艺术效果将商品特性加以强调和突显，这些都是实拍广告无法达到的表现效果。

（3）针对于商品的表现形式更加丰富　动画技术日新月异，几乎所有的可视和抽象的形象、概念都可以运用动画的方式得以传递。正是基于这种“无所不能”的表现力，动画使得影视广告对于商品的表现形式也变得丰富多彩。各种二维、三维动画特效手段，甚至好莱坞电影中的动画特技方式都可以应用于影视广告当中，将商品形象和特性以更加完美的形式传达出来。比如好莱坞影片《变形金刚》中的变形特技，在现在很多影视广告当中，尤其是电子、机械类的商品广告当中的应用就非常广泛，这种和时代密切联系、接轨的动画特效表现方式，在无形当中提高了商品信息传递的效果。

2.影视广告当中的动画应用类型

（1）实拍与动画相结合　这是目前影视广告所普遍采用的一种制作方式，这种方式既能保证广告的真实性和客观性，又能运用动画的方式在客观传达基础上进行必要的润色、修饰和强调，从而很好的综合两种制作方式的优势。

比如“七喜”饮料影视广告。七喜的动画形象七喜小子FIDO如同一个又瘦又高的年轻学生，穿着宽松和舒适的大T恤，一双随意的大球鞋，还有他最醒目的标志——七根卷曲竖立的短发，FIDO就像街头许许多多的普通年轻人一样，充满活力，追求跃动、刺激的生活方式。广告中将FIDO这一动画形象与实景拍摄的画面完美结合起来，FIDO就如同是生活中真真切切存在的一个人物一样与实景人物一起欢笑、跳跃、奔跑，这一动画形象设计很好的呼应了一种追求自我、随意、不羁的个性，从而和商品广告的理念自然契合。

（2）纯动画方式　有些影视广告会完全采用动画方式来制作，这种方式会给观众一种很强烈的新颖之感，虽然不是主流的影视广告制作方式，但是也是有很多例子的。纯动画的方式，对于动画形象的设计要求是很高的，成熟、贴切的动画形象是商品信息得以完美传达的基础。因此纯动画形式广告，创造的动画形象一定要充分考虑到与产品的类型、特点的呼应，并且要保证动画形象的个性与特色，从而使得影视广告播出之后让人们在记住形象的同时也对商品留下深刻而美好的印象。

一般来讲，观众对动画形象演示的影视广告关注、喜好程度要远远高于其他广告形象，因为动画形象夸张、幽默、生动而富有个性，广告内容上又充满创意与超乎生活常理的新奇元素。这种类型的影视广告整体上呈现出形象个性可爱、画面绚丽美观、音乐跳跃激荡、语言诙谐幽默的风格特点，能够使观众得到一种全新的视听体验并对商品产生深刻印象。所以，纯动画形式的广告播放过程中观众更愿意把它当作一个短小的节目来看，动画形象演示的生动、有趣的故事情节和场景，能够紧紧抓住观众的眼球，吸引他们的注意力并有效强化广告商品及其特性。总之，这种广告形式是现在人们喜闻乐见，同时又极易接受的一种广告类型。

第二节　影视广告后期听觉设计

一、声音在广告中的作用

影视广告是视听综合的影视形式，前面讲过，由于影视广告时间上的限制，要求影视广告必须调动一切视听手段完成作品意义的传达和宣扬，除去视觉元素之外，声音元素对于影视广告的表现力和感染力的提高尤为重要。影视广告中的声音主要包括语言、音乐、音响三个方面，它们对于影视广告都有着举足轻重的作用和意义。影视广告声音的作用主要体现为以下几个方面。

（1）加强画面的表现力　影视广告如果仅仅用画面去传递信息的话是非常单一的，通过画面虽然可以很形象的传递一个视觉形象或者场景，但很难将这个视觉形象和场景所蕴含的情绪、情感加以生动的表现。如同电影中的恐怖片一样，如果没有声音的渲染和烘托，电影的“恐怖”也许就无从谈起了。比如画面中出现一片碧蓝的大海、郁郁葱葱的山林景色，如果再辅之以悠扬、舒缓的音乐旋律的话，整个画面就能生动的将一种清新、明快，而富有生机的感觉传达出来；同样是一片汪洋大海的画面，辅之以忧伤、缓慢的音乐旋律的话，整个画面又能传达出一种悲伤和凄凉之感。因此，声音不仅可以加强画面的表现力，甚至还可以规定、左右画面所表现的情感、情绪走向，没有了声音，这些就可能无从谈起了。

（2）创造流畅、明快的视听节奏　影视广告不同于电影和电视剧，电影和电视剧的叙事节奏需要尽量与真实的生活节奏保持一致性，作品虽有轻重缓急、抑扬顿挫的整体节奏变化，但绝大部分还是按照一般生活的慢节奏衍进的。影视广告则大为不同，由于时间短，影视广告要求作品要尽快地将一种或者明快、或者舒缓的节奏风格突显出来，只有这样才能保证作品形象和意义的强化和表现，所以影视广告按照一般的影视叙事节奏来进行信息传递显然是不现实的。

影视广告中的声音在节奏的创造和确立上起着重要的作用。比如运动服饰品牌广告和越野汽车广告中为了突显运动的强度与动感，以及强劲的动力主题，会使用快节奏的重金属音乐；时尚手机、DV等电子产品为了强调符合年轻人“快时尚”的生活方式主题，会使用节奏明快而富有动感的音乐旋律；这些都为影视广告个性鲜明的节奏突显起到了关键的作用。

（3）辅助画面表达　影视广告中的画面在一些意义的表现和传达上存在不足或者不明确的问题，这时用必要的音响手段加以补充和润色，就会起到很好的辅助表达作用。比如开可乐瓶时的汽水的声音，汽车发动时的马达声和刹车时的摩擦声，都会很好的将画面所无法完全表现出来的商品质感加以强化，使得画面更加生动、贴切，而富有感染力。

（4）塑造生动的听觉形象　影视广告中往往会用特殊的声音去表现商品的特性。巧妙的音响效果的运用不仅可以增强广告的真实感，更能将商品的某种特点以夸张的方式更加明显的突出出来。

比如可乐广告中的汽水声音、单反相机广告中的快门声音以及矿泉水广告中细腻、清脆的水滴声等等，都是通过音效的使用使得商品的特点更加突出，并且富有质感。在一个薯片的广告中，就运用了声音的这种塑形作用来很好的传递出了产品的形象特点。薯片这种商品仅仅用视觉形象展现是远远不够的，于是导演利用咬薯片时发出的清脆的声音作为产品听觉形象，通过声音诱发观众对商品特点的丰富联想。广告中的运动员、邮递员、杂技演员等人物咬一口薯片然后随着音乐翩翩起舞，整个作品欢快、流畅，洋溢着温馨、欢乐的气氛，咬薯片的声音在这个过程中不断被反复强调和强化。这就无形中引导了观众对于商品的关注，听到这个声音之后不仅想到了薯片的香脆可口，而且还仿佛感受到了它所带来的欢乐，声音对商品形象的塑造和产品功能特性的强调和突显由此可见。

（5）强化广告主题　很多影视广告会通过一些广告歌曲来点明主题，简单易记、新颖独特的音乐旋律和通俗易懂的广告歌词对于商品主题的强化也有着显著的作用。比如最早的燕舞牌收录机广告中的“燕舞，燕舞，一曲歌来一片情”；娃哈哈广告中的“甜甜的酸酸的，有营养味道好，天天喝，真快乐，娃哈哈果奶”。这些都是通过广告歌达到广而告之效果的经典案例。

二、影视广告录音的原理与常识

1.声音的性质

选择合适的录音设备，首先要从声音的基本原理和特性入手，去掌握一些基本的设备状况。

（1）音高及频率　音波是以完整的周期来传播的，每秒钟音波从由一个周期开始传播到下一个周期开始的次数就是指音波的频率，频率以赫兹为单位（Hz）。由不同频率而来的声音就是音高，比如相当于男低音音高的频率为200Hz左右，相当于女高音音高的频率为3000Hz左右。

频率响应。不同的录音设备对于不同频率的声音的反应敏感度也是不同的，每一款话筒和录音机都有着可以录制的最低音高到最高音高的频率范围，我们把它叫做频率响应。

频率特征曲线。为了描述不同录音设备对不同频率区间声音的反应敏感度，很多设备都会附带描述其录制不同频率的能力的曲线示意图，叫做频率特征曲线。根据频率特征曲线，我们可以对录音设备的性能有一个基本的了解和把握，如图12-8～图12-10。

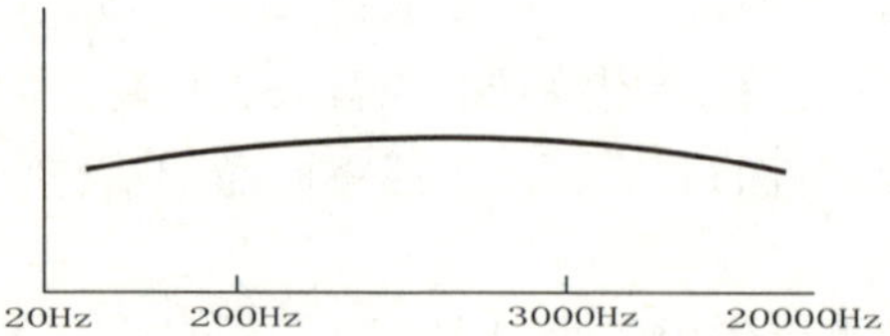

图12-8　对于所有频率反应比较平均的曲线

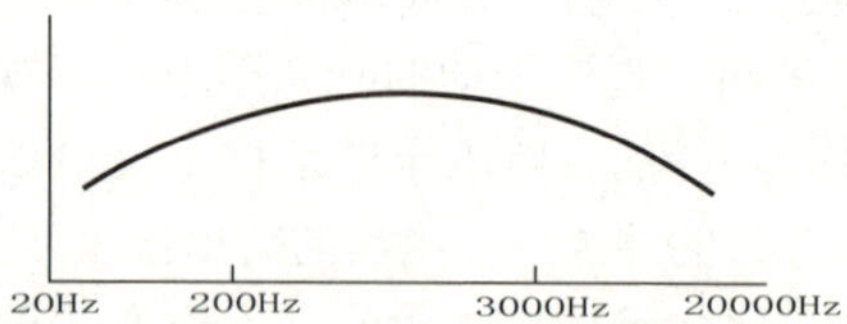

图12-9　对于中间频率反应敏感的曲线

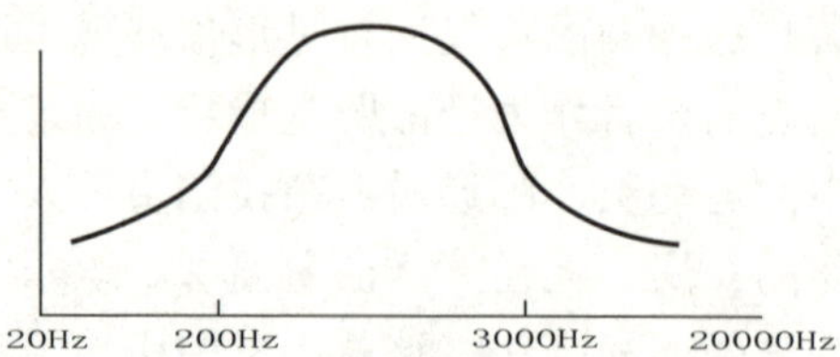

图12-10　对于人声对话有着最佳反应的曲线

（2）音量和振幅　音波的高度称之为振幅，振幅越大，声音音量越大，振幅越小，声音音量越小。音量的单位为分贝（dB），比如人类正常的谈话音量大约为60dB，嘈杂的乐队演出现场大约为100dB左右，超出120dB的音量通常就让人无法忍受了。

动态范围。不同的录音设备在音量方面也存在一个极限的承受范围，录音设备可以录制到和承受的最小音量到最大音量的范围，就为动态范围。如果现场声音的音量超出了录音设备的动态范围，那么，高分贝的声音录制就会出现失真现象，即录音设备不能准确记录、还原这些声音。这提示我们，要根据拍摄现场实际的声音环境选择合适的录音设备进行声音采录。

信噪比。绝大多数的录音电子设备都不可避免地存在本身电子元件发出的噪声，信噪比就是用来描述这一情况的参数。比如普通录音设备60∶1的信噪比参数就意味着每60dB的声音信号中会出现1dB的噪声。一般来讲，价值越昂贵的设备，信噪比就越高，越低廉的设备，信噪比就越低。

（3）音色　音色反映的是声音的感觉特性。不同的发声体由于材料、结构不同，发出声音的音色也就不尽相同。音色不同，即便在同一音高和相同声音音量的情况下，也能区分出是不同乐器或人发出的。声音中同样的音量和音调上不同的音色就好比图像中同样色度和亮度配上不同的色相的感觉一样。

声音的音色会因为各种情况产生变化。比如录音空间大小不同，同样的声音在音色上听起来就会有区别；两支具有相同频率响应范围和动态范围的话筒，由于品牌等因素的不同，也会同样的声音录制出来的效果大不相同，有的圆润饱满，有的单薄生涩。如果需要保证良好的录音效果，就要对多个录音设备进行仔细的测试和评估，以保证最终选定适合录制最佳效果的设备。

（4）音长　音长是指声音持续的时间长度，由发音体振动时间的长短决定。发音体振动持续时间长，声音就长，持续时间短，声音则短。

通常音长会用四个阶段来表示，即起音、衰减、持续和释放。起音指的是声音的起步阶段，即声音由无声到最大音量的阶段，衰减就是指声音由全音量到持续音量的阶段，持续则是指音量维持在固定水平的保持阶段，释放指由持续音量到无声的阶段。

（5）音速　音速也称为声速，指声波在媒质（介质）中传播的速度。

录音过程中，因为声音的速度问题会引起相位的问题，从而造成录音失误。比如，两支距离声源远近不同的话筒，因为音速的关系造成录音的时间不同，从而使一支话筒的音波上扬，另外一支话筒的音波下降，结果造成部分或全部声音抵消，导致录音失误。为了避免这种现象发生，一般在放置话筒时，会保持每两支话筒之间的间距，与每支话筒与对应声源的间距三比一的状态，以防止两支话筒在收音时的相互干扰。另一个方法就是把两支话筒以头对头的方式放置，这样就可以保证两支话筒同时录制到声音了。根据具体情况，可以有所选择的使用这些方法。

有时使用一支话筒录音也可能会存在相位的问题，比如将话筒置于一个房间内与两个墙面完全水平的正中央位置时，由于声音的反射，就会造成某些音波的相互抵消，这时为了解决这一问题，可以将话筒以与墙面形成角度的方式放置，比如稍稍偏离对角线中心点的位置，并保持话筒与各墙面之间的不等间距，就可以有效解决这一问题。

2.话筒的类型

根据话筒不一样的构造结构，我们主要把话筒分为动圈话筒、电容话筒，还有不是很常见的带式话筒三大类。

（1）动圈话筒（见图12-11）　这种话筒对声音产生反应的元件是由振动膜、磁铁以及缠绕在磁铁上的线圈组成的，所以我们把它叫做动圈话筒。

此类话筒有着自己鲜明的特点，它首先是一种工作环境耐受力极强的话筒，能够在极端的气温环境下正常工作，并且对于物理撞击和震动也有着相当的承受能力；另外，它需要靠近声源工作，并能够承受相当高的声音电平而保证声音元件不会损坏。当然，它的缺点也同样明显，近距离拾音的特点反应了这种话筒拾音不灵敏的问题，如果需要远距离拾音，它的作用就微乎其微，在音质方面，此类话筒也存在一定的欠缺。

（2）电容话筒（见图12-12）　这种话筒的声音反应元件由振动膜和电容器共同构成。振动膜随着音波改变而产生振动，并在背板上产生电容量，由于使背板产生电荷需要单独的电力供应，所以电容话筒需要电池或是其他外接电源。一般的专业摄像机上都有这种专门的电源为电容话筒供电，我们把它叫做48V幻象电源，根据摄像机是否使用电容话筒，我们可以有所选择的打开或关闭这种电源。

电容话筒也有着自己的特点。首先，在工作环境耐受力上不及动圈话筒，对物理震动、温度的变化以及过量的声音电平输入更为敏感，这些问题极易引起电容话筒的工作故障甚至损坏；但是电容话筒拾音非常灵敏，可以远距离拾音，并且保证声音的高质量录制效果；另外电容话筒的频率反应也有着比较宽泛的范

图12-11　动圈话筒

图12-12　电容话筒

围，总体上来说，对于各种类型、各种音高的声音的录制效果都是非常不错的。

（3）带式话筒　一般来讲，话筒的分类主要就是动圈话筒和电容话筒两大类，带式话筒是一种极其特别的话筒类别，它的应用范围比较窄。带式话筒中有一条非常薄的金属带在一个磁场内振动，从而起到振动膜和声音线圈的作用，所以我们把它叫做带式话筒。

带式话筒拾音的灵敏性与质量和电容话筒差不多，不同的是带式话筒是一种严格意义上的室内话筒，只在诸如录音棚这样的室内环境下工作。因为带式话筒的金属带特别脆弱，对于温度、物理撞击，甚至尖锐的气流和风都有着极其敏感的反应，这些特别容易造成金属带的损坏，从而引起话筒故障，所以在室外环境下是不会使用这种话筒的。

3.话筒的收音范围

每一个话筒都有着不一样的收音范围，也就是说它的指向性。话筒的收音范围和实际工作是密切相关的，不一样的拍摄环境和不同的声音录制效果要求，都要选择不同收音范围的话筒。话筒的收音范围主要分为以下几类。

（1）心形收音范围　心形收音范围主要在话筒的前方和侧前方，如果仅仅录制话筒前人物的对白，而不需要录制背景音的话，这种收音范围是很适用的，并且它也尽可能避免了话筒收音时把表演区以外的摄影机设备和拍摄现场工作的杂音录制进去，因此是影视拍摄当中比较常用的收音范围类型。如图12-13。

（2）全指向性收音范围　全指向性收音范围在话筒前后左右上下全部方位都有着有效的收音效果，是一种包含范围最大的收音范围。这种类型的收音范围比较适用于多人交谈和环境声响的声音录制，但是由于其远距离拾音的敏感度不够，所以它必须靠近声源工作，不能像心形收音范围那样可以远距离拾音。如图12-14。

（3）锐心形（超指向性）收音范围　影视拍摄过程中常常会需要一些大景别的取景范围，如果在使用诸如大全景、远景这样的大景别取景，同时又要录制现场对白的话，就需要话筒远距离录音，否则就很容易使话筒入画，造成穿帮，这时就需要一种指向性更强的话筒远距离收录声音，这种收音范围我们把它叫做超指向性收音范围，这种收音范围较之心形收音范围更窄更长（见图12-15）。

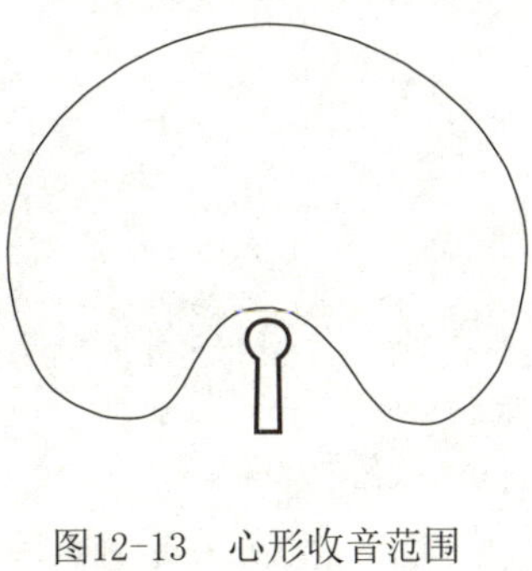

图12-13　心形收音范围

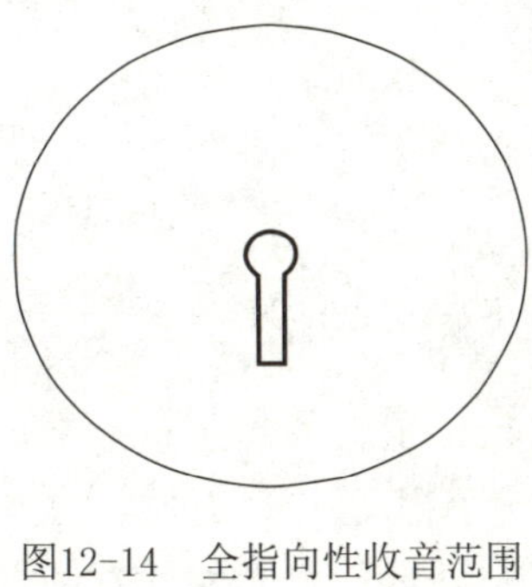

图12-14　全指向性收音范围

图12-15　锐心形收音范围

此外，如果对声音有更高的录制要求比如录制立体声、环绕声的效果，就需要有专门的声音录制工作模式进行收音，比如立体声录制时所使用的M-S拾音制式，或者X-Y拾音制式；环绕声录制所使用多个话筒的组合工作方式等等。

4.录音方式及录音设备

现在影视行业的录音方式主要分为同期录音和后期录音两种。由于技术的进步，同期录音设备已经能够很好地回避现场杂音，并且有各种灵巧的使用方式避免对表演和摄影的干扰，是现在很普遍的一种录音方式。

同期声在声音的表现力方面有着十分鲜明的特点。它不仅省去了后期录音的繁琐流程，更加重要的是它能够非常客观、真实地还原拍摄场景中的声音效果，空间的回响和真实、可信的环境音都可以得到比较贴切的体现。但是同期声对于前期录音的环境和要求极高，如果出现一些小的疏漏，就难免会造成整个工作重新做，不仅影响整个录影工作的进度，也极大地提高了制作成本。

后期录音的方式也有着比较突出的优势。首先录音的环境是非常好的，密闭专业的录音棚内是不会受到像同期录音中的各种环境杂音干扰的，这样就保证了录音的效果；其次是后期录音的可控制性更强，各种声音元素都可以在后期录音的过程中进行统一的调整和处理，保证整个声音效果的最佳状态；最后，后期录音的方式在录制的过程中可以允许多个声音元素单独录制，彼此之间不会相互干扰，如果需要修改的话也是极其方便的。当然，后期录音也有一些问题，比如录音整体效果上的立体感和空间感相对于同期录音往往要差一些，如果对于声音的录制和处理不当，非常容易造成背景音、环境音失真，从而导致观众在观看中产生虚假的感觉。

所以，当今影视制作行业普遍采用了同期录音和后期录音结合的方式进行声音录制。这样就保证了两种录音方式的优势互补，从而保证了影视制作工作中声音录制的最佳效果。

影视制作中录音的具体方法也存在好几种。使用摄像机同时录制画面和声音，或者使用专业录音机单独录制声音，以及录音棚录音都是影视制作中可能采用的具体录音方法。

（1）摄像机录音　比较简易的录音方式其实是可以直接在一台摄像机上声音录制和画面拍摄同步进行，这种方法简单、快捷，但是也存在很多问题，首先声音的质量无法保证，其次声音录制和画面拍摄同时在一台摄像机上录制不能保证录影和录音工作在相对独立、互不干扰的工作环境。图12-16就是一款可以外接专业录音话筒的松下高清摄像机。

（2）录音机录音　录音机录音是比较专业的一种影视制作中声音的录制方法。专业录音机首先能够保证录音的高质量效果，由于和录影工作分开进行，同时还能够保证录音工作在一个相对独立的环境下进行，不受其他方面干扰。

录音机可以将声音录制到卡带、光碟或者硬盘上，最后通过各种方式将声音文件转入后期软件中进行编辑（见图12-17）。当然，在编辑之前，需要做声音和画面的同步处理，只有这样才能保证后期剪辑的正常进行。同步的方式很多，比如使用前期录制的拍板画面和声音对照，或者使用时间码，都可以使声画同步。

图12-16　松下AJ-HPX3000MC高清摄像机

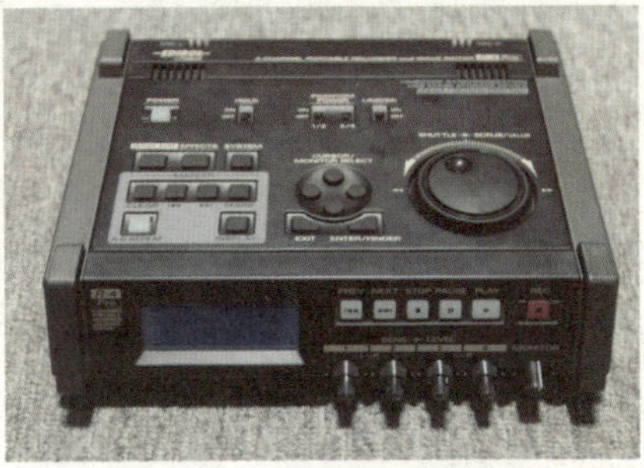

图12-17　录音机

（3）录音棚录音　很多影视广告的声音是拍摄完成后后期补录的，后期配音都是在专业的录音棚内，使用专业话筒和数字调音台进行声音录制和控制，这就最大限度地保证了声音的录制效果(图12-18)。

图12-18　录音棚控制间

这种录音方式相对比较复杂。最重要的一点是为了最大限度地保证后期补录的声音和前期拍摄的画面完全同步，在录音过程中，配音演员一般是看着原始的拍摄画面进行配音的，这就需要将播放前期的拍摄素材的录放机和进行录音的数字调音台做同步处理，使得二者同步运行，这样就可以很方便地实现边录音，边声画合成录制了。

但是，由于录音棚内的声音录制效果比较纯净、干净，后期声音处理上为了增加画面的真实感，往往会增加一些环境声响和背景音，这个就需要在后期音频处理软件中进行精细的调整和处理了。

三、影视广告录音的控制

1.选择合适的话筒

根据不同的声音录制要求和条件，实际录制过程当中首先要选择正确的指向性话筒。比如影视广告制作常用的是心形收音范围的话筒；但是如果收录环境声响和背景声，可能全指向性的收音范围的话筒会更加合适；如果需要远距离小范围的拾音，那么就会使用锐心形收音范围的话筒(图12-19)。总之，因为影视广告拍摄过程中，取景方式、演员调度方式等千变万化，这些因素直接影响着录音工作，如何根据不同情况选择不同的录音话筒，以此保证声音录制的高质量和一致性，是很基础的一项能力。

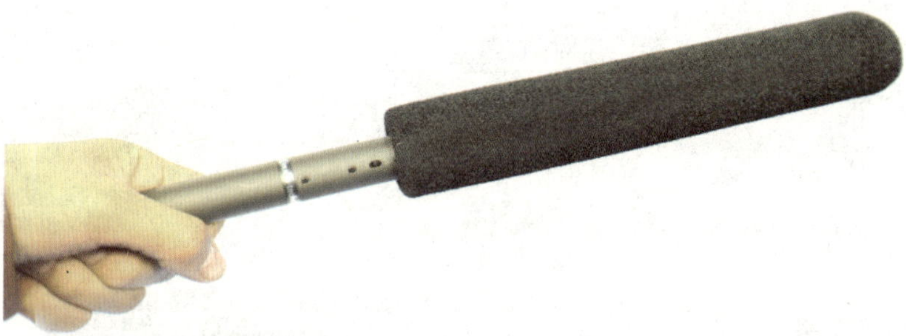

图12-19　锐心形收音范围的话筒

2.合理安排录音话筒位置

根据话筒收音范围的不同，实际录音过程中，不同收音范围的话筒离声源的距离也是不一样的。如果保证正常的演员对白录制，全指向性的录音话筒要离演员更近一些，心形收音范围的录音话筒可以稍远一些，锐心形收音范围的录音话筒则要远距离摆放，并保证对准声源，声源万一发生移动，要及时做出角度调整，否则可能因为相对比较窄的收音范围造成声音突然大幅衰减或消失的问题。

如果使用吊杆进行声音收录，那么拍摄时吊杆将录音话筒放置于何处是至关重要的。一般情况下，话筒要始终朝向声源的发生位置，也就是演员的嘴部，并置于演员头部上方的位置，如果演员有空间移动，那么话筒的位置也要做出相应的调整。这就要求录音师要事先熟悉演员的调度线安排和拍摄场景的具体空间情况，并且还要考虑避免现场灯光可能会在镜头取景范围内投射出的吊杆和话筒的投影，综合上述情况，事先应设计一条最为科学、安全的移动路线，从而保证在运动中录音的良好效果。

3. 声音效果的控制

（1）真实感　声音的录制效果要严格符合、对应观众所看到的空间环境特点，比如画面明明是室外特别开阔的场景，声音却带有极强的室内混响效果；画面明明是室内很狭小的一个小场景，声音效果却显得特别开阔、空旷，这些都是录音时所不能出现的失误。

在后期声音处理过程中，我们可以很容易通过一些音频滤镜和特效将纯净、透彻的声音变为夹杂着混响和回声的浑厚的声音，但是如果将本来就夹杂着混响和回声的声音变为纯净、透彻的声音效果的话却是很难的。所以录音师在前期的录音工作中习惯上将大部分声音通过控制录制为纯净、透彻的声音状态，在后期处理过程中再根据具体的场景要求做出相应的调整和改变。前期录音过程中如何尽可能地将声音转录为纯净的状态，其实是存在很多技巧的，比如地板上的地毯、墙壁上的厚厚的壁纸和挂毯，以及窗户上的窗帘都可以起到吸音的作用，在拍摄时适当的做一些类似这样的前期准备工作，就能保证实际录制过程中的良好录音效果。

（2）距离感　面画不同的取景范围所要求的声音效果也不尽相同。比如近景景别的人物对白声音和大全景景别的人物对白声音在距离感上一定要有明显的区分，如果这些不能保证的话，将会严重影响画面的空间立体感，并无法给观众提供一种准确的理解空间环境的听觉信息。这就要求，大景别取景的声音录制，话筒要尽量远离演员，小景别取景的声音录制，话筒要尽量靠近演员。如果涉及镜头通过运动靠近声源的情况时，录音话筒也要随镜头运动逐渐靠近声源，以此塑造一个真实、可信，同时又十分生动的听觉效果。

（3）突出主体　影视中很多场景可能有着比较复杂的声音构成，除去主体声源外，可能还会有环境音、动作声响以及其他人物的声音，在这种场景的声音录制过程中，如何通过录音话筒的控制将主体声源突出出来，并合理的调整多种声音的平衡关系就变得尤为重要。

心形收音范围这种带有指向性的录音话筒是有效突出主体的常规选择，特殊情况下为了强调、突显某一主体的声音，可能也会用到锐心形收音范围的录音话筒。

（4）消除噪声　噪声是录音过程中必然会遇到的一个问题。不管在什么样的场景中，都存在或多或少的环境杂音，这些杂音如果不加控制，很容易影响声音录制的效果，并且很多低频噪声在后期处理过程当中是很难完全去掉的。噪声的来源主要有以下几种。

① 机器设备噪声。胶片摄影机、数字摄像机在工作时都会存在噪声，因此录音话筒在工作过程中要尽量远离现场存在噪声的设备，尤其是全指向性的录音话筒更要注意这一点。

② 环境噪声。拍摄现场的空调、饮水机等很多电器都是存在噪声的，在室外

的拍摄环境下噪声的来源更是层出不穷，这就需要录音师在拍摄之前仔细考察现场的声音环境，并做出必要的调整和前期准备工作，以最大限度的减弱噪声的影响。

③ 风声。这是室外拍摄常常会遇到的一个问题，常规的解决方法就是为录音话筒配置防风罩，以此来减弱风声的噪声影响（见图12-20）。

图12-20　吊杆与防风罩

思考题

（1）简要概述色彩在影视广告中的作用及设计原则。

（2）简要概述字幕在影视广告中的作用及设计原则。

（3）简要介绍动画在影视广告中的应用形式。

（4）结合一部具体的广告作品谈一下此广告中色彩和字幕的设计及应用成败。

（5）简要概述声音在影视广告中的作用。

（6）简单介绍话筒的主要类型及不同的收音范围类型。

（7）列举影视广告制作中常用的几种录音方式。

附 录

优秀影视广告赏析

Cadbury吉百利巧克力2009年度广告

吉百利史威士股份有限公司（Cadbury Schweppes）创立于1924年英国伯明翰，是有近两百年历史的全球最大的老牌糖果公司之一，也是英国最大的巧克力产品生产商。吉百利巧克力曾被维多利亚女王赐予英国皇室的特殊荣誉，因其号称“每200克吉百利纯牛奶巧克力中含有一杯半纯牛奶”，所以它的标志是一大一小两杯牛奶倾注入巧克力中。

吉百利巧克力的至真美味延绵百年，历久弥新，几乎在全球每个国家都有出售。吉百利的价值观是业绩、品质、尊重、诚信和“携手共创大家喜爱的品牌”的责任。它的广告也以英式诙谐幽默见长，在平凡的生活中寻找令观众记忆深刻的兴趣点，把吉百利的文化、时尚、品位等方面准确地传达给顾客。2009年，吉百利牛奶巧克力推出配以电子音乐波加洛（Boogaloo）舞曲风格的“眉毛舞”广告，瞬间在全世界范围内刮起一股新颖逗趣的舞蹈旋风，甚至许多爱好者将自己

a GLASS and a HALF FULL PRODUCTION

表演的“眉毛舞”录制并上传到网上，一时间席卷全球互联网络。

这部广告的场景设定在一个十分简陋拥挤的摄影工作室，男女主角两个小演员摆好姿势准备拍照，当摄影师测光时，电话铃声猝然响起，在摄影师接电话的这个空当，男女主角两个小演员用自己的眉毛跳起舞来并在彼此间展开了一场眉毛舞蹈大对决。整个广告的颜色都萃取自吉百利巧克力外部包装的主题色，例如小女孩的紫色裙子，小男孩灰紫色的毛衣；并未用大面积的其他明亮色彩来破坏有符号象征意义的颜色，巧妙地以服装道具来宣扬产品的文化基调。两位小演员看似其貌不扬，整个影片中大多数时间都是正襟危坐，却以恰到好处的细微动作和灵活多变的面部表情一下子吸引住了观众的眼球。

广告中，并没有用到推、拉、摇、移等太多运动镜头；构图主要以突出人物上半身动作及表情的中景和特写镜头为主。画面主要放在男女两个小演员身上，仅在开头摄影师退场后给了小男孩开启自己的电子手表音乐时的一个特写镜头，这个镜头犹如中国传统相声段子中的一个“包袱”，随着欢快的20世纪80年代Freestyle的Don't stop the rock的电子音乐响起，机敏的小演员们开始运动自己的眉毛，他们屏气凝神，毫无笑意得尽力舞动眉毛，上演了一场滑稽却令人难忘的舞蹈秀。这部广告的后期剪辑将音乐恰如其分的融入了摄影中，与其相得益彰，例如在电子音乐的第一个重音顿点上搭配了小女孩狠狠甩头的画面；或在音乐渐强的地方配合了两位小演员迅速转动头部的侧面拍摄镜头和仰拍以及俯拍的镜头；又或在音乐高潮部分配以小女孩配合节奏摩擦气球，小男孩在拼命指挥自己眉毛的同时微微随着节奏摇晃身体。剪辑与音乐和摄影的配合构成了这部广告的华彩乐章。

在这部吉百利巧克力“眉毛舞”广告的开头观众多少有些困惑的感觉，直到广告最后的两秒产品才出现，但是有多少观众不被两位小演员的精湛表演所吸引呢？相比毫无新意自卖自夸、不断重复产品广告用语的手法，吉百利巧克力广告犹如一支清新小品，不得不佩服这部低成本优质广告的创意。

阿迪达斯（Adidas）2010年广告

阿迪达斯（Adidas）是德国运动用品制造商，这个公司的运动产品闻名全球，是无数名人和时尚达人热烈追捧的品牌。阿迪达斯之父阿道夫·阿迪达斯勒（Adolf Adi Dassler）先生是一位拥有运动员身份和鞋匠技术的德国人，他不仅充分了解运动员的需要，更有精巧的制鞋手艺和创造发明精神，他用自己的中间名字“adi”和姓氏“Dassler”的头三个字母组合成“adidas”作为商品品牌于1948 年止式创立阿迪达斯公司。阿道夫·阿迪达斯勒所设计的运动鞋获得全球许多顶尖运动选手的喜爱，自1970年，世界杯指定阿迪达斯（Adidas）为国际足联官方用球赞助商为其后每一届世界杯提供比赛用球。自1996年开始阿迪达斯经典三叶草（adidas Originals）标志被专门使用于阿迪达斯经典复刻系列产品。这个系列的产品更趋时尚化，每一款经典系列的设计背后都有一个独特的故事，使其永远的具有内涵并洋溢着新鲜活力和时尚的气息。

自2010年初开始，阿迪达斯经典三叶草与星球大战联手推出一系列产品。星球大战在欧美已经成为一种宇宙历史文化概念，很多星战迷都将其系列电影作为史诗而崇拜，阿迪达斯广告团队以星球大战的人物与剧情为蓝本创作的系列广告可以说是精彩绝伦。融合各界出色运动精英人物的广告片“近邻”（neighbourhood）将星球大战的角色和情节带入人们的现实生活中，仿佛一切就发生在你身边；同时融入来自音乐、艺术、运动各个领域的灵感，无论在创意、镜头和色彩运用或音乐和后期剪辑都可谓是上乘之作，整部影片犹如一部恢宏的

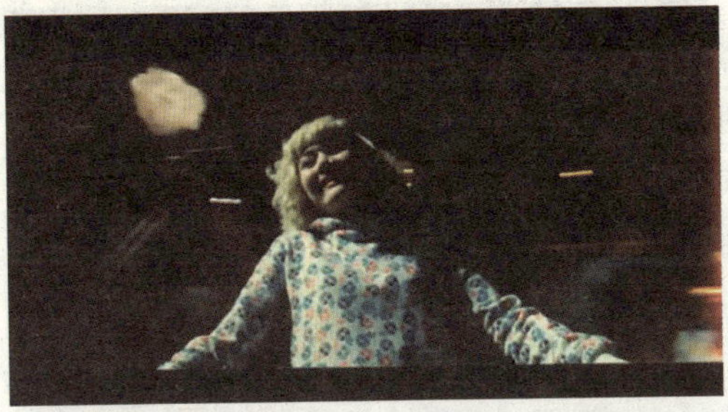

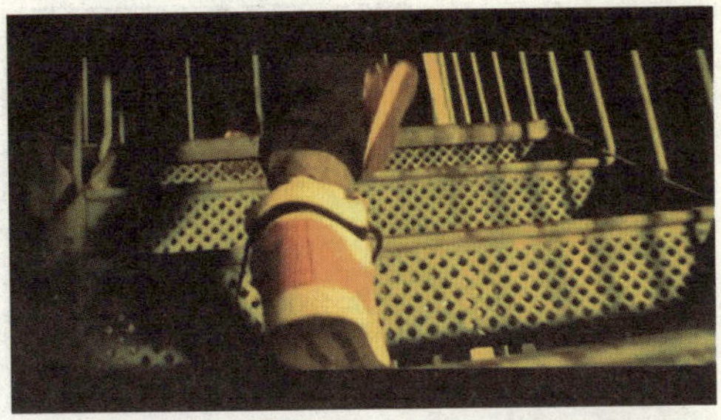

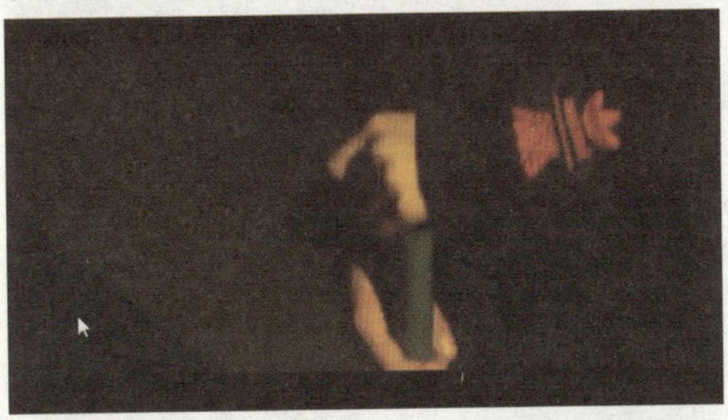

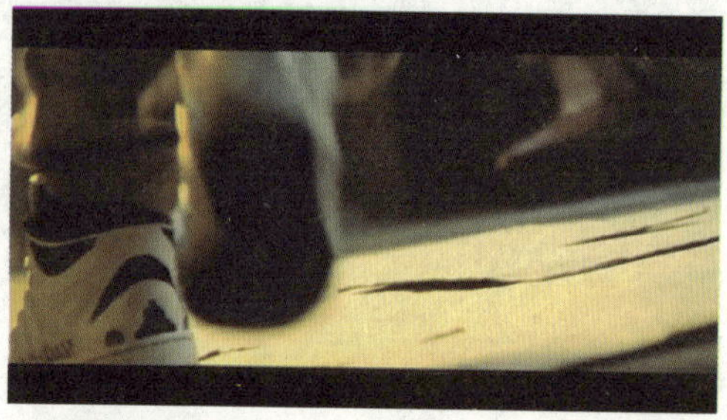

FRESH

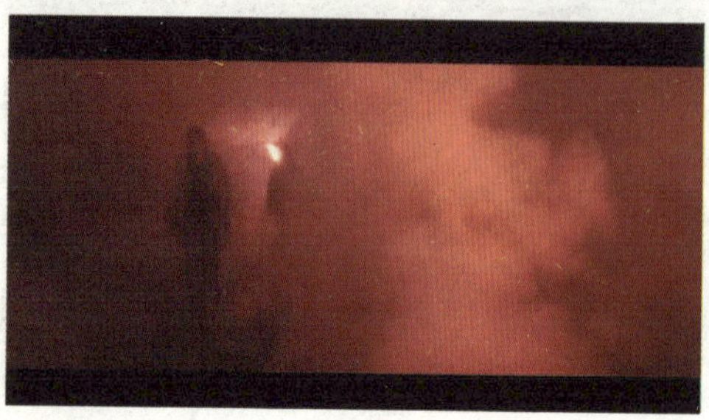

"交响诗"，在融合中充斥着冲突，体现了一种别样的"末日情结"。

广告开端一位剧中人物点亮火把的同时也点燃了人们游行和狂欢的热情，接下来片中运用了大量的近景镜头来表现人物的动作，例如：长跑运动员比赛跑步、DJ在人群中忘情的播放电子乐、舞蹈家进行地板转头动作等；期间，还穿插了许多阿迪达斯产品的特写镜头，例如长跑运动员和舞蹈家穿着的阿迪达斯跑鞋、篮球运动员袖口上的阿迪达斯三叶草标志等，不经意间为产品做了宣传。平行蒙太奇的剪辑手法从各个角度表现了片中人物的狂欢庆典活动，令观众目不暇给。

最具象征性的情节发生在广告的末尾处，星球大战中的著名角色西斯武士（Saga）烟雾迷蒙中赫然地出现在现实街头，彻底将阿迪达斯的经典广告语"没有不可能"（Impossible is nothing）融入进这个极具创意的广告故事中，令观众愕然的同时也深深被其品牌精神所吸引。

可口可乐（Coca Cola）2011年广告

可口可乐是一个非常富有传奇色彩的品牌。1885年，美国佐治亚州的一位药剂师约翰·彭伯顿（John Stith Pemberton）发明了一种含可卡因和酒精的饮料，之后因禁酒令的颁发，他又将此饮料改版成无酒精成分。1892年，美国可口可乐公司正式成立，两年之后开始首次以瓶装发售饮料。现在的可口可乐已成为美国的标志性象征。可口可乐公司是全球最大的饮料公司，坐拥全世界近50%的市场占有率，它旗下有160多种包括汽水、运动饮料、乳类饮料、果汁、茶甚至咖啡等饮料品牌。

独一无二的经典可口可乐标志性颜色是偏冷的红色，在兴奋活力中带给人高雅与庄严的心理感受，瓶身以大面积的红色配白色花体可口可乐英文字母，这种单纯的颜色形成一种集中的视觉力量，吸引人们的视线令其过目难忘，激发了消费者的购买欲望。

可口可乐公司的广告也与其公司品牌一样有着令人着迷的传奇色彩。可口可乐是改革开放后第一个进入中国的外资企业，同时也是第一个在中国媒体投放广告的

Coca-Cola

Coca-Cola
Coca-Cola
Coca-Cola

外企。据说，1984年英国女王访华，中国中央电视台欲播放英国BBC电视台所跟拍的纪录片，可口可乐公司愿为其赞助，但是提出了一个赞助条件即在纪录片播放前加播一个可口可乐的广告片，这个事件也成了新中国电视广告历史上绚烂的一笔，自此很多外资公司步可口可乐公司的后尘开始与中国媒体进行广告合作。

可口可乐公司在2011年超级碗杯（Super Bowl）期间播出的广告“边界”（Border）无论是创意或是拍摄手法都令观众难忘。这个广告讲的是两个敌对国家的士兵各自在国土边界处守卫放哨，一瓶小小的可口可乐打破了二人间的紧张气氛，分享可乐使他们有了短暂的和解。广告的创意据说是影射美国南北战争，站岗的士兵分别代表两位将军，稍胖的是南部军队司令罗伯特·爱德华·李（Robert Edward Lee），而另一位是北部军队司令尤里西斯·辛普森·格兰特（Ulysses Simpson Grant）。广告开始首先以一个远景镜头交代了大环境——炎热、渺无人烟的边疆之地；接下来的中景和近景镜头的蒙太奇剪辑表现了两位士兵的严肃姿态和表情；低角度仅拍摄人物下半身的全景镜头令观众注意到飘飞而来的一张小纸片，紧跟的人物脸部和刀尖划过纸片的特写镜头更加强调了两人水火不容的敌对关系，为接下来可口可乐的出场制造了一个重要的气氛点；拉摄镜头摇远至大全景镜头再次交代环境后一个突然的近景镜头描绘了胖士兵听到咕咚、咕咚大口吞咽的声音猛然转身发现原来是敌手正在眯着眼睛享受可口可乐的好滋味；此时，镜头恰到好处的给了浸在冰块中的可乐一个大特写镜头，红色的可乐被冰块衬托得格外美味可口；之后中景、近景人物镜头和手部以及可乐的特写镜头交叉表现了两人尴尬的传递、分享可乐令人捧腹的精彩画面；影片最后用大远景镜头来呼应广告的开场，描绘出荒漠之地两个士兵渺小的身影。值得注意的是，场面调度在这则广告中发挥得淋漓尽致，导演运用了很多过肩镜头来刻画两位主角的交流，即使在没有语言的情况下，仅仅用眼神和细微的动作也令画面变得非常流畅。

如果世间的纷争用一瓶可口可乐就能解决，那这个世界将会多么和平与美好。可以说可口可乐“边界”广告令观众品味的是幽默的艺术，分享的是生活的智慧。

约翰·路易斯（John Lewis）2010年度广告

谈及服务行业广告，约翰·路易斯(John Lewis)英国老牌百货公司2010年度宣传广告可谓是此类广告的楷模。

约翰·路易斯百货公司从1864年在伦敦牛津街成立第一家店铺至今已有147年的历史，它的分店众多，覆盖了苏格兰东北部至英格兰西南部，销售商品从时装、化妆品至家具用品多达50万种商品，可谓琳琅满目。约翰路易斯的商品给人一种“家”的味道，就像其出售的典型英式风格的小碎花窗帘和桌布。

在约翰路易斯百货公司2010年的广告中，伴随着美国流行音乐巨星比利·乔（Billy Joel）温柔动人的歌声，导演以红色的衣服为线索，在短短的90秒内，巧妙地串起了一个平凡女人从出生、襁褓、学步、上学、恋爱、结婚、工作、生子、再到最后成为银发飘飘、儿孙满堂的老人的情景。乍看这似乎是再平凡不过的一生了，可仔细斟酌这样幸运的一生必须是有天赐的、走得恰到好处的每一步。综合镜头的运用和蒙太奇的剪辑手法在这个广告中将“平淡的幸福感”诠释得淋漓尽致。

广告的开篇先用一个干劲利落的推镜头表现母亲的手将小婴儿从摇篮中抱起；接着镜头慢慢平遥拍摄描绘父母搀扶小女孩蹒跚学步的景象；紧跟着平遥镜头落在教室里蹲下身捡纸飞机的女孩身上；纵摇加推进镜头跟着女孩的面部表情和动作上移，此时，她已经成为一名用功的小学生坐在明亮的教室里安静听讲；在逆光的中景镜头中小女孩吹灭蛋糕上的蜡烛，一个飞快地转摇镜头描绘出小女孩的家人及好朋友陪伴她过生日的温馨场面；镜头剪切至已经成长为热恋中的少女的女主角；跟着，平遥镜头随女主角迈入了婚姻的殿堂，白纱掩映下的她分外娇美，在此一个迅速的甩镜头交代了婚礼来宾和家人；接下来的平遥推进镜头不落痕迹得描述出女孩成为女人，怀孕生子的人生重要时刻；之后镜头做速度稍快的平摇运动讲述了她将子女健康养育成人的过程，其中有欢笑也有泪水；最后的推进、转摇加纵移镜头中，身为祖母的女人在迟暮之年儿孙成群，与老伴携手走在夕阳西下的田间小路上。后期剪辑运用蒙太奇时空跳跃的叙事方法表现了一个人成长的几十年时间，在镜头的切换间简短的掠过了一个女人简单却温馨的一生。

这则广告展现了约翰·路易斯百货公司（John Lewis）恒久不变的优质服务，正如它的广告语所说的“我们对您终身的承诺”（Our lifelong commitment to you），无论在人生哪个阶段约翰·路易斯百货公司都会时刻陪伴在顾客身边，令其享受体贴入微的服务，倍感温情和贴心。

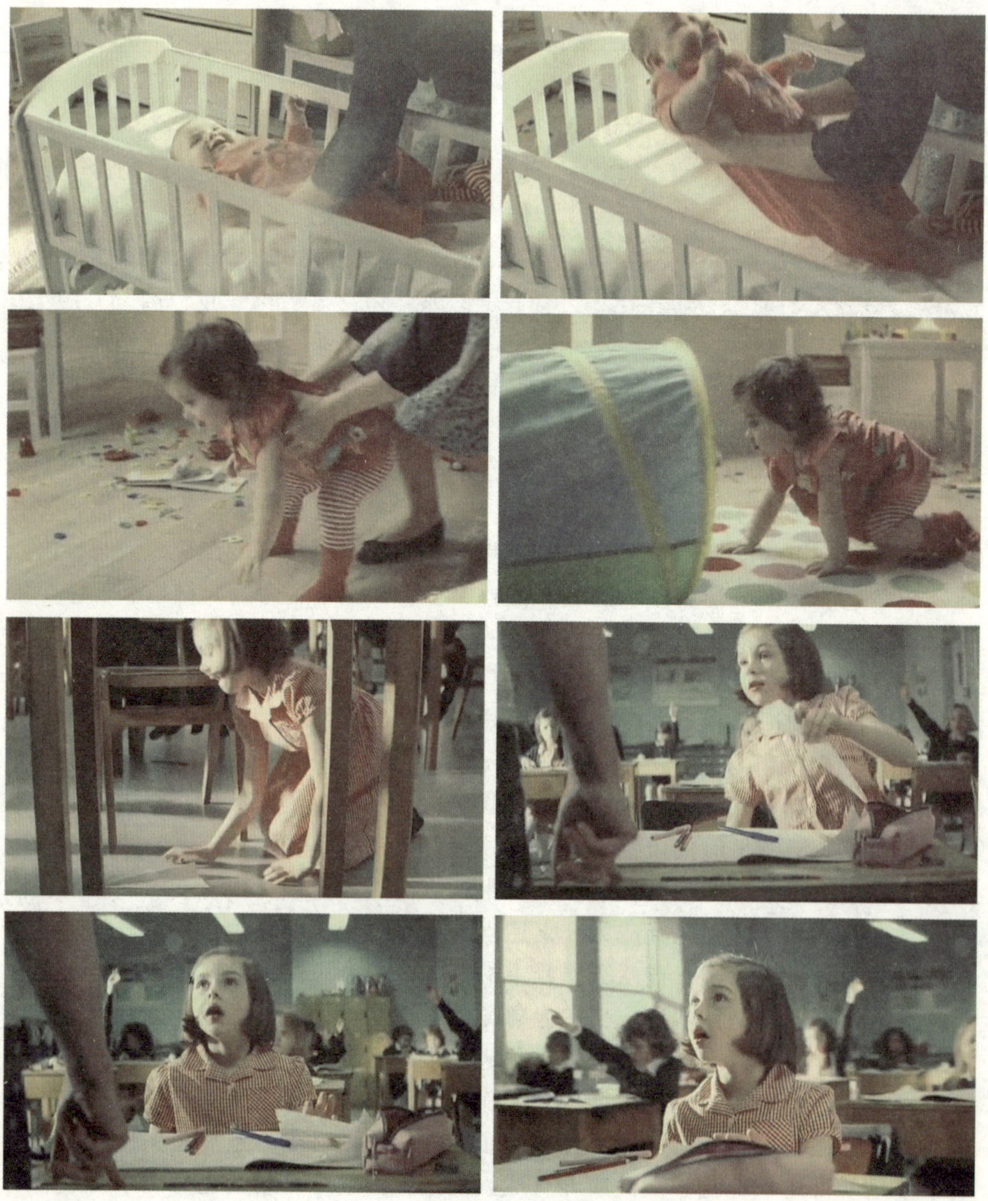

Our lifelong commitment to you

参考文献

[1] [美]威廉·阿伦斯. 当代广告学. 第7版. 丁俊杰译. 北京：华夏出版社，2000.

[2] 陈培爱. 中外广告史. 北京：中国物价出版社，1997.

[3] 刘平. 电视广告学. 成都：四川大学出版社，2003.

[4] [苏]C. M. 爱森斯坦. 蒙太奇论. 富澜译. 北京：中国电影出版社，2006.

[5] 蒋华. 广告语言与修辞研究. 兰州：甘肃教育出版社，2007.

[6] 傅正义. 电影电视剪辑学. 北京：北京广播学院出版社。2004.

[7] [美]. 罗杰·冯·欧克. 在脑袋一侧猛敲一下——打开思维枷锁，提高创造力. 孔京京译. 北京：中信出版社，2003.

[8] [美]大卫·波德维尔. 电影艺术——形式与风格. 彭吉象译. 北京：北京大学出版社，2003.

[9] [美]林恩·格罗斯. 拍电影——现代影像制作教程. 凌大发等译. 北京：世界图书出版社，2007.

[10] 崔银河. 影视广告编导与制作. 北京：中国传媒大学出版社，2007.

[11] 邵大浪. 广告摄影与摄像. 北京：高等教育出版社出版，2005.

[12] 梁明, 李力. 镜头在说话. 北京：世界图书出版社，2010.

[13] [美]路易斯·贾内梯. 认识电影. 焦雄屏译. 北京：世界图书出版公司出版，2007.

[14] [美]布莱恩·布朗. 影视照明技术. 徐培喜译. 北京：中国传媒大学出版社出版，2005.

[15] 黎英. 影视广告表现技法. 合肥：合肥工业大学出版社，2006.

[16] Bordwell D. and Thompson, K. Film Art 8th edition. New York: McGraw-Hill, 2005.

[17] Dancyger K The Director’s Idea- The Path to Great Directing, Burlington: Focal Press, 2006.

[18] Hayward S . Cinema Studies: The Key Concepts. 3rd ed. New York: Routledge, 2006.

[19] Mackenorick A. On Film-making- An Introduction to the Craft of the Director. New York: Faber and Faber, Inc. 2004.

[20] Orpen V. Film Editing, the Art of the Expressive, Music. London: Wallflower Press, 2003.

[21] Van Sijll J. Cinematic Storytelling- The 100 Most Powerful Film Conventions Every Filmmaker Must Know . Michael Wiese Productions, 2005.

[22] Wayne M. Theorising Video Practice. London: Lawrence & Wishart , 1997.

[23] Wiedemann J. Advertising Now. TV Commercials. TASCHEN, 2009.